U0719476

国家出版基金项目
NATIONAL PUBLICATION FOUNDATION

中央苏区革命史
调查资料汇编

卷六

吴永明 / 主编

戴利朝 / 编

江西人民出版社
Jiangxi People's Publishing House
全国百佳出版社

《中央苏区革命史调查资料汇编》编辑委员会

主　任　吴永明　方维华

副主任　谭荣鹏　黄志繁　游道勤　戴利朝

委　员　杨　杰　陈　宇　李丽萍　黎志辉

　　　　　黄伟英　孙西勇　周海燕　张玉龙

　　　　　张雪英

本卷说明

按照当初的研究设计，国家社科基金重大项目"中央苏区民间史料收集、整理与研究"课题组不仅聚焦于省级档案馆收藏的革命史调查资料，而且同时在有关市县的公藏机构——档案馆、党史办、革命纪念馆、博物馆、图书馆、民政局资料室等展开革命史料的收集工作，并特设"中央苏区基层未刊档案资料收集、整理与研究"子课题。作为子课题的主要成果之一，本卷汇编了有关中央苏区闽赣省的革命史料，资料主要来自抚州市黎川县档案馆的"革命历史档案"全宗。其主要内容之一，正是该馆收藏的回忆录和口述访谈。得益于该县党史办（前身为中共黎川县委党史资料征集办公室）多年的征集和整理，留下了大量革命老同志的回忆录和口述史访谈资料，其内容几乎涉及中央革命根据地的政治、经济、军事、文化、教育等各个方面，也涉及个人参加革命的经历与思想认识等。

有关中央苏区闽赣省的革命史料，党史部门和学术界已经整理汇编了《闽赣苏区文件资料选编》（1983）、《中央苏区闽赣省》（1990）、《闽赣苏区的烽火岁月》（2013）等，但这些史料集的内容主要是文件和领导人回忆录。本卷主要从黎川档案馆收藏的"革命历史档案"全宗中精选了部分文件和口述史资料汇编而成，精选的标准主要是：（1）时间近，尽量选择访谈整理时间接近革命年代的史料；（2）普通人，尽量选择县乡级别的领导人，因为相关史料的出版很多，甚至有专著；（3）内容详，档案信息太单一、太简略的不选择；（4）相关性，很多回忆讲述到长征及后苏区时期甚至解放后的史实，基本略去，而是集中于苏区时期。其中的口述史资料，大部分是由县党史办在改革开放以前征集及收集整理，并收藏于县档案馆的。

从资料内容来看，本卷主要分为四大类：一是中央苏区闽赣省革命的文件整理，侧重于稀见的档案史料，如县乡基层政权组织下发的"通知"；二是亲历闽赣省革命的党政军领导人回忆录；三是县内外的闽赣省革命亲历者、当事人及见证者的口述史资料，系党史办工作队在民间走访、座谈时的记录整理；四是地方流传的革命歌谣。此外，作为参照，我们编选了国民党方的少量资料，如《江西纪游》（节选）第六部分《黎川南城》（作者李璜）及国民党第九十八师特别党部所作的《黎川社会调查》等。

需要说明的是，课题组在收集、整理本卷史料的过程中，尽可能地进行了甄别、遴选、考证等工作。如利用旁证直接对照、当事人记录参证、逻辑推断等具体方法，对资料进行多方面、多层次、多角度的考证，以甄别人名、地名、时间与基本史事之讹误，进一步凸显史料的客观性及利用价值。但由于我们水平有限及一些客观困难，错谬与不足仍在所难免。现不揣谫陋，将资料汇编成册，以嘉惠学林，并切盼各界的指教！

本卷资料的查询、搜集、整理、录入和校对工作，主要由戴利朝和江西师范大学历史系硕士研究生余莉、黄秀、陈华、封真真，南昌大学历史系硕士研究生郭祥宇等共同完成。

编者

2022 年 10 月

目 录

二、回忆录及口述记录

三、歌谣民谣

一、

历史文献

南丰中心县委给总政治部信——
整顿党团组织与地方群众工作问题

余泽鸿、聂昭良并转正吾同志：

我们来信两封收到否？现将三天工作总结如下：

对于总政治部总司令部及你们的信，提出各种会议报告并详细讨论了，独立团指挥员战斗员都有相当的了解与认识，懂得了敌我形势布置与行动及目前中心工作与我们的任务，政治教育工作有个相当的转变，列宁室列宁青年组识字班的〔已〕建立，但工作才开始进行。

党团从前是散漫无组织的，现在〈把〉支部已经加强了组织与训练，党的各种会议规定与有计划去了，这样整顿一下，党的工作比以前更紧张起来了。

地方工作现建立了五个支部，开了一个群众大会，选举了区革命委员会（为罗坊区），共有六个乡政府，分配土地，没收豪绅地主财产，现进行调查与分配工作，游击队的组织现还未弄好，不过受着我们之宣传，今已开始自动性①了。工作团留了几个同志在罗坊负责，近日有可能〈的〉组织好，才能够巩固罗坊一带政权，使我们向前发展，减少一切困难。罗坊现放了几个得力的同志在那里工作，独立团的闲枪几支，现给他们〈应〉用。

我们今天到三坑驻扎，进〔下〕一步〈的〉到三溪，因我们那方面消息不确实，侦探放不出，因此不敢冒进。包维贤同志下午带

---

① 原文如此。

甘竹游击队到白舍住〔驻〕扎，与我们连〔联〕络。工作团的人，一部分去白舍，一部分去三坑，一部分在罗坊工作。特告。

刘　俊　包维贤　郑礼正

1932 年 9 月 15 日于罗坊

春耕运动工作的决议

最近中央红军【胜利】北上〈胜利〉【，】已与闽浙赣和闽北苏区互相呼应互相联系，向着国民党反革命〈的进攻〉实行猛烈的进攻，〈实行〉更大规模的革命战争开始了。只有取得这次更大规模的战争胜利，才能冲破敌人【第】四次围攻，争取江西及其邻近省区首先胜利！

因此，在春耕时期要特别抓紧发动群众春耕运动，来充裕红军战争的物质基础。同时因为去年冬耕成绩还是少，故今年春耕更应加紧，使秋收时收得很〔更〕多谷子。再早日春耕完毕，大家又可以〈以致〉不必顾虑耕种工作去与敌人斗争，这是争取战争完全胜利的主要条件，各级政府要鼓动广大工农群众为争取革命战争胜利与改善自己生活而努力春耕。分苏政府特决定【开展】以下〈发动〉春耕具体工作：

一、在三月内各县要把没种杂粮的禾田一律耕完，不准留一条牛在家里〈空〉闲着，那〔哪〕村有几条牛，用牛耕田的人得免当大〔天〕会议，每一条牛每天都要耕田，牛工资按照当地情形去规定，最多每〔下缺〕天要注意耕牛饲养，准备更多牛粮给牛吃，绝对禁止杀牛与卖牛出〔到〕白区，若缺〈乏〉牛可由群众出发游出白区牵豪绅地主反动派的牛或向白区买牛进口，增加苏区耕牛。

二、四月内禾田要一律做起平水，五月一律下种及耕完善，要注意准备秧田打秧栽禾。

三、用极大力量发动全体劳动妇女参加耕种生产，并多吸收妇女担任防守工作，调换男手出来生产，增加苏区生产力。应发动广泛的〔对〕懒惰分子的斗争，谁对耕种怠工，谁就是对革命怠工。

四、一切群众会议要有计划来〔地〕开（如赤卫军、少先队、贫农团、反帝大同盟、互济会议等），减少开会次数，并要尽量移到夜晚来开，开会时间应尽量缩短，以免妨碍耕种生产。

五、今年种禾要多种六月早禾，以便容易接济饥荒，如缺乏谷种，〈由〉各区土地部应负责调剂。

六、不能种禾的旱田，应多种豆子、棉花、粟子、番薯等，这都是对粮食方面极大的帮助。

七、生产冲锋队要立刻恢复其工作，各村生产冲锋队均要规定自己的生产计划及生产竞赛条件，加紧生产（村与村、乡与乡、区与区）比赛，切须订立五比合同，要实现做到比去年加增十分之三的谷子出来，分苏实行生产竞赛奖励。

八、各村生产农具要立即检阅一次，如缺乏耕具等就去迅速置办，以免临时发生困难。

九、要鼓励群众大量开垦荒田。各区应计划某乡多开几亩，如贫农雇农中农开垦荒田，三年免交土地税，富农一年免交土地税，如人少田多的地方，可由田少人多的地方移一部分群众往荒田多的地方去开垦，但移民不用强迫方式，要在反对地方观念、农民重土难移〈的〉意识【中】去发动移民，实现苏区内不留一亩荒田的口号。各县应有计划的〔地〕将劳动感化院【中】罪轻犯人分配到田多人工缺乏的地方去开垦荒田，或做零工帮助生产，关于雇犯人工资，可向劳动感化院负责人面〔商〕定。

十、各县应严格去督促修理堤、坝、圳等预防水旱为灾。

十一、肥料要多多〈的〉准备，这是发展农业生产的主要条件。

十二、我们〈为〉要从政治上组织上、从群众生活上广泛的〔地〕发展春耕运动，并召集贫农团会及群众会议解释并讨论，以求得春耕完全实现。今年分苏准备大批奖励，奖励积极春耕生产者。

十三、各县区土地部更要艰苦耐劳去领导群众努力春耕生产，实现为分苏的春耕生产决议而斗争。

闽北分区苏维埃执行委员会

1933 年 3 月 1 日

妇女工作决议

残酷的阶级斗争政治剧烈进行着，广大的劳动妇女在残酷的革命斗争中【是】有伟大作用的，谁忽视妇女工作，谁就削弱了革命的力量，谁就是右倾机会主义者。

黎川广大劳动妇女，在我们党的领导之下，在红军不断〈的〉胜利、苏区不断〈的〉发展【的】形势下〈面〉，斗争〈热烈〉情绪【热烈】〈已开始表现在〉，如做布草鞋、慰劳红军、结婚等。然而黎川党对妇女工作的领导是非常薄弱的，部分〈的〉同志表现【出】对妇女工作〈取得〉的右倾观念，藉〔借〕口黎川妇女封建思想太浓厚、小脚子，我们是外县人不懂【本地】话，无法去进行妇女工作，来掩饰自己对妇女工作的取消主义。因此妇委书记、支部妇女干事只有几个区建立起来（熊村、三都、城市、赤溪），妇女战争动员，各种组织普遍的〔地〕尚未组织，〈对〉各种群众团体没有吸引广大的劳动妇女加入。优待红军家属、慰劳红军工作，还有大部分的区没有开始实行〈的〉。特别是妇女参加土地斗争、反封建的斗争，没有很热烈的〔地〕发动起来。妇女党团员的发展成为极严重的关门主义（现全县党团员统计不上十五个女同志），另一方面所谓注意妇女工作的都表现消极，妇女斗争的一种领导方式，即妇女受了家里的打骂到革委会来就可以不要回去，坐在机关中来〔光〕吃饭不做事，专找爱人〔以致于区革委会有三四个妇女（城市、湖坊、三都、资溪）甚至有乡革委会六七个妇女（三都区三都乡）的，当然不是说不能有五六个妇女在机关中的，是指〔光〕吃饭专找爱人不做事的〕这样的领导方式。相反的是落后，是取消了妇女斗争，因为妇女受家庭的打骂到革委会来报告是了解到苏维埃是为压迫者谋解放的，那么我们的党就应该抓紧〔住〕此一事件开展反封建的斗争，深入〈到〉群众中去。〈这样〉简单的〔地〕把这个妇女留在机关中不要回去就算了事，这不是取消妇女的斗争吗？当然是在斗争中提拔积极勇敢的妇女，但不是每个妇女来政府中报告就可以随随便便留在机关吃饭的，要有计划的去提拔干部，但【目前是】在提拔干部上表现【出】极严重的右倾机会主义错误。查各区所提拔的妇女干部均是小姐【或】太太〈或的〉，赤溪的一个妇女同志连洗澡水都要革委会的委员打给她，【要】公家的〔出〕钱买鞋子给她穿。阶级成分亦不注意，熊村区妇女生活改善委员会主任是否【为】工人成分呢？工作因〔也〕不敢担保中田区一个罚了款的女子来开妇委书记联席会议。

上面所指出的这些错误，我们要以布尔什维克的精神来纠正，坚决打击对妇女工作取消观念及取消妇女斗争的领导方式。无情的〔地〕斗争毫不留情的〔地〕洗刷这些小姐太太吃饭不做事的出机关外去，吸收积极努力的劳动妇女到政权机关来，吸收大批的劳动妇女到党团中来，动员广大妇女群众积极参加革命斗争。

今后的工作：

1. 各区立刻建立妇委会（支部设妇女干事），立即开会讨论计划妇女工作，负责建立〔开展〕多个妇女工作。

2. 女工农妇代表会应当立即遵照中央局关于女工农妇代表会议的组织及工作大纲建立起来，每月【召开】两次代表会议。

3. 战争动员，组织洗衣队、慰劳队、救护队等，各乡组织一大队，积极〈的〉吸引并发动妇女加入赤少队及其他群众团体，要做到每个青年妇女都加入少先队，壮年妇女都参加赤卫军。

4. 扩大红军和优待红军，发动各个妇女〈至少要每个代表〉扩大红军和发动妇女参加共产党礼拜六。

5. 慰劳与拥护红军，红军来或去的时候要烧茶、煮稀饭、唱歌、呼口号来欢送与欢迎，并帮助找木草、门板，买油盐柴米、蔬菜等。发动每个妇女做一双布鞋【或】草鞋去慰劳红军，四月份最低限度要做到下列规定的数目：

区别	城市	赤溪	三都	熊村	湖坊	资溪	石峡	硝石	八都
数目	200	250	300	300	300	200	150	100	100
区别	中贤	龙安镇	西城桥	横村	樟村				
数目	200	250	200	250	250				

6. 实行剪发放足运动，宣传教育妇女群众自愿的〔地〕、自动的〔地〕剪发放足，要使每个青年妇女都放足；

7. 苏维埃婚姻条例，要在广大的工农群众中特别是妇女群众中作广泛的深入的宣传，使他们了解拥护与执行婚姻条例。发动妇女热烈的〔地〕【参与】反封建压迫的斗争，为实现婚姻条例而斗争，违犯婚姻条例的应受严格处分，抓紧每一个事件，深入到妇女群众中去，开展反封建的斗争；

8. 提高妇女文化水平，各乡村组织夜校或认字班，发动妇女热心学习认字；

9. 坚决反对严重的关门主义，要大胆的〔地〕吸收积极活动、勇敢的劳动妇女到党团来并要提拔她到机关工作。发展妇女党员至少要占四月份发展党团员数目规定的十分之二,四月份各区至【最】低限度要发展到下列规定的数目：

区别	城市	赤溪	三都	中贤	硝石	八都	资溪	湖坊	龙安镇
数目	36	6	8	6	6	8	8	8	8
区别	西城桥	横村	樟村	石峡	熊村				
数目	8	10	8	6	10				

10. 发动妇女参加赤色戒严、检查路票、盘问行人以及肃反工作，调查与揭发一切反革命分子趁机活动、破坏革命工作的企图等；

11.苏维埃选举运动要发动妇女,热烈参加争选举权斗争,代表成分妇女至少占十分之三,吸引他〔她〕们参加苏维埃工作。

各区按〔接〕此决议后,应立即详细讨论,具体决定执行方法去全部执行,到月终开会评估。

中共黎川县委

1933 年 4 月 10 日

闽北分区总工会告白区工人书

亲爱的摘茶叶的工友同志们：

你们来苏区摘茶，我们与你们见面谈话了，你们还是在军阀、豪绅、地主、资产阶级压迫剥削统治下，每天都是卖苦力，天天劳动无休息，一天不做工明天就没饭吃，还有各地各业工人大批失业，你们家庭父母、妻子儿女，没有衣穿、没有饭吃。这些痛苦来源，是受豪绅地主资产阶级的收租收债以及国民党军阀政府【的】各种苛捐杂税剥削，所以各种货物米谷价钱都提高，这些交租交债苛捐杂税等，都是在我们穷人、工人和一切劳苦群众身上，【要我们】永远做他们的奴役，过牛马一般的生活。

现在你看苏区工人，执行劳动保护法，工作八小时，青工六小时，童工四小时，工资增加了，生活改善了，工人家里父母兄弟妻子儿女，都是分了田，失业工人也分了田，农民普遍都分了田，又不要交租还债、自种自收，生活都好了。这多利益是那〔哪〕里来的？是接受共产党的领导，团结自己力量，武装起来斗争，创造了红军，建立自己苏维埃政权，组织了工人赤色工会，执行工会劳动保护法和土地利益，都是从斗争中得来的，是自己解放自己的。

亲爱的摘茶工友们：

你们在这里做茶，到苏区看见了，再不要听土豪劣绅反动派的鬼话，受他们欺骗。你们回去【后要】团结广大工人农民和一切劳苦群众起来，拿你们自己的力量武装起来斗争，打倒豪绅地主，实行平债分田，推翻国民党政府，建立自己苏维埃政府和赤色工会，自己来管理自己，才能够解放自己的痛苦。

现在到了青黄不接时候，豪绅地主谷米又要涨价，你们受无谷米吃的痛苦，【要】继续团结自己力量，禁止谷米出村，反对谷米涨价，抗租抗债等斗争，自己来解放自己，并且红军会开来你处帮助你们，希望你们一致团结起来，捕捉豪绅地主反动派，配合红军拥护红军，为自己解放来斗争。

最后高呼：

白区苏区工人一致联合武装团结起来！

武装赶走帝国主义滚出中国去！

打倒国民匪党及其政府！

拥护中国共产党！

拥护红军！

拥护苏维埃政府！

拥护赤色工会！

实行平债分田！

实行工作八小时、青工六小时、童工四小时！

争取青工特殊利益！

废除旧有学徒制！

工人解放万岁！

闽北分区总工会

1933 年 4 月 21 日

第六次各县妇女部长联席会决议

为着要转变妇女工作，分区委妇女部曾经决定一个三四月份各种工作决议，已经期满了。〈在〉三四月份【的】工作，可以说是获得了相当的成绩，这一成绩表现在：

1. 发展女党员工作在数量上得到了相当的成绩，特别是铅山、广丰、建阳【，】并有很好的统计。各县发展党员数目如左：

铅山五十八名　　崇安六十七名

广丰二十名　　　邵光六名

建阳十二名　　　上铅十三名

市区七名

2. 提拔培养干部工作，各县都开了训练班和女党员大会，特别是训练材料能将适合党员程度的去解释。在提拔干部数目【上】，〈特别是〉广丰、建阳超过原定数目，

铅山七名　崇安八名　上铅一名

建阳六名　广丰六名

3. 妇女部的组织与本身工作，在最近时间，各县妇女部工作已单独建立起来，而改委会工作亦是单独的建立。

4. 扩大红军工作，有相当的注意，并能在广大群众中作政治鼓动工作，甚至有父亲鼓动儿子，妇女鼓动丈夫、兄弟到红军中的，特别是铅山五区尤元村黄月娥鼓动自己的弟弟去当红军。

各县扩大红军成绩列下：

崇安三十七名　广丰二名

铅山二十四名　建阳十九名

上铅十六名　　市区十九名

5. 拥护和慰劳红军工作，是有相当的积极，特别是铅山三区妇女能送菜送饭上火线〔给〕红军吃、扛伤兵等，其余各县亦有配合红军作战。在慰劳方面，更表现的积极，能动员广大妇女群众自动的赠送慰劳品，特别在这次欢送中央红军参观团的物品特别多，除执行原来规定数目外，并超过了数目很多。

崇安布鞋七百三十二双，草鞋二千三百九十五双，小菜二千四百零一斤，鸡蛋二百五十七个，猪肉一百三十二斤半，鸡二只，纸烟三十七包，青菜四百六十斤，鸭四个。

铅山布鞋九百五十四双，草鞋三千二百九十双，小菜二百二十一斤，鸡蛋一千一百一十八个，盐鱼七斤半，猪二条，笋一千四百六十一斤，猪肉二百一十斤。

上铅布鞋六十三双，草鞋六百一十六双，小菜一百零六斤，蛋二百七十三个，皮鱼六斤，墨鱼二斤，羊一条。

广丰布鞋二双，草鞋九十五双，小菜十五斤，蛋四十四个，猪肉三十七斤，鸡三个，羊六条。

建阳布鞋一百一十三双，草鞋七百六十五双，小菜一百八十五斤，蛋三十四个，鸡一个，纸烟二十五包。

邵光布鞋二十双，草鞋三百一十一双，小菜三十三斤，笋二十二斤。

市区布鞋五十二双，草鞋三百三十八双，小菜一百九十斤，烧肉四斤，鱼四斤，蛋一百九十五个。

6. 动员妇女参加生产工作，比以前〈是有相当〉多，如动员妇女种菜、掘禾根、砍柴等都有，特别是铅山更多，甚至有妇女帮红军种田，妇女生产冲锋队组织也建立起来。动员〈了〉妇女参加生产数目如下：

铅山二百三十名　　上铅八十名

崇安、广丰、邵光、建阳、市区没有统计。

7. 妇女参加各种群众组织工作，在最近时期，各种组织都增加了。

8. 卫生工作，有部分是开始进行，可说是群众已了解卫生的意义。

〈根据〉上面这些成绩，是不可否认的，但仍然表现不够〈的〉，同时还有许多错误和缺点。

1. 发展党员只是铅山、广丰、建阳三县能报告数目，如崇安妇女党员有多少，不能明白的〔地〕报告出来，尤其是成分上，更不注意。

2. 提拔培养干部特别是上铅、崇安、建阳，不从斗争中去提拔成分好、有造就、斗争勇敢的分子来担任工作，这是非常错误的。

3. 妇女本身工作，只能顾到妇女部工作，但对妇生改委会的领导，还是不十分抓紧。

4. 扩大红军工作，整个是有相当成绩，但仍然是不够的很，主要原因【是】没有提高广大群众对扩大红军的热情，最差是崇安，其余各县也是如此。

5. 慰劳红军工作，如赠送慰劳品，虽有相当多，还免不了有强派的错误发生，这证明了各县对政治鼓动工作没有抓紧。

6. 生产冲锋队各县虽有组织，对生产方面，还是有名无实，除铅山有点成绩外，其余各县妇女还是死懒，特别是崇安更甚。

7. 妇女〈对〉参加各种群众组织，还是少的很，尤其是动员妇女参加赤卫军、反帝拥苏组织更不注意，甚至原有组织，也没有很好的统计。

8. 卫生工作纵然开始，但没有获得什么成绩，特别是崇安顶不要卫生。

在整个工作来讲，除铅山有些转变外，其余各县都差，特别是崇安还是向后退。

〈根据〉上面这些缺点，主要的〔是〕〈因为〉工作不深入下层，对工作不努力的结果。我们可以拿事实来证明，如铅山工作的转变，是工作比较能深入下层，与对工作努力中所获得的；如崇安工作的退步，最大缺点，就是工作不深入下层、机关官僚主义所造成的。

上面这些错误和缺点，是工作中的障碍，我们必须与这一倾向作斗争，来转变红色五月工作。

红色五月工作

1. 扩大红军是目前党的最重要最中心工作，同时独立师在红色五月要扩充成军，更应为扩大红军成军而斗争，在红色五月中，各县须动员下列人数来当红军：

崇安二十五名　　铅山二十名

上铅五名　　　　广丰五名

建阳四名　　　　邵光三名

市区四名

2. 慰劳红军工作，亦是扩大红军工作之一，必须鼓动广大妇女群众自动的〔地〕赠送慰劳品，绝对要纠正过去强派方式。同时红军扩大成军，慰劳品更应增倍的赠送，在红色五月中各县须做到以下的数目：

县名	布鞋	草鞋	小菜	青菜
崇安	600 双	3000 双	200 斤	2500 斤
铅山	500 双	2000 双	150 斤	1000 斤
上铅	60 双	500 双	50 斤	500 斤
广丰	100 双	200 双	50 斤	100 斤
建阳	100 双	300 双	100 斤	100 斤
邵光	60 双	100 双	50 斤	50 斤
市区	40 双	100 双	40 斤	50 斤

3. 节省经费、节省粮食、帮助战费，是给予战争有力的帮助，我们必须在群众中作广大的政治鼓动工作，实行每人每天节省铜片〔板〕一枚，每人节省三斤米借给红军。在红色五月中各县必须做到下列数目：

县名	节省经费	借米给红军

崇安　　大洋二百元　　米一百担

铅山　　大洋一百元　　米五十担

建阳　　大洋四十元　　米三十担

邵光　　大洋十五元　　米十五担

上铅　　大洋二十元

广丰　　大洋二十元

市区　　大洋十元

因上铅、广丰、市区少米，故借米数目未规定，亦必须鼓动群众节省，给予战争的帮助。

4. 扩大党的组织，加强党的领导力量，是党的主要骨干。分区委已决定在红色五月中要扩大党员一倍，即每个党员至少要介绍一个新党员入党。同时各县对发展女党员工作，更不注意，在红色五月中要纠正这一倾向，为扩大党员一倍而斗争。但要纠正封建拉夫【式】的发展，必须从斗争中去考察，表现勇敢积极的工人、贫农、中农妇女，尤其是工人成分的女子大批吸收入党。

5. 红色五月是反帝的一月，应动员广大妇女群众加入反帝拥苏大同盟。各县在红色五月中，应发展反帝会员数目，按照分区委妇女部部务会决议规定的去执行。

6. 在红色五月中应将代表制度切实建立起来（即每十个人选举一个代表）。

7. 卫生工作，是于战争有极大关系的，同时夏天炎热更应注意卫生，以免瘟疫的发生与蔓延。这一工作必须动员广大妇女群众举行清洁运动，用比赛精神来进行卫生工作。

对红色五月工作，应拿出冲锋竞赛精神来执行分区委妇女部部务会关于红色五月妇女工作决议，百分之百的完成；尤其是对第六次各县妇女部长联席会上自己订立的各种工作竞赛合同，更应努力〈的〉实现。同时须用政治鼓动，鼓动广大妇女群众热烈来执行，不应有丝毫摊派。到红色五月过后，分区委妇女部要举行一次检阅，那〔哪〕县能按照数目字执行，或超过规定数目，便是谁的成绩好，那〔哪〕县不能按照规定数目执行，便是谁无成绩，谁对红五月工作怠工，便是对争取战争胜利的怠工，谁就是革命的罪人。

其他

这次检阅各县工作成绩，铅山第一，建阳第二，崇安第三，上铅第四，广丰第五，邵光第六。

中共闽北分区委妇女部
1933 年 4 月 30 日〈出版〉

中共黎川县委通知——

战争动员与扩大红军地方武装的指示

（1933 年 5 月 9 日晚）

在二南敌人企图进攻我们苏区，敌情无多变动，县委以前所发的两个通知对军事工作、战争动员工作布置无变更，而且还更应该加紧努力求到完全实现，故县委特组织一巡视团到各区专门督促以帮助。为深入战争动员工作，以猛烈扩大红军扩大地方武装归队运动工作。兹将这两项工作计划写在下面：

（一）动员广大群众消灭苏区的敌人，巩固和发展黎川苏区工作。动员工作布置和办法是：

（1）要召集政府党团内、赤少队内干部会议，将目前政治与革命形势，作深入的、充分的政治鼓动与具体的讨论，执行战争动员一切工作。

（2）要以村为单位开群众大会，深入战争动员一切工作，特别加紧揭破敌人欺骗宣传，与对群众的压迫剥削罪恶，刺激群众阶级仇恨，发扬他们坚决英勇杀敌精神与敌人作拼死战争。

（3）各区立即进行坚壁清野工作，断桥梁，挖要道，同时要实际学习赣东北斗争经验，实行做弩箭、挖陷洞、窖地雷、削竹钉，叫地老虎（竹钉在约四寸长，中部留一个节，两头削尖，到锅里炒）这些杀敌方法都应用，秘密的插到敌人来进攻的必经之道。要放在隘路、街口上、桥头上以及在作战时放到我们必要暂时放弃的阵地上。并且还要多多准备硝磺子弹，用鸟枪土火炮去打敌人。

（4）加紧赤色戒严工作。凡属未放哨的地方，均限十日内布置起哨来；已有哨的地方要特别严格检查来往行人，断绝交通要道，没路条的要捉起来送政府查明办理，严防敌探混入。对通敌大小道都要放哨，要多放瞭望哨，置号炮。

（5）加紧肃反工作，以洗刷部队中、党团政府中一切阶级异己分子出革命队伍中去。赤色清乡要有布置有计划〔地〕立即努力进行。（另有通知）

（6）要把梭镖鸟枪一切武器都拿来杀敌人，反对放到政府或家里冒〔右〕人管的现象。无条件地没收豪绅地主富农及反革命分子的一切武器。

（7）努力的〔地〕注意去进行白区与白军士兵运动工作。动员方法：多开各种会议进行深入的宣传鼓动，优待出发群众家属，帮助他们家里一切工作，（原文以下不清）

（二）猛烈扩大红军，扩大地方武装与加紧归队运动

（1）应运用在过去工作中的一切经验。（2）要坚决积极完成竞赛条约的数目，在二十号以前要做到超数目一半以上。（3）独立团中、游击队中开小差的分子，各区要切实的督促归队，十二号以前要大部归队。（4）已决定各区应组织的挺进游击队，限十五日以前正式出发工作。（5）各区进行白区工作的应在十二号开始进行。

进行上面工作，要召集会议详细讨论，发动下层同志自动地订立竞赛条约。

目前的政治形势与建黎泰党的任务

□□□□□□□□□□□□□□□□□□□□□□□□

乙、目前的政治形势与建黎泰党的任务。

六、由于帝国主义对中国的积极进攻，尤其是日本帝国主义进攻我国东北的大规模的军事行动，国民党〈更〉无耻的投降卖国主义，更推激了反日民族革命战争的扩大和全国反帝的高涨的汹涌。同时，全国红军在各个战线上的伟大胜利，尤其是中央苏区红军最近的几次大胜利，在主要战线上冲破敌人四次"围剿"还没有完结，帝国主义国民党正在积极布置新的进攻。现在正处于彻底粉碎人四次"围剿"的决战前面，江西及邻近省革命首先胜利的完成以及与帝国主义武装直接作战的阶段更加逼近。

七、建黎泰苏区是中央苏区最主要的门户，是中央苏区与闽北、闽浙赣苏区联系的关键，是目前彻底粉碎敌人四次"围剿"决战中决定胜负的战略中心。正因为此，敌人在继续进攻中，必然以建黎泰苏区为其进攻的重要目标。而党在这一区域的工作，对战争有决定的意义，【是】在建黎泰党的面前摆着【的】最巨大迫切的任务。发动和领导建黎泰广大工农劳苦群众参加革命战争，巩固建黎泰苏区向两省之间发展，联系金资、闽北成为一片苏区，争取新的决战的全部胜利。

八、为要完成这一总任务，必须建黎泰的党坚决执行党积极的进攻的路线，肃清罗明路线，克服党内在敌人新的进攻前面的一切机会主义动摇，完成下列战斗任务：

（一）彻底的解决土地问题，是发扬群众斗争积极性，巩固和发展建黎泰苏区的基本条件。大会粉碎了那种认为"群众不要田"、"待缺米后再分"、"新区一次分不彻底"等机会主义观点。大会认为，必须坚决立即领导群众迅速深入土地斗争，肃清一切土地斗争中的富农路线，使基本群众切实得到土地革命的利益。在没有分田或没有按照正确原则分配的区域，心须尽一切力量在半个月内分配完毕。在已经分配的区域，必须立刻完成查田运动，具体解决耕牛、耕具、种子、资本等问题，组织夏耕竞赛与生产突击队，提高农民群众的劳动热情，消灭荒田。只有如此，党才能充分动员群众，在"武装保护夏耕"、"保证分田胜利"、"保护工农政权"等口号下，积极参加革命战争，彻底粉碎敌人大举进攻，肃清残余地主武装。党必须坚决肃清"先分谷子财产后分田"的罗明路线观点，而应在深入土地斗争中，同时进行分配谷子财产和房屋等的斗争。

（二）积极的〔地〕领导工人斗争，重新订立集体合同，按照合同解决失业工人问题，尤其要注意迅速解决渔船、木船及帮业工人、森林工人问题，反对工团主义的观点，实行集中火力反对对工人斗争忽视消极的右倾危险，建立产业工会，首先是农业工会、店员联合工会及苦力运输工会。大会责成各级党部加强对工会党团领导，各级党部必须经常讨论领导工人斗争与工会工作，在工会及广大工人群众中组织关于苏维埃中央政府最近颁布的劳动法章程的讨论。

（三）为着创造一百万铁的红军，建黎泰党必须迅速深入土地斗争，深入政治宣传鼓动，迅速动员群众，在优待红军家属的基础上去努力扩大主力红军，消灭逃兵现象，完成闽赣省创造七军团的任务。利用最近长汀、兴国的经验，特别要从加强赤卫军、少先队的工作中去进行有组织的动员，动员整连整团加入红军，繁殖游击队，向武泰间、归泰间，特别向闽南间发展游击战争，组织强的运动防御战。这里必须充分注意游击队队员的成分，洗刷其中阶级异己分子，派最强的党员去领导游击队。在"每个工农武装起来"的口号之下，去广泛动员所有的选民加入赤卫队、少先队，建立模范营和模范队。在最近期间，完成建宁组织一师、黎川组织赤卫军的任务，加强其政治军事训练，动员赤卫军、少先队参战，扰敌袭敌及在敌人进扰时，组织坚壁清野，配合红军行动，进行征兵制的宣传教育，建立和巩固地方武装中的政治委员制度，加强地方武装中党的领导作用，提高一般战士的军事技术，实行地方群众红军队伍的联系制度。大会反对一切藉〔借〕口"群众怕当红军"、"群众不了解"、"妇女脚小"、"新区边区难扩大红军"的机会主义观点，反对用捆打、命令、欺骗的方式扩大红军。

（四）发展反帝运动，抓住最近热河事件，日本帝国主义向华北的进攻及中东路和工程师事件等，在广大群众中进行反帝援苏的宣传，号召劳动群众武装起来，参加民族革命战争，建立真正有群众基础的反帝援苏同盟。在这些工作中，去进行援苏御侮救国会议的运动，选举出席代表，深入土地斗争和注意从斗争中去筹措充分的战争经费。动员群众主动把公债票全部退还，进行借谷运动，从物质准备上去争取战争的胜利。

（五）加紧肃反斗争，肃清一切公开的、暗藏的反革命组织和反革命活动，充分执行肃反工作中的阶级路线和群众路线，组织公审大会、自首运动，在群众中进行思想斗争和教育工作，揭破一切反革命的欺骗，健全肃反委员会的组织，准备建立各县保卫分局。

（六）进行苏维埃的选举运动，自下而上的〔地〕成立各级苏维埃，改造各级政府，举行检举运动，洗刷阶级异己分子与贪污腐化消极怠工的分子。必须在选举运动的充分发动中，按照选举细则去进行苏维埃的选举，纠正在群众大会上选举苏维埃的玩弄办法，加强党对苏维埃的领导，建立苏维埃各部工作，统一财政，实行预算决算制度。

（七）大会认为，目前边区工作的严重状态，【是】不容许再继续存在。大会十二万分指斥边区区委，特别是黄泥铺、客坊，一直到现在还在执行露骨的罗明路线。大会认为边区党的领导机关，立即加以改选，□□□领导边区群众深入土地斗争，□□□□□肃反斗争，□□□□□□□□□巩固发展苏区，纠正单纯的军事行动，建立白区白军工作委员会，规划和领导白区白军工作。建立白区白军党的组织，建立白区巡视员□□领导群众日常要求的斗争〈上〉，去开展白区群众反帝反国民党，拥护苏维埃红军的斗争。

（八）大会认为，要加强党的领导，党应积极向着先进的分子开门，吸收大批的积极分子到党的队伍当中来，保证江西提出的发展党员四倍的口号，在六月份务必全部完成，克服关门主义〈党〉的倾向。在党的组织扩大中，同时洗刷党内的一切不可教育的分子，勇敢的〔地〕引进当地干部，健全各地委员会组织与工作，健全支部生活，建立模范支部与中心支部，加强党对青工工作领导。

（九）为要执行党积极进攻路线，□□□□□□□必须开展党内两条战线斗争，集中火力反对罗明路线，深入反罗明路线的斗争到支部中去，广泛发动党员，加强党的自我批评，□□□□坚决执行罗明路线□□□的掩盖错误的罪恶□□的企图，反对一切□□右的机会主义倾向，反对一切〈的〉反党的派别观念及派别的小组织，同时〈为〉要执行进攻的路线，到实际工作中去实现全部工作的彻底转变，必须在反罗明路线斗争中反对官僚主义的领导方法，执行新的领导方式，建立具体□□□□实行部分的改造各级党部，在组织上来保证党的路线，并领导和实行这一决议。

中共闽赣省委
1933 年 5 月 25 日

闽北分区总工会致摘茶工人一封信

亲爱的摘茶工友们：

你们摘茶已经要回家了，今年你们都得到了增加工资的胜利，摘茶工资比往年增加了五元，妇女加二元，青年加工资特别加得多，工作时间减少了些，菜肉油饭等待遇都改善了，这是什么原因呢？主要的是在工人阶级团结力量〔的〕伟大和在苏维埃政府和赤色工会领导之下，才有这个保障，才能实现这种利益。

苏维埃区域的工农劳苦群众都得了解放，平了债，农民均得了土地，工人工资增加了，工农的生活是大大的改善〔了〕，不受人剥削，并且做了苏维埃的主要人物，这些事实，各工人同志都看见了。苏维埃是真正保护工农群众利益，赤色工会是真正保护工人的利益，苏维埃、赤色工会是领导群众，打倒帝国主义、国民党及一切压迫群众狗东西的组织。

亲爱的摘茶工友们：

你们还是在帝国主义、国民党及豪绅地主资产阶级压迫剥削之下，再不要听国民党、一切反动派〈别〉欺骗，只有团结自己力量，站在共产党与赤色工会领导之下，建立苏维埃工农自己政权，组织自己的工会——赤色工会，才能真正得到自己的解放。希望你们回去团结广大工农群众，来打倒压迫剥削你们的帝国主义、国民党豪绅地主资产阶级，为苏维埃政权而斗争，为自己的切身利益而斗争！

此致

斗争　敬礼

闽北分区总工会

1933 年 5 月 30 日

闽赣省委致中央局电——

关于闽赣省干部配备情况的报告

（1933 年 6 月 5 日）

一、邵黄等前日到湖坊，刘炳龙暂留资溪帮助工作两星期。

二、我们在资溪参加了积极分子会，并开省委会讨论资光闽北工作，决定肖韶任闽北书记兼团省委书记，同意调闽北少共书记黄富武任光泽书记，资溪书记谢惠光，黎川书记方志纯。

三、现建宁、资溪两县委仍弱，请催江西、赣东北〈干部〉速派人来。

四、这两天省一级负责同志大部在黎川县委，帮助推动动员工作。

五、工会方面至今未见一人来，我们前电提议六月廿三开全省扩大代表会亦未答复，省委负责人，请催执行委员会速派来。

六、省委本身，我们提议增加肖劲光、杨良生、陈云潮、方志纯四人，以顾、黄、刘、邵、刘邦华五人为省委常委，请审查批准。杨良生是闽北政府主席，曾任闽北保卫局长，在党中四年，工作积极，此次与黄道同来，决定他任省委肃反会主席。

闽赣省委

通　知

（1933 年 6 月 6 日）^①

各区委、各党团：

闽赣军区政治部决定本月十号下午二时在湖坊召集群众大会庆祝省一级苏【维埃】机关的成立，县委接此信后决定：

（一）调动湖坊、石峡、三都、宏村四区群众全体武装参加。

（二）其他各区与城市及县一级各机关，可做酌量动员群众参加，但每村最少要派代表一名前去。

（三）去参加群众及各团体各机关可酌量别赠（此处缺四五字）群众打鼓、放鞭炮（到时才行）、执红旗子、呼口号、唱歌去鼓舞群众斗争情绪。

（四）路途远的地方途中须自备伙食。

（五）指定城市俱乐部演员及儿童□□准备去表演才艺。

（六）凡去参加者须注意遵守时间。

以上各项望接此通知后立即切实去执行为要。

中共黎川县委（印）

---

① 原件无时间。此系编者根据内容考证。

闽赣省队部训令（第二号）

（1933 年 6 月 13 日）

创造少共国际师，少共中央局是在完全粉碎敌人四次"围剿"，准备与帝国主义直接作战时〈候〉决定，它是有着特别重大的意义。

因此，省队部根据少共中央局和闽赣省委的决定以及中央总队部指示，现有下列各令：

（1）深入创造少共国际师的政治动员，给〔使〕每个队员都能知道创造少共国际师的意义。特别是要给每个队员以有力的鼓动，激荡起队员的热情，潮海般的〔地〕加入少共国际师。责成各县队部立即召集少队长以上和模范少队班长以上会议及队员大会等，解释少共国际师【的】意义和讨论具体办法。

（2）省队部决定，全省在"八一"以前完成充足师——三千六百人。黎川县要完成充足的一营一连——五百六十人，建宁县要完成充足的一连一百四十人，光泽县要完成充足的二连二百八十人，闽北要完成完全的二营八百四十人。

（3）为要完成这一决定，各县队部须特别注意有组织的〔地〕动员，抓住较好的模范队，派好的干部去领导，给他们以特别训练，争取整排整连整团的加入少共国际师。因此，在六月二十五日以前，黎川要四连，建宁二连，光泽二连，资溪一连，闽北五连，随时准备调动，听命出发。

（4）除了争取配合红军作战队伍加入少共国际师外，在七月十五日前，各县要争取完全的几〔九〕连一千二百六十人〈的〉集中【到】闽中军区。

（5）为要〔了〕这动员的成功，各队部立即同团一起，组织突击队，到较好和较坏的地方进行动员突击。

（6）我们这一动员，主要靠有组织的动员模范队整营整连加入少共国际师。但我们的省现在各县少队和模范队的组织都很少很少，因此，要能达到有组织整连整团加入少共国际师的目的，首先必须大大的〔地〕发展少队的组织和扩大模范队的组织。同时加紧队员的军事政治训练，提高队员军事政治知识，也是非常必要的。

（7）我们主要是动员整连整团加入少共国际师，但并不是个别的动员和个别的加入少共国际师就是放弃的。因此，我们还注意鼓动个别的队员加入少共国际师，而且可以在队员大会上或在青年群众大会举行仪式加入少共国际师。这首先须有好的准备和宣传鼓励工作。

（8）在这动员中，须注意解决土地问题，这中间提高队员对加入少共国际师的积极性。

（9）这决定各队部经过讨论后，必须经常检查督促，领导这一工作，绝对不允许听其自然、不去领导的自由主义。省队部并责成各队部每一礼拜必须将这一工作程〔进〕度和其中的教训与经验报告省队部。

闽赣省队部

队　长　蓝永禄

党代表　顾作霖

中共闽赣省委关于创造红军第七军团的决议

（1933 年 6 月 15 日中共闽赣省委通过）

（一）为着巩固和发展闽赣苏区，彻底粉碎帝国主义国民党对苏区的四次"围剿"，实现江西一省及邻近省区的革命首先胜利以及为着回答目前帝国主义对中国的积极进攻与国民党的无能投降出卖，创造一百万铁的红军，来与帝国主义武力直接作战，驱除帝国主义出中国，争取苏维埃政权在全国的胜利；中央局在闽赣党的面前，提出了创造红军第七军团的任务，省委认为中央局提出这一任务是绝对正确和必要的，闽赣党必须把这一任务列为今日议事日程的第一次〔位〕，以最坚决的工作和斗争，于最短期间内完全〔成〕这一任务。

（二）红军第七军团〔的〕创造，必须在广大〔泛〕深入〈的〉群众动员的基础上才能完成，因此，首先要求党团苏维埃及一切群众组织以最大的努力，使动员迅速广泛深入，省委具体指出：

（1）进行动员的胜利，只有在造成宏大的而有力之社会情绪高涨时，才有可能。所以必须立即进行宣传鼓动工作，把创造红军第七军团的口号提到群众中去，使没有一个工农劳苦分子不知道"红军七军团"，联系到群众的切身问题提出具体的口号，号召群众加入红七军团，造成群众〈的〉到七军团去的高潮。

为使宣传鼓动迅速普遍深入动员的激剧进行，决定于七月的第一周（七月一日—七月七日）举行"创造七军团宣传周"。

（2）加紧党团员在这一动员中的领导作用，动员党团员以身作则领导群众，踊跃报名加入，运用江西福建的宝贵经验，动员整个支部加入红军，各地党团都应特别加强一部分较差基础的支部的领导，使他们首先加入，以激动〔励〕其他支部与广大群众。

（3）在工农劳苦群众全体武装起来的口号之下，使所有苏维埃公民加入赤卫军少先队，建立模范营模范队，加紧对他们的训练，经过系统的训练，动员他们到前线配合红军作战，发展游击战争，动员他们整排整连整团的〔地〕加入红七军团。兴国模范师全部加入红军的创举，更证明这种有组织的动员是猛烈扩大红军〔的〕最主要方法。各地党、团、苏维埃与一切群众组织，同样要首先以极大的力量去创造几个光荣的例子，以掀起赤卫军少先队整连加入红七军团的热烈潮流。

（4）特别加紧工人中的动员，提高无产阶级的积极性和领导作用。责成工会党团，立即在工会具体规划，在创造红七军团的目标之下，创造一个"无产阶级团"，从工会去动员迅速完成。

（5）这一动员的进行，须广泛发〔开〕展革命竞赛，以突击的工作，在自愿的基础上举行县与县、区与区、乡与乡及个人间的竞赛，将自愿报名加入的分子，组织突击队，分头进行突击，听引新的分子一起加入，省委决定从八一至八月七日，全省举行"扩大七军团突击周"，把这一动员提到更高的高度。

省委向黎川的党提议，创造一个"黎川团"，向崇安的党提议创造一个"崇安营"，于最短时间完成，作为他们为创造红七军团而努力的具体标准。

（6）优待红军家属的任务，是以〔与〕扩大和创造红七军团的动员不可分离的。必须在查田运动中，检查红军及其家属是否分得好田以及是否耕好，检查红军优待条例执行的程度，切实执行"共产党□□□"，给红军家属具体帮助，经常召开红军家属联欢会，解决他们的一切困难，各级政府应成立优待红军委员会，计划和检查一切优待工作。

凡某人自动报名后，应立即发动群众，举行冲锋义务劳动，在二三日内，将他家里的地耕好，把他的名字写在红板上，发优待证与〔予〕其家属，以坚定他的意志，并鼓励其家属与其他群众。

（7）在创造和扩大红七军团的动员中，应基于政治鼓励的深入，强迫命令等错误方法的肃清以及红军中政治工作的加强，消灭"开小差"的现象。对于开小差的分子应予教育，召集其家属开会，解决一切困难，把他的名字写在黑板上，组织当地的社会舆论，以嘱〔催〕促他归队。始终不归队者，应即以惩罚（如缴还慰劳品，加倍做还前优待之事）。一切捆绑拘押家属、没收全家土地、封闭房屋等方法，是极错误的，必须纠正。

（8）联系制度的建立，对扩大和巩固红军的工作有极其重要的意义。应发动各种群众组织与七军团某团某营（同当地群众有最密切关系的）建立经常的联系（在红军中经过俱乐部）给予具体的帮助（如慰劳品等），互相派代表出席会议，交换工作经验及相互报告消息，号召和吸引地方群众加入红军，同时亦可借此坚定红军中战士的战斗意志。

（9）对报名加入的新战士，须一时一刻不放松【对】他们的宣传教育工作，使他们深切感觉到自己所负之保护工农群众利益的光荣责任。在他们由乡或区集合出发到县或新兵训练处去时，应组织庄严的送别，全区乡所尊崇的领袖〔进行〕简短的鼓励演讲，有觉悟之妇女或新战士的妻母的热烈语言，儿童团的祝词，红军兵士的勇壮唱歌，年老者之奋勉的送别语，新战士的宣誓，举凡这些以及其他适合当地情况的种种方法都应运用，以提高新战士的勇气。在去集合点的路途中，沿路应有准备，群众的欢迎欢送，慰劳招待，都须注意周到。

（10）在动员中，必须防止富农及一切阶级异己分子的混入，向群众指明只有工农劳苦分子才有当红军的权利，提高群众的阶级觉悟，监督富农地主使〔之〕不得混进红军。同时年龄太小太老及有病的人，不应把他们送去加入红军。

（11）应在战争胜利开展中，扩大苏区在新区进行扩大红军工作，同时党在加紧建立和进行白区工作中，号召和动员白区的工农加入红军中来。

（三）为得迅速完成红七军团的创造，省委责成各级党部首先在六、七、八三个月中完成并超过省委扩大红军五千人的决定，团与少先队应以一切努力，实现在"八一"前动员二千青年加"少共国际师"。

（四）在现有的独立师团等已编入或将编入七军团的武装组织中，应加紧创造红七军团的宣传鼓动，提高战斗员的政治情绪，动员每个战斗员扩大一个新战士，加紧建立和健全其政治机关，加强政治工作，积极征收党员和团员，巩固党的领导，进行肃反工作，肃清隐藏着的反革命分子，加紧军事训练，提高军事技术，巩固和加强其战斗力，使〔其〕成为七军团的基础。省委要求军区政治部及各地党部，特别加强这些队伍里的工作。

（五）现有的独立师团等地方武装，大部分将编入红七军团，所以在创造和扩大红七军团的动员中，必须同时进行新的独立师团游击队的创造。省委决定在六、七、八三个月内，各县应完成一个新独立团或独立营，扩大游击队，以便迅速将现有的独立师团、游击队编入七军团去。

（六）创造红七军团的动员，应基于深入土地斗争及发展反帝运动上去进行，加紧完成分田查田运动和散布中央政府的宣言及否认国民党政府签订的卖国协定的通电以及扩大民族革命战争的号召，号召群众为着保卫土地革命的利益，为着回答帝国主义的进攻，准备与帝国主义武力直接作战，而武装起来踊跃加入七军团。

（七）省委指出，在广大工农群众斗争情绪高涨的基础上，在闽赣苏区创造红七军团是完全可能的，只要党坚决为这一任务斗争，必然迅速完成，一切认为"群众怕当红军""党员怕当红军""边区新区不能扩大红军"的观点是最有害的右倾机会主义。必须集中火力克服这种右倾机会主义。同时，强迫命令、指派、欺骗等方法，只会使群众不满意于苏维埃和红军，使党脱离群众，只会阻碍和破坏动员工作，应该坚决反对。必须这样在两条战线上斗争才能动员广大群众加入红军，完成红七军团的创造。

全县党的活动分子会议各区竞赛条约

在省委直接领导之下的全县党的活动分子会议于本月二十一日开过了。会议完全一致同意与接受省委代表顾作霖同志关于目前政治形势〔的〕估计、黎川党〔的〕工作检阅与目前的紧急战斗任务的报告，同时接受县委代表方志纯同志检阅过去工作成绩、错误缺点及对各区的个别批评，在会议〔上〕给了一切不正确倾向特别〔是〕对战争动摇悲观失望的机会主义分子打击。这一会议已胜利的成功了，就是黎川工作转变的先决条件。

会议并很热烈的〔地〕讨论了省委代表与县委代表的报告中关于目前黎川党紧急的战斗任务与中心的问题：彻底解决土地问题，扩大红军创造七军团，创造黎川团，创造独立师，发展党员，经济动员，并作了以下具体的决定：

（1）彻底解决土地问题。按各区实际情形，要分过的即重分，一个月完成；不要分过的即举行查田运动，二十天完成。重分与查田意义、分配方法、党怎样领导，都有详细讨论。

（2）创造黎川团。在"八一"以前完成一营，人数七百个〔人〕；创造独立师，"八一"以前完成第二团；创造赤卫军模范师，"八一"以前完成一师。总的决定在十月革命节前完成黎川团、独立师的创造，庆祝全省第一次工农兵代表大会。

（3）党的工作。准备十一月初间全县举行一次代表大会，正式成立县委。党的发展，在十月前要完成发展党员三千个〔人〕。七月要完成建立自下而上的各级组织——小组、支部、区委。在讨论上列问题上，各区委代表自动订下了下列的竞赛条约：

我们为着彻底粉碎机会主义的〔罗〕明路线，动员一切力量彻底粉碎敌人四次"围剿"和大举进攻，保障黎川苏区的巩固和发展，争取南丰、南城，争取江西的革命首先胜利，我们在省委县委正确领导之下，自动的自愿的订立了以下各项工作竞赛条约：

（一）城市、七区两区在七月底完成的革命竞赛条约：

（1）城市扩大红军五十名、模范赤卫军一连，打〔向〕土豪、富农罚款捐款两千元，发展党员一百名。

（2）赤溪扩大红军七十名、模范赤卫军一连，向土豪、富农罚款捐款一千元，发展党员一百五十名。

（3）竞赛代表七区杜桂发、城市郭天□。

（二）硝石、资溪、石峡三区在七月底完成的革命竞赛条约：

（1）硝石区扩大黎川团二十二名、独立师三十名、模范营一连，向土豪罚款三百元、富农捐款五百元，借谷三十担，发展党员六十名，工人雇农要占十之二。在这竞赛中并要〔每〕十天互相通讯一次。

（2）资溪区扩大红军三十名（即黎川团）、独立师三十名、模范营两连，向土豪筹款四百元、富农捐款六百元，借谷二百担，发展党员一百名，成分同上，通讯同上。

（3）石峡区扩大黎川团二十四名、独立师三十名、模范营一连，向土豪罚款四百元、富农捐款五百元，借谷五十石，发展党员五十名，成分同上，互相通讯一次。

（4）竞赛代表：硝石赖保秀、资溪张景龙、石峡孔仰山，公证人余斐。

（三）中田、龙安镇、西城桥三区在七月底完成的革命竞赛条约：

（1）中田区扩大黎川团四十名、独立师四十五名、模范营一连，向土豪罚款五百元、富农捐款一千五百元，借谷二十五担，发展党员五十五名，成分工人占三分之一，贫农三分之一五，中农小商占三分之一五。

（2）龙安镇区扩大黎川团四十名、独立师四十名、模范营一营，向土豪罚款六百元、富农捐款一千元，借谷二十担，发展党员六十名，成分同上。

（3）西城区扩大黎川团三十五名、独立师四十名、模范营一连，向土豪罚款九百元、富农捐款一千元，借谷二十担，发展党员二十名，成分同上。

（4）竞赛代表：中田贺来展、龙安镇黄金标、西城桥邱显扬。

（四）三都、湖坊、熊村三区在七月底完成的革命竞赛条约：

（1）三都区扩大黎川团七十名、独立师八十名、模范营一营，向土豪罚款五百元、富农捐款一千元，借谷一百二十担，发展党员一百五十名。

（2）湖坊区扩大黎川团六十名、独立师八十名、模范营一营，向土豪罚款三百五十元、富农捐款一千五百元，借谷八十担，发展党员一百名。

（3）熊村区扩大黎川团四十五名、独立师六十名，模范营一连，向土豪罚款六百五十元、富农捐款二千元，借谷八十担，发展党员一百名。

（4）竞赛代表：三都朱异中、湖坊蔡元光、熊村李云河，公证人：方志纯、余斐、周长坤。

（五）樟村、横村二区在七月底完成的革命竞赛条约：

（1）樟村区扩大黎川团三十名、独立师二十五名、模范营一百名，向土豪罚款三百元、富农捐款六十元，发展党员五十名。

（2）横村区扩大黎川团四十五名、独立师四十名、模范营一百名，向土豪罚款一百元、富农捐款二百五十元，发展党员九十名。

（3）竞赛代表：樟村杨集顺、横村刘兴位，公证人：陈胜烈、方国胜

中共黎川县委

1933 年 6 月 22 日

少年先锋队江西福建闽赣三省省县区队长
告全体队员书

江西、福建、闽赣三省亲爱的英勇的队员们：

我们在少共中央局与中央总队部直接领导之下召集的三省省、县、区队长联席会开幕时，正当我英勇的无敌的百战百胜的红四方面军在四川重占巴中与通江，消灭四川军阀两师的伟大胜利的时候。

在这种形势下面，我们在完成中央局的决定（因为我们是列宁的青年团员），在少共中央局的号召之下，在中央总队部的领导之下，坚决的〔地〕自愿的〔地〕一致加入少共国际师，给少共中央局的号召以布尔什维克的回答！一致加入少共国际师，来坚决的〔地〕拥护中国共产党的积极进攻路线！一致加入少共国际师，给红四方面军的胜利以有力的响应！

英勇的亲爱的队员同志们！我们坚决的〔地〕站在你们的前面，号召你们跟着我们——整连、整团、整师的、一大队、一区队、一县队的加入到少共国际师去！完成少共国际师！

我们坚决的相信：你们一定能够继续你们过去整连、整团、整师加入红军的光荣战绩，一致的加入少共国际师去！要求你们给我们的号召以有力的回答！

三省的大队长及全体队员同志们！我们一致〈的〉加入少共国际师，在八一以前完成少共国际师！

彻底粉碎帝国主义国民党的四次"围剿"与大举进攻！

把少共国际师的红旗插到抚州、吉安、南昌、武汉等中心城市上去!

完成江西及邻省的革命首先胜利!

把日本及一切帝国主义〔者〕赶出中国去!

少年先锋队江西、福建、闽赣三省省、县、区队长

江西省队部:

省队长刘玉堂　训练部长张谈高

福建省队部:

省队长郭庆福　训练部长王锦标

闽赣省队部:

陈顺期

瑞金县:

县队长邹景轩　县训练处长刘国球

士〔壬〕田区队部参谋曾清兴　云集区〈区〉队长曾守芳　城市区队长赖辉伟　排黄区队部参谋钟子俊　踏迳区队长钟同才　九堡区队长钟运焕　武阳区队长谢子形　沿江区队长翁铭钰　下肖区队长朱甫高　黄柏区队长谢世责　渡头区队长刘绳煌　瑞林区参谋陈祇柱　砂心区队长吴胜海　黄安区队长朱志英　城市青工少先队小队长周春胜　黄柏区上假乡大队长谢大金

兴国县:

县队部训练处长张昆光　上社区参谋谢先佩　黄塘区队长许志连　龙沙区队长杨兴楚　杰村区队长刘贤洲　均村区队长罗积钱　茶元区队长高方顺　永风区队长雷凤腾　高兴区队长钟家飞　崇贤区队长黄桂思　方大区队长蔡俊昆　城岗区队长石元　鼎龙区队长刘贤道　枫边区队长杨传迁　东村区参谋陈盛珠　莲塘区队长黄敬有　乐江区队长魏鸿才　城市区队长刘兴榜

广昌县:

队长吴伸兰　尧山区〈区〉队长乐家明　甘竹区〈区〉队长陈

上接 长桥区〈区〉队长汪文

南丰县：

县队长康世蕙

建宁县：

县训练处长匡汉香 均口区〈区〉队长肖洪兴 巧洋区〈区〉队长朱仁兴 安仁区〈区〉队长丁德 里心区〈区〉队长余名标

黎川县：

县训练员匡思燮 石东区〈区〉队长黄文输 资溪区训练员龚水孙

泰宁县：

县训练处长唐传钧

宜黄县：

县队长钟声灼 沙星区队长叶增银 水团区队长万炳云 黄陂区队长卢章秀 水南区队长林兰彬

乐安县：

〈乐安〉县队部训练处长胡观音 崇仁区〈区〉队长张济 金竹区〈区〉队长曾桂名 竹溪区〈区〉队长邓光罗 招携区〈区〉队长李宗雅

公略县：

东古区队长兹洋 中鹄区队长钟增光 陂头区〈区〉队长刘盛楷 冠山区〈区〉队长欧阳群 县队部政治训练员刘先还

安远县：

县队长胜祥 上庆区队长汪安邦 东头区队长杜成奔 坪岗区队长赖进芳 重石区队长钟本清

【万】泰县：

县队长戴先阶 丝茅区〈区〉队长壬亦中 古坪区队长罗良茂 文塘区队长郭日焕

永丰县：

县队长肖明德 石马区队长肖永祥 北坑区参谋何永连 七都

区队长李谟松　八都区参谋肖宗保　龙岗区队长陈课发　沙溪区队长黄甫仁　南坑区队长汪传万　古县区队长李坤明

新泉县：

县训练处长黄发荣　仟畲区队长丘胜利　池俟区队长黄志标　南雄区队长曹桂荣

武平县：

县队长钟忠　湘湖区队长王光　桃溪区队长林掌敬　武西区队长李崇秋

上杭县：

县队长吴致明　官庄区队长兰明辉　才溪区队长林仰邻

长汀县：

〈长汀〉县队长兰和汉　红坊区队长钟友南　汀州市队长邱学烟　大甫区队长陈全盛

宁化县：

县参谋处长邱仁兴　曹坊区队长曹生标　下童坊区队长林荣辉　中沙区队长谢诬标　安乐区队长邱瑞元　禾口区队长张金标　南城堡区队长李盛辉　武层区队长吴朝芹

清流县：

县队长钟亮芳

汀东县：

县队长林鸣凤　重坊区队长曾金銮

会昌县：

县队长刘其浩　县参谋林起将　举子区队长李胜标　城市区队长许九圣　西江区队长王能搂　珠市区队长许先让　乱石区参谋戴永忠　麻州区队长刘金有　门岭区参谋谢赤明　洛口区队长肖九目

赣县：

县队长谢长礼　大湖江区队长赖平　茅店区队长刘买熙　清溪区队长谢德磐　山承区队长王□川　大中区队长邓发祥　田村区队长刘成贵

雩都县：

县参谋长许汉辉　县训练处长罗长福　城市区队长李益长　新坡区队长丁良春　禾丰区队长赖茂崇　寨面下区队长易子泉　□屋区队长钟正玉　宽田区队长马伯荣　岭背区队长刘声财　罗江区队长胡声馀　小溪区队长欧阳顺行　五龙区队长李华春　黄龙区队长林明山

寻邬县：

县队长赵传招　城市区队长刘贤辉　澄江区队长兰俊才

1933 年 6 月 26 日于瑞金

闽赣省革命委员会训令——
关于创造红军第七军团问题

为着巩固发展闽赣苏区，彻底粉碎帝国主义国民党的四次"围剿"，实现江西一省及邻近省区的革命首先胜利以及为着回答目前帝国主义对中国的积极进攻与国民党秘密投降和出卖，创造百万铁的红军来与帝国主义武力直接作战，驱除帝国主义出中国，争取苏维埃政权在全国的胜利，因此，中国共产党与苏维埃中央政府在闽赣全省广大群众面前提出了创造红七军团的任务。这是绝对正确而且必要的。省革委号召全省群众，并动员各级政权机关，以最坚决的工作和斗争，要在第一次全省大会前完成创造红七军团的任务，以创造红七军团的胜利来庆祝与拥护第一次全省苏维埃大会。

红七军团的创造，是完全依赖于广泛的深入的群众动员的基础上才能完成。因此，省革委严格〔厉〕的〔地〕批评各级政府过去对于扩大红军所犯极严重的错误，不做艰苦动员的工作，只是强迫命令或者欺骗抽派，或者对扩大红军消极怠工，或者忽视置之不理，或者敷衍塞责，弄些老的、小的、病的来充数，甚至对优待红军和反开小差及归队运动，从来不提！所有这些极严重的错误，都是扩大红军创造第七军团的障碍，绝不能再有一分钟的容许。我们要争取完成创造第七军团，来庆祝第一次全省苏维埃大会，首先就要向这些错误开火！

省革委责令各级政府及一切群众团体，必须把创造红七军团〔的〕工作列在议事日程的第一位，并与深入土地革命、创造苏维埃政权、扩大民族革命战争联系起来，以极大努力和决心彻底执行下列扩大红军创造红七军团的具体办法：

一、立即进行最广泛的深入的宣传鼓动工作，把创造红七军团口号提到群众中去，使每一个工农劳苦分子，都知道红七军团，都热烈的〔地〕参加创造红七军团的一切工作，并联系到群众的切身问题，提出具体口号来号召群众加入红七军团，造成群众到红七军团去的巨大热潮。〈党〉省委为了使创造红七军团的运动深入和迅速动员起来，提出七月的第一周（七月一日—七月七日）举行创造红七军团宣传周。各级政府必须要以极大力量在这一周内，开展扩大红军的新纪录，做出许多光荣的成绩。

二、在工农劳苦群众全体武装起来的口号之下，使所有苏维埃的公民都加入赤卫军、少先队，建立模范师、模范团、模范营连，加紧对他们的训练，经过有系统的工作，动员他们到前线配合红军作战，发展游击战争，动员他们整营整团的〔地〕加入红七军团，兴国模范师全师加入红军的创举，更证明这种有组织的猛烈扩大红军最主要的方法。各级政府一切群众团体要首先以极大力量去创造几个光荣例子，以掀起赤卫军、少先队整团整连加入红七军团的热烈潮流。特别是加紧工人动员，提高无产阶级积极性和领导作用。立即由工会迅速动员和具体计划在创造红七军团目标之下创造一个"无产阶级团"。

三、这一动员的进行，须广泛发展革命竞赛与突击队的工作，在自愿的基础上举行县与县、区与区、乡与乡及个人间的比赛，将自愿报名加入的分子，组织突击队分头进行突击，吸收新的分子一起加入。省委决定从八月一日至八月七日全省举行扩大红七军团突击周。八月为扩大红军突击月，把这一动员提高到更高的迅速〔程度〕。

省委向黎川提出，创造一个"黎川团"，向资溪提出创造一个"资溪团"，向崇安提出创造一个"崇安营"，于最短期间〔内〕完成，作为他们为创造红七军团而努力的具体标准。

四、优待红军家属的运动是以〔与〕扩大和创造红七军团的动员不可分离的，必须在查田运动中检查红军家属是否分得好田，是否耕好，检查优待红军的执行程度，经常召集红军家属开联欢会，解决他们一切困难，给他们具体的帮助。各级政府应立即成立优待红军委员会，计划和检查一切优待工作。省革委会〈并〉决定〈了〉委任曾庆云、吴品秀、曾镜冰、王智仁等七人为省优待红军委员会委员，马上开会讨论一切具体工作，颁发优待证给红军家属，实行冲锋义务劳动，即某人自动报名加入红军，要立即发动群众在二三日内将他家里田地耕好，并把他的名字写在红板上。各级政府机关工作人员必须实行"礼拜天"，须以负责人为生产突击队长，乡一切〔级〕决定乡主席为队长，领导全乡突击队员热烈的去替红军……

五、在积极动员深入鼓动扩大红军运动中，必须开展反开小差与归队运动，对于开小差分子应尽量进行说服教育工作，按乡按村召集逃兵开会，报告红军新的胜利，与红军当前任务及创造红七军团的伟大意义和政府对他家属优待情形，最好召集家属开会，叫他的父母妻子动员其儿子或丈夫归队□□□□□□社会舆论以督促他归队（原文以下还有五点全部不清）。

主席　邵式平

公历 1933 年 6 月 28 日

闽赣省革命委员会布告

（1933 年 6 月）

一、彻底解决土地问题，坚决执行土地法；

二、坚决实行劳动法；

三、号召组织广大工农群众武装起来；

四、从深入和扩大土地革命中筹措经费；

五、发动广大群众深入肃反斗争；

六、巩固扩大苏维埃区域；

七、健全各级革命委员会工作，驱逐隐藏在政权机关中的阶级异己分子及一切腐化怠工分子。

闽赣省革命委员会关于召集
第一次全省工农兵代表大会的决议

目前，正当着革命战争与反帝国主义反国民党运动进行到更高的发展阶段，苏维埃中央执行委员会，为着加强对全国革命的领导，使全国反帝国主义反国民党的伟大斗争，开展新的局面，为着总结二年以来苏维埃运动的经验，决定新的方针及改造中央执行委员会，决定召集第二次全国苏维埃代表大会，是非常正确而且必要的。闽赣省区域，在中央政府和中国共产党〔的〕正确领导下，日益巩固扩大，全省工农劳苦群众斗争的决心与热情，正在澎湃地向上高涨。例如查田分田运动、彻底解决土地问题、武装保护土地革命、创造红七军团等等，都在热烈的〔地〕进行，省革委会为了迅速成立全省苏维埃政权，加强对全省革命斗争的领导和争取第二次全苏大会的全部胜利，因此有如下的决定：

（一）第一次全省工农兵代表大会，决定于 1933 年 11 月 7 日（即十月革命纪念日）在省革命委员会所在地举行。

（二）省革委会必须用尽一切有力的方法进一步加强对各级革命委员会的领导，并搜集材料，准备向大会做工作报告。

（三）第一次全省工农兵代表大会以前，应自下而上的〔地〕建立资溪、黎川、建宁、光泽四县各级苏维埃，改选闽北、崇安、铅山、广丰四县苏维埃，并尽可能的〔地〕在建宁、贵南、金南、邵武、建阳、上铅等县比较巩固的地方，坚决遵守苏维埃选举细则和手续，建立区、乡苏维埃，依法选〔举〕代表出席全省大会。省革委会首先要集中力量把黎川选举做好，以为各县模范。

（四）闽北分区一级苏维埃不合〈于〉苏维埃组织条例，此次必须改选。为了工作需要，将由省政府组织省苏维埃闽北代表团去代替其工作。

（五）在新发展苏区和边区不能建立苏维埃正式政权的地方，可由革命委员会负责召集乡、区、县群众大会，选举代表，参加第一次全省大会。

（六）依照红军直属部队及地方武装的暂行选举细则，省政府与军区直属部队以及红十九师、二十师、二十一师，应直接地选〔举〕代表来参加第一次全省大会，其余属于苏维埃政府管辖的地方武装（如游击队、警卫连、独立营、团）或不属于县苏维埃政府管辖而在该县境内负有长期的工作的工农武装和红军，直接选举代表去参加县的苏维埃代表大会。属于区苏维埃政府管辖的地方武装（警卫连、游击队等），直接选举代表去参加区的苏维埃代表大会。

（七）全省乡、区、县三级苏维埃选举或改选须在十月二十日以前完毕。各县及红十九师、二十师、二十一师和省政府警卫连、保卫队以及军区直属队出席全省代表大会代表，须在十一月三日以前到达省革命委员会报到。

（八）各县出席全省〔代表大会的〕代表，须由县苏维埃代表大会选举，红军中出席全省代表大会〔的〕代表，须由红军中〔的〕代表大会选举。

（九）在全省苏维埃选举运动中，必须联系到工农劳苦群众，要□□□去提高群众的斗争决心和勇气，尤其联系到深入查田运动，检查劳动法工作基础上，须加紧战争动员，巩固扩大苏区，完成第七军团，实现省革委行政方针。要以工作成绩和斗争胜利来争取全省大会全部胜利。

（十）全省各级革委会或苏维埃必须发动选民全体都热烈〔地〕来参加苏维埃选举。选举手续必须绝对执行选举细则。省革委会要迅速创办大规模的苏维埃选举运动训练班，并准备大批干部派去各县指导选举工作。

（十一）国民党统治区域和白军队伍中的一切革命群众团体、革命分子及同情〈于〉苏维埃运动〈中〉的个别分子，欢迎他们派代表来参加第一次全省大会。

（十二）各级苏维埃选举完毕后，即将选举情形按级报告上级，并须在十月二十六日以前将总结自建立革委会以来或半年以来的工作报告送达省革委会。

（十三）为了把苏维埃政权和第二次全苏大会与第一次全省大会的伟大革命意义深入到一切苏区和非苏区广大工农兵群众中去，责令各级政府和红军游击队必须尽一切可能在一切苏区与非苏区广大群众中宣传，并定九月为全省苏维埃运动月，号召全省群众，为省苏维埃运动猛烈发展，为着第二次全苏大会和第一次全苏大会完全胜利而斗争！

主席　邵式平

1933 年 6 月

闽北分苏文化部训令——

关于列小教员问题

我处这次列小教员训练班中，听到各教员之报告以及我们检查各校教员中之材料，闽北各地对教员生活之解决，确实是不一律的，而且还发生了不少的错误，现举例于下：

1.有些地方的教员，没有伙食外，而且还要他守口眺高扛红军优待红军家属，同时又硬要他做教员，这样使政治观念较差的教员，不愿教书，这当然是错误的。

2.有些地方对教员的维持又太过于好，由学生家属帮教员耕田做事，与维持红军家属一样，这样使群众之负担非常之重，这是非常错误的。同时更发生教员每月要每个学生三升米，另一角钱，这是崇安下梅区的事情。该校有四十多个学生，每月就有八九元钱了，这是对学生的剥削，这是苏维埃政权底下不容许的。

现在我处为了统一教员生活起见，特下此令，望各级文化部与列小教员和学生依下列办法执行：

1.关于教员生活问题：政府是要尽量供给的，但目前革命战争日益急救〔迫〕，政府财政困难条件之下，须要全体群众起来帮助的。因此，各级文化部须发动学生家属自动供教员的饭，每个学生家内吃一天或津贴教员应吃的米，由教员与学生家属自己去规定，教员生活费，每月发大洋一元半，由县区文化部造决预算来我处领，我处当按月发给，同时必须与教员解释说明这种办法是在政府财政困难下才这样发给，以鼓励教员自愿地努力教书。但杂用费，如油光、纸笔，教员用的由政府发给，学生用的，即鼓动学生自己买，但每校杂用费至多不能超过半元。如某学生实在拿不出纸笔的，即由教员与区文化部酌量补给。

2. 每校至少要有三十个学生，并要天天读书，才能照上列办法发钱，如果有名无工作的学校，当然不能这样发钱。列宁小学的教员，必须兼工农补习夜校的教员。

3. 过去优待教员家属及帮其家属种田的地方，立即停止，以减轻群众的负担，同时要派教员做防守工作与优待红军家属的地方，亟须停止。

4. 各级文化部立即制定决预算来我处领钱。此令自七月起实行，望各教员与学生遵此令执行。

> 分苏文化部
>
> 正部长　吴正喜
>
> 副部长　魏振和
>
> 1933 年 7 月 5 日

闽赣省革命委员会召集第一次全省苏维埃大会的具体工作计划

（1933 年 7 月 16 日）

为了争取第一次全省苏大会的全部胜利，根据关于召集第一次全省苏大会的决议，议定具体执行计划如下：

□□□□□□□□□□□□□□□□□□□□

4. 全省各区的选举委员会必须迅速成立，把名单报告来省。黎川须在七月卅日前报告来省，资光建泰须在八月十日前报告来省，闽北须在八月十五日前报告来省。

5. 各选举委员会第一次会的议事程序：

Ⅰ. 选举委员会的工作细则；

Ⅱ. 选举委员会的工作日程；

Ⅲ. 选举委员会的经费预算。

6. 省革委七月十八日集中的大规模选举运动，训练班必须集中力量办理，县一级每县五人，区一级每区二人，乡一级每乡一人；训练班须组织委员会来领导，选举训练班领导委员会，委员五人，名单如下：谢惠光、胡德兰、钟光来、黄道、邵式平。钟光来同志为主任，谢惠光同志为副主任。

7. 选举运动指导员，准备十三人。指导员条件：

Ⅰ. 坚决积极的工农干部；

Ⅱ. 选举有经验并熟悉选举细则；

Ⅲ. 要能在工作中有计划；

Ⅳ．初识文字，能写通告、报告等。

指导员来源，主要在选举运动训练班上挑选，其次□□团军区政治部及各群众团体临时帮助。

8.指导员任务和工作另行决定。

9.全省各县一级选举须在九月十五日以前办理完毕，区一级须在九月内完毕，闽北各县必须在十月五日以前完毕。

10.黎川县苏大会十月七日开幕，建宁九月二十五日，资溪十月一日，光泽十月二十五日，泰宁十月二十五日。

11.出席各县苏大会省政府代表：

铅山、崇安、广丰、上铅、建阳、邵武等县由闽北分区苏派代表出席领导：

黎川——邵式平

建宁——钟世斌

光泽——毛泽民

资溪——毛泽民

泰宁——刘炳龙

12.向选民工作报告：

Ⅰ．各县向选民报告书，应在选举大会前十天公布出来。

Ⅱ．各区的报告书，应在成立选举委员会前一天公布出来。并通告各乡向群众宣布和向各团体做报告。

Ⅲ．各县的报告书应在九月一日以前公布出来。

Ⅳ．各级报告书内容，省革委另行讨论。

Ⅴ．省革委向选民报告书，在全省大会前公布。

13.省革委须特别加紧对省政府所在地的四区（湖坊、石峡、三都、熊村）领导。

Ⅰ．湖坊区须在八月十日【前】选举完毕。

Ⅱ．石峡、三都、熊村等区须在八月二十日前完毕。

Ⅲ．湖、石、三、熊四区须在七月二十五日前成立选举委员会报告县、省。

14. 各县必须集中力量先以一、二区选举起有计划的分期分区进行。责令各县按照各区乡斗争、工作和实际环境以及干部力量，来具体规划。现在指出：

Ⅰ.黎川在全县苏大会前必须建立城市、赤溪、湖坊、石峡、熊村、三都、横村、樟村、资溪桥、龙安镇、八都圩等区的区苏维埃和乡苏维埃。

Ⅱ.建宁在全县苏大会前必须建立城市、安仁、巧洋、里心、黄泥铺、客坊、铺前、均口区苏维埃及乡苏维埃。

Ⅲ.光泽在全县苏大会前必须建立城市、花桥、止马、崇□、尧家坪等区苏维埃。

Ⅳ.资溪在全县苏大会前必须建立城市、高埠、嵩市、枫田、横山等区苏维埃及乡苏维埃。

Ⅴ.泰宁在全县苏大会前必须建立溪口、大田市、二区苏维埃。

Ⅵ.其他各县区乡和特区革命委员会必须在省苏大会以前一律开代表大会，实行改选。

Ⅶ.闽北各县选举苏维埃和改选革委会具体计划由分区苏切实布置。

15. 选举经费各级最多不能超过以下数目：

Ⅰ.每乡四元；

Ⅱ.每区选举委员会四十元，各县得斟酌各区的情形移动；

Ⅲ.每区代表会十五元，各县得酌量实情移动，城市代表会与区相同。

16. 关于选举法问题在未接中央改正的新选举法以前，可照现行中华苏维埃共和国的选举细则进行□□□□□□□□□□□□□□□□□□□□□□□□□□□□□□□□

18. 省苏大会本身的一切准备工作，另行具体规定。在选举运动中，必须随时注意与一切左右倾向做斗争，一切儿戏选举，忽视□□□错误现象，应给以〔予〕布尔什维克的打击。只有坚决在共产党领导之下，切实执行上级苏维埃的一切决定，才能争取第一次全省苏维埃大会的全部〔面〕胜利。

主席　邵式平

闽赣省革委会征收土地税草案讨论大纲

（1933 年 7 月 28 日）

<table>
<tr><td colspan="2" align="center">通　告</td></tr>
<tr><td colspan="2">1. 为了充裕战斗经费，争取顺利完成土地税的任务，特提出征收土地税的草案，征求广大群众的意见，并制定讨论大纲在下面，望各级政府各团体各部队立即召集会议依照讨论大纲逐变〔条〕参照草案原文详细讨论，限在八月二十日以前把讨论的结果填在表上寄省财政部，以便作最后的决定。
2. 县区政府接着就要讨论，并召集晚会向群众作报告征求广大群众意见。
3. 乡政府要召集贫农团、工会小组长、妇女代表会迅速讨论。
 主　席　邵式平
财政部长　毛泽民 </td></tr>
<tr><td>你们对征收土地税有何意见呢？</td><td></td></tr>
<tr><td>土地税率你赞成那一省办法呢？</td><td></td></tr>
<tr><td>土地税标准怎这〔样〕计算才好呢？</td><td></td></tr>
<tr><td>你们对征收土地税如何向群众宣传呢？</td><td></td></tr>
<tr><td>什么时候开征好呢？什么时候为止呢？</td><td></td></tr>
<tr><td>收钱好？收谷好呢？</td><td></td></tr>
<tr><td>用称〔秤〕好？用斗好呢？</td><td></td></tr>
<tr><td>收谷怎样保存呢？</td><td></td></tr>
<tr><td>你们对征收土地税有何其他意见呢？</td><td></td></tr>
<tr><td>其他</td><td></td></tr>
</table>

公历 1933 年　月　日　县　　区　　乡填写
机关盖章　闽北分区财政部翻印

闽赣省财政部
七、八、九三个月工作和八、九、十、十一、十二、一、二七个月筹款计划

（1933 年 8 月 8 日）

财政是国家的命脉，国家的财政充裕与否，直接影响军事与政治，间接则影响到整个阶级政权。目前处于革命与反革命决死斗争的紧急关头，一切工作应针对着这个革命战争与环境与闽赣苏区所具备主观的特殊条件，来定出目前几个最中心的工作任务如：一、改造和健全各级组织，并培养大批工农干部；二、建立财政系统，统一财政，立即实行核算制度；三、遵照中央规定关于七、八、九三个月筹款三十万，八、九、十、十一、十二、一、二七个月筹款八十万的计划，要尽一切力量与可能来完成中央所给我上述的筹款任务；四、税收工作的整理与加强，尤其要改善已有的税关与增设税关；五、加紧反贪污浪费斗争，实行经济制裁；六、建立巡视和报告制度，实行集体领导与科学的分工。从下列的具体规定中来求得百分之百的实现所改造与健全各级组织：

1. 过去各级财政部不仅组织上不健全，而且混入一些阶级异己分子与贪污腐化分子，未曾从〔尽〕早洗刷，影响各级财政工作极大（如闽北分区及黎川、资溪等县区）。各级必须于八月二十日以前检举和改造好，再不得有一个阶级异己分子与贪污腐化分子藏匿在各级财政机关内，否则一经查出，各级财政部长应负完全责任。

同时工作人员履历表各级应马上填好按级寄省财政部来审查。

2.过去各级组织都不健全，致使各级工作受到很多的损失，因为组织上不健全，故没有任何一处的工作做到了他应有的成绩，关于这一点本部前在各种文件和会议中特别严重的指出，必须有健强的组织，才能担负得〔起〕目前的巨大财政工作任务，而各级依然如故，尤其闽北有些县仅一个光财政部长，有些区一个光部长还要兼其他部工作，使得闽北财政工作非常糟糕。这是由如〔于〕不了解组织上的重要性是过去极严重的错误。今后县区两级必须于八月二十日以前商请同级主席团，一律调足下列所定的人数：

县区市（人数）／职别	县			区			市	备注
	甲等	乙等	丙等	甲等	乙等	丙等		
部长	1	1	1	1	1	1	1	
副部长	1	1	1	0	0	0	0	区不设副部长
会计科	2	2	2	1	1	1	1	
税务科	5	4	4	3	2	2	0	
出纳科	2	2	2	0	0	0	0	有支库的可在支库时，可设出纳科
产科	5	4	2	2	1	1	0	
登记	1	1	1	1	1	1	1	
指导员	2	2	1	0	0	0	0	区一级不设
合计	19	17	15	8	6	6	3	

3.省财部决定以八月五日起开办闽北六县短期财政训练班来造就闽北大批财政人材，必须使这一训练得到完满成功。

二、建立财政系统和预算制度

1.过去各县的财政系统已有相当建立，但是没有做到应有的成绩，还有少数地方不经过组织系统随便支付，应以八月突击月的工作中求得全部实现。

2. 预算制度的建立。本部曾经〔在〕第三次第五号训令中严格的〔地〕规定了实行期，应有好些苏区（建宁、泰、资、光）大部分已有了预算送来，但还不是依〔按〕时送到，计算员很少的造好送来，确是工作中的缺点。同时闽北和泰宁各县从未有过预算，这是绝对不容许的现象。各级财部必须依照本部第五号训令切实执行，不得延误。

三、三个月经常收入与七个月筹款计划

1. 八、九、十三个月经常收入

（一）税收

税别＼县别	营业税		烟叶屠宰酒业税		进出口税		合计	
建宁	400	000	300	000	100	000	800	000
泰宁	400	000	400	000	150	000	950	000
黎川	800	000	1000	000	1000	000	2800	000
光泽	200	000	150	000	100	000	450	000
资溪	100	000	300	000	250	000	550	000
闽北	500	000	1000	000	150	000	2000	000
合计	2400	000	3050	000	3000	000	8550	000

八、九、十三个月平均预算计收入大洋 25650.000 元。

（二）租款

种别＼县别	店房租	油糟水碓等租	合计
建宁	400000	80000	480000
泰宁	300000	20000	300000
黎川	1000000	200000	1200000
光泽	200000	30000	230000
资溪	150000	50000	200000

续表

种别 县别	店房租	油糟水碓等租	合计
闽北	500000	240000	740000
合计	2500000	620000	3120000

八、九、十三个月平均预算计收入大洋9360.000元。

（三）没收品拍卖款

摘要 县别	金额	备注
黎川	3000000	没收反革命商店及土豪纸等
建宁	600000	
泰宁	500000	
资溪	440000	
光泽	500000	
闽北	1000000	
省财部	1500000	
统计	7500000	

八、九、十三个月共计大洋22500.000元。

2. 八、九、十、十一、十二、一、二七个月筹款计划

（一）土豪筹款

从深入分田查田运动中七个月土豪筹款分配表

摘要 （月份） 县别	土豪筹款分配							合计	备注
	八月	九月	十月	十一月	十二月	一月	二月		
黎川	40000	30000	30000	30000	15000	15000	12000	152000	
建宁	12000	12000	10000	8000	8000	6000	5000	61000	

续表

县别＼摘要（月份）	土豪筹款分配							合计	备注
	八月	九月	十月	十一月	十二月	一月	二月		
泰宁	10000	15000	20000	15000	10000	10000	10000	92000	
资溪	10000	10000	8000	8000	6000	5000	5000	52000	
光泽	10000	10000	8000	8000	6000	5000	5000	52000	
闽北	40000	40000	35000	30000	30000	30000	25000	23000	
省裁部	5000	5000	4000	3000	2000	20000	2000	23000	
统计	270000	220000	105000	42000	79000	73000	54000	662000	
闽赣省革委会财政部									

（二）富农捐款

从分田查田运动中七个月富农捐款分配表

县别＼摘要	月份							合计
	八月	九月	十月	十一月	十二月	一月	二月	
黎川	20000	15000	10000	8000	5000	5000	5000	68000
建宁	6000	5000	5000	4000	3000	2000	2000	29000
泰宁	3000	3000	4000	5000	4000	3000	2000	29000
资溪	3000	3000	2000	2000	2000	2000	2000	16000
光泽	4000	4000	3000	3000	2000	2000	2000	20000
闽北	10000	10000	8000	8000	6000	5000	4000	51000
统计	48000	40000	32000	30000	22000	19000	17000	208000

　　分七个月的土豪筹款、富农捐款之八十七万余元是指由各级政府从查田分田运动中去筹的，至关于各地方武装筹款，归军区计划。现在军区已定出各部队八月突击月筹款壹拾零七万元，七个月计算则可筹七十余万元。

上月所定筹款数月，在闽赣这样的新苏区，不仅是可能，只要我们的工作能真正深入到下层群众中去，区乡政府能广泛动员，从查田分田运动中取得贫农团、工会及广大群众一致拥护，尤其应与土地部、裁判部取得密切的关系，在一致动员下更是可以超过的。

但是我们不能看得很平常，照过去各级财政部的工作同志坐在机关里不动，八十七万余元的巨款，是不会完成的。尤其是过去几个月，各县每月在区财长联席会议上所规定的筹款计划，从来没有那〔哪〕一县达到了所定的数目，结果形成了官样文章，纸上空谈。这证明各县区的财长不负责任，是标本式的官僚主义。今后绝对不能容许这样下去了，同时各级主席团也不去检查这些工作，认为财政工作是财政部单独事，主席团可不负责任，亦同样是不对的。我们要在八月"突击月"的工作中来保障这样工作与筹款计划按月实现，就要请各级主席团切实负起督促计划、帮助指导之责，才能求得这一计划的全部实现。

关于筹款方法，除遵照中央规定按组织没收征发委员会，有组织的〔地〕推动筹款外，省财部应在八月二十日以前编成几本向土豪与富农筹款方法的小册子，分发各县、区、乡应用。

四、税收工作

1. 营业税应该大家整理，在县老市场未曾进行税收的，应马上调查登记，实行征税。依照上次税务会议之决议去执行，收足上面所规定的最低税额。正确的〔地〕执行经济政策，自然还可以增加税收。

2. 关税处之普遍建立，在目前确是十二分重要，在八月份除极力整顿硝石寨关税处外，应尽可能仍建立建宁之梅口、光泽之和顺、资溪之相埠，迅速的〔地〕建立。

3. 土地税收税时间快到了，应马上进行大规模的宣传鼓动，要使得每一个工农群众都了解完纳土地税是他们自己应尽的义务。同样要依照本部对土地税所发各种文件所定之具体办法，实际运用选好地点，修理后仓，不致使临时仓促。

五、加紧反贪污浪费的斗争，并全体动员节省

1.闽赣各地反贪污的斗争，确得到了相当的成绩。但是在各政权机关中，因为检举工作与反贪污腐化斗争做得不够，故还要用大力来洗刷这些贪污分子出苏维埃机关中去。在此财政十分困难中〔时〕，绝不容许有一个浪费分子存在。只有加紧反贪污浪费的斗争，才能保障〔证〕今后再没有贪污浪费的事件发现〔生〕。

2.节省运动〈这〉成了目前补救财政的办法，各级财政部不仅要领导各级机关中的节省，而且还要发动广大的工农劳苦群众节省。闽赣过去对这一工作做得非常不够，《红色中华》已在狮吼般的〔地〕号召，闽赣响应的还很少，还是由如〔于〕对节省意义不了解所致。今后必须将节省运动变成洪潮，各级机关的一切公费在八月"突击月"中至少要节省十分之二，一片运动要普遍发动到广大群众中去，尤其是各级工作人员，每天一片更须马上实行，方能成为节省运动的领导者。

六、建立巡视和报告制度

为着上级对下级工作的明了和便于指导，必须由下级而上建立报告制度。区对县每十天做报告一次，县对省每半月报告一次，有重要的事随时向上级做报告。为了整顿与了解下层工作，尤其是具体帮助下级解决实际问题，必须建立巡视制度，这一制度各级必须于八月内完全实现，否则是对这一制度的怠工。

我们为着上述六大中心工作任务与筹款计划百分之百的完成，就必须以竞赛的方法，大家一致努力为着这一计划而斗争。

红色割禾队的组织和办法

一、帝国主义、国民党对赤区所谓城防政策的五次围攻，定必利用地主反动武装来进扰赤区和抢割赤区的谷子，同时要在这秋收时期保护地主富农勒收工农群众的地租和分谷，来维持豪绅地主的统治，以阻止和镇压工农群众的斗争。

二、我们为〈得〉要充裕苏区的粮食和帮助白区工农群众不交租，自割自收的〔地〕反抗豪绅地主的斗争起见，除了第九号训令临【时】规定的办法外，特定组织红色割禾队，来完成秋收中的工作。

三、红色割禾队的组织和办法，特规定如下：

1. 以区为单位组织一连，每连人数九十人，每班十人，连长指导员各一人，排长三人，事务长一人，伙夫九人。

2. 红色割禾队的队员，完全在全区提选年壮力强勇敢积极的赤卫队队员充任，班长由队员内提选，排长则从区内的中队长充任，连长由区军事部长或少先队队长充任，指导员则由赤卫军区政委或指定一区委员兼任，以加强红色割禾队的领导。

3. 红色割禾队的任务是帮助白区工农群众割豪绅地主的谷子和保护边境苏区的谷子不致被敌人抢割去一粒，以消灭〔破坏〕敌人抢谷企图。

4. 红色割禾队，全县应受县军事部和县赤卫军的政委领导，并绝对的受县军事部长和赤卫军政委的指挥和调运。

5. 红色割禾队到白区帮助群众割禾时，应发动白区工农群众的斗争，领导他们杀豪绅地主，割豪绅地主的禾，同时应提出种者有其谷。在豪绅地主势力较大的地方，应鼓动白区工农群众，将割到的谷子送到苏区中心地方藏看，以后要吃，就来苏区担回，苏区负绝对保护的责任，但红色割禾队绝对不许割去白区劳苦群众的禾。

6. 红色割禾队在边境苏区割到谷子，应帮助当地同志挑到苏区中心地方来藏看，以免被敌人抢去一粒。

7. 红色割禾队无论在边境和去白区帮助群众割禾场，应每个队员带到一件武装（花枪、雷火枪、马腿枪、丝炮、弩箭、大小鱼炮）以及萝〔箩〕担镰刀，以便割禾和打击敌人。

8. 在山区割禾时，应用一半割禾，一半防守。同时应将丝炮、弩箭向敌人来路放正，准备敌人来时给敌人以严重打击，进一步收缴敌人的武装。

9. 在边区割禾时，同样的注意防守，可用五分之一的【人】在山上瞭望，多插红旗以张声势，对于弩箭、丝炮也同样的放好，准备消灭敌人。

10. 红色割禾队在边境苏区帮入割禾，种田者应给工资与红色割禾队，每元四工，在白区不应要工资。

11. 各县区应先割边区的禾，以免敌人抢割。

12. 红色割禾队去白区时，应绝对保持政治影响，绝不准乱抢群众一点东西，并要负责领导和组织白区群众的责任。

四、各县区在割回来的谷子，应组织储粮合作社来储谷子，同时应选择巩固的苏区很好的山蓬来藏看谷子，竭力反对将割回的谷子放在屋里。

五、在放谷子的周围，应安放很好的弩箭和丝炮，以免敌人抢去。

六、游击队应经常掩护和挺进白区去帮助工农群众割禾，红军在条件许可下，也同样要去帮助白区和边区群众割禾，和掩护红色割禾队割禾。

七、其余的办法照着第九号的训令执行。

八、这一训令，各级赤少队和红军特别赤卫军政委应用出很大的力量来进行，这一工作限八月二十五号以前组织完毕，并须将组织情况报告我们。

九、宣传和号召的办法，我处另有宣传大纲发下，望遵照执行。

此令

红军各部队

各级赤卫军

各级少先队

闽北军分区政治部

主任　邹琦

1933 年 8 月 9 日

武装保护秋收宣传大纲

问：为什么要武装保护秋收呢？

答：目前帝国主义国民党为得要维持其血腥统治，积极的〔地〕〈举行〉对苏区围攻和封锁，企图封锁苏区经济，来实行其所谓三分军事七分政治的狗计，在这秋收时期，敌人必定要利用地主反动武装来苏区打抢，以减弱苏区的粮食，同时，在秋收时期，敌人必定压迫白区工农群众交租完谷，来吸收工农群众的血汗。因此，我们为得要保护苏区谷子不致被敌人抢割去一粒，同时，要帮助白区工农群众反抗豪绅地主的斗争起见，所以要组织武装保护秋收队——即红色割禾队。

问：武装秋收队怎样组织呢？

答：武装秋收队就是叫作红色割禾队，组织与红军的组织一样，有连排班长，一班十人，一排三班，一连三排，每班班长一人，每排排长一人，每连连长一人，指导员一人，事务长一人，伙夫九人，各负各的责任，来实行武装保护秋收。这一组织限八月二十五日一律组织完毕。

问：红色割禾队是什么人来参加呢？

答：红色割禾队是各乡村中的勇敢积极少壮的赤卫军少年先锋队的队员来参加组织的。富农地主是不能参加的。

问：红色割禾队每乡村要组织几多？连排班长要何人来担任呢？

答：红色割禾队的组织是以区为单位，每区组织一连（如可多组织，可组织四排或五排），乡村由区内酌量大小而根据当地实际情形去组织班或排，连、排、班长是要更勇敢最积极先进分子担任，如连长由区军事部长或少先队长充任，连指导员由区政治委员担任或指定一个较强的区委员担任，排班长事务长由各队员去提选。

问：红色割禾队是做那些事的呢？

答：红色割禾队要做的事是要保护苏区边境群众收割和帮助白区工农割豪绅地主的禾，启发和组织白区工农群众起来革命，打土豪劣绅，巩固和增加苏区粮食，消灭来苏区打枪〔抢〕的白军民团等反动武装。

问：红色割禾队帮助群众割禾是不是要工资？

答：当然帮苏区群众割禾要吃他的饭，要工资钱，每一元洋四天，不过主要是增加苏区粮食，所以要努力与他多割些，帮白区劳苦群众割禾就不能要工资了，主要的是启发他们斗争，反抗豪绅地主的压迫剥削，同时表现革命的亲爱。

问：我们割回来的谷子多怎么办呢？

答：我们割回来这多谷子，应该很好的放在苏区中心地方很巩固的山内去搭蓬〔篷〕建筑土仓打地窑〔窖〕等来藏好。藏谷的地方，应多放丝炮弩箭、打丁〔钉〕子等武器，以免敌人抢□。同时，藏谷的技术，要绝对秘密，不使傍〔旁〕人知道，最好不要藏在一块，而各藏各地的，以防止反动派的破坏与抢劫。

问：为什么把谷子藏在蓬〔篷〕里去呢？

答：如不这样藏坑好，放在家里，敌人来进攻他就可以担去，或者与你烧了，我们目前和来年吃什么呢？还不要来饿肚子、吃野物充饥吗？因此，为得要防止被敌人抢去，巩固和保卫自己的粮食，不致〔至〕于饿肚，使红军给养充裕，当然藏好才有保障，至说要工夫做的多，这是当然的。

问：要实现这多事，用什么办法去推动和动员呢？

答：以上的事项要推广到每个群众中去，要有广大群众来拥护和执行，定要从组织上去动员和推动，政治上去号召多开一切会议，赤卫军少先队员大会，选民群众大会，各部各区委，应召支部小组会党员大会，县应多召各种联会，领导各群众团体多召会。在各个会议上，县区都派代表去参加和详细解释，使每个同志和群众都了解，才能得着广大群众来拥护和执行，为增加和保卫粮食而斗争，为巩固扩大苏区而斗争！

同志们！大家精神紧张起来实现：

1. 实行武装保护秋收！

2. 组织红色割禾队去帮助白区群众割土豪地主的禾！

3. 大家一致的〔地〕来参加红色割禾队！

4. 充裕苏区粮食，加增战争经费！

5. 保护白区群众自割自收！

6. 加紧藏看米谷，不致被敌人抢去一粒！

7. 消灭国民党保护土豪地主收租抢谷的武装！

8. 巩固扩大苏区！

9. 坚决站在共产党领导之下去消灭打抢的敌人！

10. 杀死和捕捉收租的豪绅地主！

11. 秋收斗争胜利万岁！

12. 工农解放万岁！

> 闽北军分区政治部制
>
> 1933 年 8 月 9 日

黎川县革命委员会训令（第二号）

（1933 年 8 月 11 日）

黎川将来是闽赣苏区粉碎帝国主义国民党五次"围剿"，争取南昌、抚州决战的主要战场。我们坚决相信，敌人五次"围剿"，胜利一定又是我们的。现在，中央一方面红军大部已开来黎川了，县革委会要各级政府立即积极加紧战线上的动员，发动广大群众，准备配合红军与敌人作大规模的战争，进行大规模的慰劳。因此，有以下的指示：

（1）粮食是第一个主要问题。我们要使红军不会饿肚，不会吃两餐或吃稀饭，必须集中一切力量来动员广大群众，收此〔所持〕有的公谷，或群众借给红军的谷子，很快的做出米来，送给红军。使红军不至〔致〕发生粮食的困难，此做出的米，龙安镇、西城桥、樟横村以及三都区的社苹乡、丁路乡、周安乡等地，限明天（十二日）集中送到横村区仓；三都区、熊村区、城区、八都区、钟贤区，限十三日集中送到下三都军区司令部收；湖坊等区限十四日送到下三都军区司令部收。

（2）在这次红军到来，必须发动广大群众多多准备慰劳品，来慰劳红军。慰劳品限十三日集中到县，在红军经过地更要发动群众沿路多烧茶水、煮稀饭以及儿童团、少先队沿路站队呼口号来欢迎。发动洗衣队、慰劳队，有组织的〔地〕去帮助红军洗衣服，对红军战士讲话，来鼓动红色战士作战勇气和提高红色战士杀敌精神。

（3）各区乡如遇红军到来宿营，必须发动群众，打扫各处屋内屋外，帮红军找门板、摊铺，帮炊事员挑水，烧好水给红军战士洗澡，从精神上来慰劳红军，使红色战士不致感觉有任何困难。

（4）红军驻地附近的区乡政府，更要发动群众多挑柴米菜盐等日用的东西，便宜卖给红军。要照平常的价目，绝对禁止抬高价格，并要群众负责使红军在给养上不会发生任何困难。

（5）动员群众的方式，绝对反对过去的官僚主义、命令主义，首先要从各机关团体有组织到下层动员，组织临时突击队派到各乡去动员群众，在群众中造成一种当红军最光荣、热烈地去宣传红军、欢迎红军【的】空气。

（6）在这次动员中，必须联系到扩大红军七军团，如果我们慰劳红军欢迎红军的工作做得好，一定会引起群众认为当红军光荣的。

…………

以上各项，希各级政府必须努力去完成这一任务，绝对反对对上级□□□置之不理的严重现象。

此　令

黎川县革命委员会

代主席　曾容群

黎川县革命委员会紧急令——

为动员大批伕子配合红军行动事

（1933 年 8 月 19 日上午 8 时）

目前正是战争最紧张的时候。我前方红军英勇作战已迭获伟大胜利，完全击破了敌人四次"围剿"，并在继续的〔地〕坚持进攻，去粉碎帝国主义国民党新的五次"围剿"，争取战争更大胜利。因此，我们要积极动员群众大量的组织运输队送往前方，配合红军大规模的军事行动，以利红军行动的进展，省革委会对于动员大批伕子参战特有以下的决定：

一、各区动员伕子的数目：城区四十名，熊村四十名，湖坊三十名，三都四十名，石陂二十五名，资溪三十名，硝石二十五名，八都三十名，钟贤三十名，龙安镇三十名，西城桥二十五名，东坪圩二十五名，樟村三十五名，横村三十五名，共四百四十名。

二、各区动员来的伕子要在本区组织起来，要分班排连，以一百名为一连，每班设班长一人，每排设排长一人，每连设连长一人，指导员一人；以连为伙食单位，设事务长一人（伙食自行规定），碗筷锅盆绳索扁担自行带来，并每五人预备一付〔副〕担架。伙食由各区财政部发给（每天每人□□角），发给伙食的期限，由各区出发地到军区为止。

三、集中地点在黎川县□背（在八月三十日）一律按时赶到黎川军分区。

四、凡担任伕子随着红军行动□□□□等耕种收割等工作，应

动员群众帮他们，以〔与〕优特红军一样，但是临时的，（以下数字不清）

切切此令。

黎川县革委会

朱洪兴　涂细长

为消灭食盐困难而斗争

现在食盐的价格突然高涨，这是由于：

1. 帝国主义国民党在历次遭受惨败，苏维埃和红军胜利的〔地〕向前开展撼动了帝国主义国民党的统治。所以他们——帝国主义国民党不仅从军事上加紧向苏区和红军进行绝望的拼命的五次"围剿"，而且想尽一切办法加紧对苏区的经济封锁，使我们需要的日常用品——特别是食盐发生困难。

2. 奸商富农从中操纵，贱买贵卖，暗将食盐藏着。食盐来源稍有困难，即故意抬高价格。在博生城市最近就检查【到】了不少的奸商富农藏着不少的盐不卖，甚至藉〔借〕此以破坏国币信用。

3. 反革命派别的阴谋活动，破坏食盐进口，造作谣言，欺骗群众，使食盐价格更加飞涨。他们这样来配合帝国主义国民党的经济封锁，破坏苏维埃，妨害工农生活的改善。

因此，影响一般外来物品价格的提高，使工农生活感受困难。故应以战斗的精神发动广大工农劳苦群众，以群众的斗争力量来实际的解决目前的食盐问题，是党在目前最紧急的工作之一。

1. 党必须基于广大工农群众的力量，来镇压奸商富农投机操纵。以群众的力量在苏维埃领导之下，举发奸商富农暗藏不卖的食盐。在苏维埃的监督之下，强迫其照价将食盐卖给群众。但苏维埃必须予以必要的处治〔置〕，以警戒奸商富农。如有反革命嫌疑及阴谋的，应无条件的〔地〕将食盐宣布没收，并严办反革命份〔分〕子。

2. 党要更实际的〔地〕抓住食盐问题，发动广大群众加入各种合作社。特别是在目前应发动消费合作社从各方面去多办食盐进口。特别是边县边区的消费合作社，发动群众与白区工农群众及利用白区商人的路线以及亲戚朋友的关系去买盐。

3. 各县区委应立即在各县各区设立与健全粮食调剂局的组织及工作，并由调剂局与对外贸易局将苏区出产品输出白区换进大批食盐及日用品到苏区来。

4. 在边区，党更当动员地方武装，责成地方武装在发展游击战争中，运输大批食盐到苏区，并要责成地方武装——独立团营游击队，宣传游击区域的群众用国币，将现洋尽可能运到苏区来。

5. 在各区各乡普遍建立硝厂，用旧的酸土蒸馏及找寻从前盐仓的土熬盐。这样不仅可以解决一部分食盐，而且酸土熬的硝，可以供赤少队的火药。

6. 党必须联系着食盐问题的实际解决，更明显的告诉群众，要彻底解决食盐问题必须积极的〔地〕加入红军，扩大铁的红军一百万及完成目前粉碎敌人五次"围剿"的战斗任务。这样来在群众中充分进行粉碎敌人五次"围剿"的政治动员，来打倒帝国主义推翻国民党统治，才能彻底解决。

这是工农群众切身的利益问题，各级党必须严重的〔地〕注意。依靠广大工农劳苦群众的力量，迅速的〔地〕实际的〔地〕解决。这样更能团聚千百万工农劳苦群众在党的周围，完成党的战斗任务，彻底粉粹〔碎〕敌人五次"围剿"。

党应以发动广大群众向食盐困难战争！

（原载《省委通讯》第二五期，1933 年 8 月 20 日）

苏维埃政权问答

（一）问：革命委员会与苏维埃政府有什么分别？

答：革命委员会是临时的政权机关，在暴动的过程中，城市与乡村的劳苦群众，向压迫阶级进攻时。兹红军占领某地之时，必须在这村镇与城市中组织临时革命政权。这一临时革命政权，必须在事先由当地共产党部、原有共产党组织的地方及可靠的党外群众领袖（特别是工会、农民协会的领袖）组织革命委员会。他在军事上应解除反动武装，建立工农自己的武装，必须出布告、宣言、政纲、并苏维埃的任务。须发一切新的法令及消灭反动派的物质基础、逮捕反动派、释放囚犯、组织革命法庭和警卫队，以巩固苏维埃的地位。

苏维埃政府的建立是经过了革命委员会、临时政权的时期，群众充分发动起来了。工会、农业工会、贫农团、赤卫军、少先队及红军的组织。苏维埃有了强固的阶级基础，宣传也深入了，群众对苏维埃有相当认识，按苏维埃选举法召集代表大会成立苏维埃。

（二）问：什么是政权？

答：政权是某一阶级压迫另一阶级的工具，因为社会上有各种不同的阶级，一个阶级要压迫其他阶级，维持他自己阶级的统治地位，必须把政权掌握在他自己手里。

（三）问：为什么革命一定要夺取政权？

答：因为革命是受压迫阶级起来推翻统治阶级的行动。如果要推翻统治阶级，那必然要推翻他们的政权，建立我们的政权，统治他们，镇压他们的反抗。

（四）问：苏维埃与国民党政权有什么分别？

答：苏维埃政权是劳苦民众的民主最彻底、最完满的革命政权。为自己阶级利益，为自己阶级解放，唯一【的】最广大群众的斗争组织，是正在巩固、发展、兴旺的政权。国民党政权是少数人的，地主资产阶级的政权，他是统治、剥削、压迫劳苦民众的，是走向动摇、崩溃、灭亡道路的政权。

（五）问：那〔哪〕些人才能参加苏维埃政权？

苏维埃政权的产生是由于劳苦群众，受不过地主资产阶级的压迫剥削，起来反抗，推翻他们的统治，建立起自己的政权。所以有权利参加苏维埃政权的，只有自食其力的人，自食其力的家属，农工商业的劳动者及被雇佣者（如工人、雇力、雇员、贫农、中农、独立劳动【者】及城市贫民等）。以中华苏维埃共和国海陆空军服役者（如红军、游击队等）。一切压迫剥削人的地主、资产阶级军阀、国民党警察宪兵、官僚及反动派都没有〈权利〉参加苏维埃政权的权利。

（六）问：苏维埃政权的民主与地主资产阶级政权的民主有什么不同？

答：苏维埃政权是工农劳苦群众自己的政权，是保护工农劳苦群众利益，推翻封建地主资本家剥削制度的，是群众自身直接的、最民主的组织，也就是最有权威的，最能够帮助群众、新国家的建设和管理。在破坏旧制度建设新制度斗争中，最能够发展群众的革命力量。

地主资产阶级的政权，是维持地主资产阶级的剥削制度，宰制工农劳苦群众的。在资产阶级政权中，民主只是资产阶级少数人的民主。他对于广大劳苦群众是压迫的，他是资产阶级对于劳苦群众专政的形式。

（七）问：现在中国的苏维埃政权是无产阶级专政还是工农专政？

答：现在中国的苏维埃政权是工农民主专政的政权。这种政权目前根本的任务：是完成中国资产阶级性的民主革命。他最主要的任务有如下三个：（1）推翻帝国主义在华的统治，统一中国；（2）彻底推翻地主阶级私有土地制度，实行土地革命；（3）推翻地主资产阶级军阀国民党的统治，建立工农民主专政的苏维埃政权。经过苏维埃政权，中国革命可以在顺利条件之下，从资产阶级性的民主革命变到社会主义革命。

（八）问：现在苏维埃的发展形势怎样？

答：在粉碎敌人四次围剿的斗争中，无疑的我们红军得着伟大的胜利，苏维埃运动也随着这胜利而大大的〔地〕发展，按例来说：鄂豫皖苏区最远，发展计十一县。就我们的闽赣苏区，也【是】在粉碎敌人四次围剿斗争中，巩固扩大起来的。其他的苏区同样的扩大了，这是铁的事实。苏维埃版图已由零碎而打成为大块，由于红军的不断胜利，苏维埃运动的猛烈发展，反帝反国民党浪潮的日益高涨，帝国主义更积极的瓜分中国，进攻中国革命。国民党更进一步的出卖中国，自四次围剿全部惨败后，现正在重新准备与组织更长期的、更残酷的五次围剿，帮助帝国主义实现使中国殖民地化的计划。但是在敌我力量的对比上，我们有充分粉碎敌人五次围剿的胜利条件，敌人五次围剿的粉碎，将更要使苏维埃运动的开展，就是中心城市的夺取与一省、数省革命首先胜利的实现。

（九）问：苏维埃当前主要任务是什么？

答：在目前新的形势下面，苏维埃的当前任务：动员广大劳苦工农群众到红军中去，创造一百万铁的红军，彻底的〔地〕粉碎敌人的五次围剿，夺取中心城市。完成一省、数省革命，首先胜利并领导与组织苏区的、白区的广大群众发展民族革命战争与帝国主义直接作战，驱逐帝国主义出中国。建立自由独立领土完整的苏维埃新中国，在这一总的任务之下，我们闽赣苏维埃的主要任务【是】：在第一次全省苏代表大会前，完成红七军团的创造，彻底的〔地〕进行分田、查田运动（包括秋收秋耕）、经济战线上的动员（包括粮食的收集、合作社的建立、经济建设公债的推销等）、苏维埃选举运动，以这些最主要中心任务，联系着肃反等其他任务。我们每个工农劳苦群众都要为完成这【些】任务而斗争，这些任务也就是我们每个劳苦工农群众的任务。

（十）问：中华苏维埃共和国成立到了几多年？

答：中华苏维埃共和国成立到今年的十月革命纪念节，是整个的两周年。在成立中华苏维埃共和国的时候，召集了第一次全国苏维埃代表大会，通过了苏维埃宪法、劳动法、土地法、婚姻法、经济政策。总结了过去三四年来苏维埃运动的经验与教训，指出了过去苏维埃运动中的缺点与错误。成立了中华苏维埃中央政府，统一了全国各苏区的领导，集中了全国红军的指挥，更促进了中国苏维埃运动的向前发展，成为中国民族革命运动的最高的指导机构与组织者。在成立以来，共产党领导的正确、工农红军与工农群众军队坚决与地主资产阶级、国民党作残酷的斗争中，得看〔着〕伟大的胜利粉碎了帝国主义、国民党的四次围剿，增加了一倍以上的红军力量，巩固与扩大了苏维埃区域。国民党在政治上、力量上、经济上都削弱了，两个不同政权的对立日趋尖锐化。国民党政权一天天走向崩溃死亡道路，苏维埃政权一天天巩固扩大，粉碎敌人五次围剿的胜利就在面前，敌人五次围剿的彻底粉碎，就是一省与数省革命首先胜利的实现。

（十一）问：中华苏维埃共和国的版图怎样呢？

答：有鄂豫皖苏区，鄂是湖北，豫是河南，皖是安徽，就是这几省的苏区合并叫鄂豫皖苏区；湘鄂西苏区，湘是湖南，鄂是湖北，在这两省以西的苏区就叫作湘鄂西苏区；湘鄂赣苏区，湘鄂同前，赣是江西，在这几省交界的苏区就叫作湘鄂赣苏区；闽浙赣苏区，闽是福建，浙是浙江，赣是江西，在这几省交界的苏区就叫作闽浙赣苏区，即以前的赣东北苏区；闽赣苏区，在福建、江西交界的苏区就叫作闽赣苏区；闽粤赣苏区，闽赣同前解释，粤是广东，在福建、广东、江西交界的苏区就叫作闽粤赣苏区，即闽西苏区；粤赣苏区，在江西、广东两省交界地的苏区就叫作粤赣苏区；湘赣边苏区，在湖南、江西两省交界之苏区就叫作湘赣边苏区。

（十二）问：你晓得苏维埃组织系统吗？

答：苏维埃的基本组织是市乡苏维埃，他的系统是：中央—省—县—区—乡。附表如下：

苏维埃组织系统表

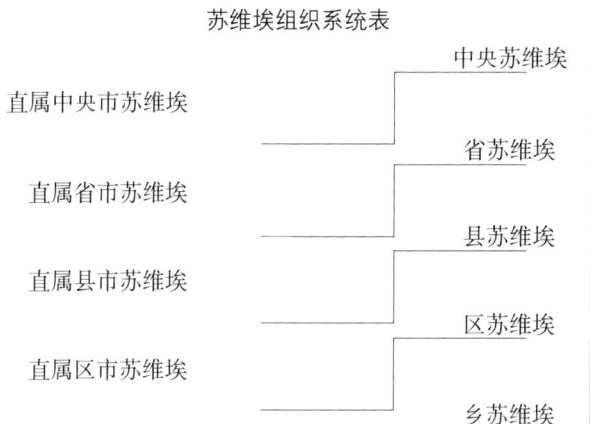

（十三）问：你晓得苏维埃的重要法令吗？

答：苏维埃的重要法令是：宪法、劳动法、土地法、婚姻法等。

（十四）问：你晓得各级苏维埃代表是从那里产生出来的呢〔吗〕？

答：（1）乡苏维埃代表，由全乡选民、各个选民大会产生出来的工人、雇农、劳力（包括其家属），每十三人选举一个正式代表。中农、贫农、独立劳动者、居民（包括店民）每五十人选举一个正式代表；（2）市苏维埃代表，由全市选民、各个选民大会产生出的工人、雇农、苦力（包括其家属）每十三人选一个正式代表。中农、贫农、贫民、独立劳动者（包括居民）每五十人选一个正式代表；（3）直属县的市苏维埃代表，由全市选民、各个选民大会产生出来的工人、雇农、劳力（包括其家属）每二十人得选正式代表一人。中农、贫农、独立劳动者、贫民（包括其他居民）每八十人得选正式代表一人；（4）直属省的市苏维埃代表，由全市选民、各个选民大会产生出来的工人、苦力，雇农（包括其家属）每一百人得选正式代表一人。城市贫民及附近居住的中农、贫农、独立劳动者（包括其他居民）每四百人得选正式代表一人；（5）直属中央的市苏维埃代表，由全市选民、各个选民大会产生出来的工人、苦力，雇农（包括其家属）每五百人得选正式代表一人。城市贫民及附近居住的中农、贫农、独立劳动者（包括其他居民）每两千人得选正式代表一人；（6）区苏维埃代表，由乡苏维埃、市苏维埃代表大会及直属区苏维埃的红军，如游击队等选举大会所产生出来的城市居民每五十人得选正式代表一人。乡村居民每两百人得选正式代表一人。红军每二十五人得选出正式代表一人，代表成分工人、雇农、苦力应占百分之二十；（7）县苏维埃的代表，由区苏维埃代表大会和县直属市苏维埃代表大会及所属红军选举大会所产生出来的城市居民，每四百人得选正式代表一人。乡村居民每一千二百人得选正式代表一人，红军每一百人得选出正式代表一人。代表成分工人、雇农、苦力占百分之三十五，士兵占百分之五；（8）省苏维埃代表，由县苏维埃和直属省的市苏维埃代表大会及直属省所管红军的选举大会所产生出来的城市居民，每一千五百人得选正式代表一人。乡村居民，每六千人得选正式代表一人。红军，每四百人得选正式代表一人，代表成分工人、雇农、苦力占百分之三十五，士兵占百分之五；（9）全国苏维埃代表，由省苏维埃和直属中央市苏维埃代表大会及红军以师为单位代表大会产生出来的，城市居民，每两千得选正式代表一人。红军，每六百人得选正式代表一人，代表成分工人、雇农、苦力占百分之三十，士兵占百分之五；（10）每五个正式代表得〔选〕一个候补代表。

闽赣省革委会印

1933 年 9 月 4 日

闽北分区苏执行委员会训令（第一一五号）

借一万五千担谷给红军

在进行长期反帝反国民党的残酷战斗中，我们闽北的苏区是巩固与扩大了，闽北的红军是胜利与壮大了，很明显的大家都看到：工农红军闽北独立师已经英勇加入红七军团去了，闽北新的红军主力闽北独立团又〈在〉胜利成立起来了。闽北红军独立团成立，闽北的苏区将更巩固与扩大，土地革命利〔日〕益〈将更〉取得胜利并更加有力的配合闽赣省、闽浙赣省红军行动，冲破国民党五次围攻，争取一省数省胜利。因此，在红军独立团成立的时候，分区苏维埃政府特在闽北广大群众面前提出借一万五千担谷子给红军，充裕红军给养，相信全闽北工农群众是绝对会赞成，而且可能的达到完成这一数目。

但对借谷给红军的问题，各级政府应该迅速召起〔集〕各种会议讨论来互相推动，帮助进行这一工作，在乡一级要召集贫农团、少先队、赤卫军和选民大会，来解释这一借谷意义，把借谷意义深入到群众中去，使群众了解，成为全体农民群众自愿借谷的一个大运动，很踊跃的〔地〕拿谷出来借给红军。

在借谷时候，一定要根据当地实际情形及群众出谷的可能性来决定，决〔绝〕不能普遍一律，产米繁丰的地方应多借，产米较少的地方应少借，绝对禁止摊派强迫命令方式。同时在借谷时候，要注意反革命派从中来破坏这一工作。各级政府向群众借到的谷子，要遵照下列办法处理：

1.向群众借来谷子，一律要送到县苏保存，不得放在区乡机关乱卖，当作其他经费应用。

2. 群众拿出来的谷子借给红军，一定要把姓名、住址、谷子数目写清楚送交区苏，由区苏报告县苏发给谷票，如交了谷子未得到谷票的可向上级政府控告。

3. 向群众借来的谷子，如有藏抗不送交县苏而贪污舞弊，或以多报少，查出要受严厉的处分。

4. 全闽北在九月份要实现借到谷子数目二千担，崇安七百担，建阳七百担，铅山四百担，邵武八十担，上铅七十担，广丰五十担，市乡六十担。

以上的工作，各县必须切实抓紧去进行，绝不准疏懈，此令。

闽北分区苏执行委员会

主席　祝维垣

副主席　温卿绍

1933 年 9 月 5 日

八月份宁化党扩大红军的转变

（宁化县委通讯）

自"八一"总结会议上具体的〔地〕讨论了扩大红军工作，经过八月十九日各区书记联席会议的检查，除淮土、禾口能按期集中一营、城市集中一排外，其余各区都没有大的成绩，店上山、安乐一个也没有，主要的原因是由于我们反机会主义反官僚主义斗争没有深入。禾口区委书记分析不能扩大红军的原因是"群众自临秋收忙碌"、"有些地方粮食困难"，还有些同志继续说"新区不能扩大红军"、"党团员怕当红军"，禾口、陈阜岗用欺骗办法动员来的通通开了小差。这充分证明宁化党里面仍然有部分地方存在着机会主义观点与十足的官僚主义的工作方式，表现不去克服困难而向困难投降。同时，我们还有最大的缺点：如曹坊、南城堡、横岭、店上山等不能抓住在广泛的查田运动中进行有组织的扩大红军的政治动员。所以我们在联席会议上大大的发展了思想斗争，严厉的打击机会主义的动摇与官僚主义的强迫命令方式，具体的讨论了下半月扩大红军的突击方式。首先抓紧一区一乡为动员工作的模范，依照当地的实际环境，提出各种适合群众最迫切的要求口号，与党的政治口号配合起来，去进行有计划有组织的动员，特别是首先在党内进行基本的动员。绝对反对过去一切工作一切〔律〕平均看待的领导方式，并且着重的提出了集中更大的力量帮助落后区乡，争取工作迅速完成，赶上先进区乡的口号，从〔重〕新订定了扩大红军的数目。

经过了这次会议以后，斗争的开展、扩大红军的热潮在全县沸腾起来。我们首先是在支部会、小组会、群众大会上报告目前政治形势与粉碎敌人五次"围剿"的紧急任务，特别抓住东方军的伟大胜利进行广泛的政治鼓励，在"巩固宁化苏区"，"保障土地革命利益"，配合东方军战争胜利、创造百万铁的红军，"粉碎敌人五次'围剿'、争取一省数省革命首先胜利"的口号下，县委发出了"集中模范团"，"创造宁化为闽西扩大红军的光荣模范"，"十分之二的党团员加入红军"，"坚决执行优待红军条例"的号召，在党、团群众中经过了详细的解释工作，于是党、团群众的积极性发扬了。首先是淮土之大王坊乡党团支部讨论了县委的号召，打击了个别的消极怠工分子，通过了全支部加入红军的决定，并且领导了全乡少先队加入红军，编成了一连。继续禾口又成立一连，城市青工又领导三百多人成立一营，我们马上将集中的队伍经过检举，建立支部，开展反倾向斗争，把群众的积极性巩固起来。这个时候，我们马上召集全县区以上的活动〔分〕子会议，特别把大王乡的光荣例子发扬起来，组织了大王乡的模范突击队向其他各区的活动分子突击，结果，当场全体活动分子通通加入红军，并且又订立了竞赛，大家摩拳擦掌的说："学大王乡的模范，回去领导全体党、团员与群众当红军！"好！果然回答了大王乡的号召，淮土区竹园乡、禾口区石碧乡、武层区辛田乡全体党团员一律通过加入红军了。南城堡、城市、中砂、下巫坊的同志回去后有的召集了常委会，有的召集了各支书联席会进行了广大的动员，过去落后的，现在每区都扩大了二三十个红军！

这次总共扩大了一千一百多人，党团员占三百多，广大的群众进行了慰劳，新战士兴高采烈，在国际青年节纪念大会中一致的高呼："我们愿意加入红军开到前线去，粉碎敌人五次围剿"！□区我们宁□破天荒的第一次。

我们总结这一工作〔后〕，指出这次的成绩，是开展了【全】面且深入思想斗争，及时抓紧了干部与群众积极性，把光荣的例子号召推向全县，组织了突击队集中力量到落后区突击，在查田斗争中紧紧联系扩大红军的动员所获得的。这虽然是宁化全部工作转变中的一个胜利的先声，但是我们还未完成【一】千八百人加入红军的数目，主要是因为：一、还没有普遍造成全县扩大红军的热潮，这次店上山、曹坊仍然落后，没有扩大一个红军。二、还不能很灵活的运用新的动员方式，如曹坊群众自动要求加入游击队打里田、〔南〕堡的反动派，中砂群众要求加入游击队打水茜，安远市反动派，巩固中砂政权，而区委的同志不能抓紧群众的要求来解决这个问题，再进行各方面的详细的解释工作，只是很死板的"到模范团去"，所以中砂的动员用欺骗的办法，结果到了宁化城完全开了小差，反阻碍了扩大红军。三、这次动员还表现了个别的机会主义的观点，对群众积极性估计不足，如横岭、店上山、安乐这次连动员工作都未进行。

我们现在根据这次宝贵的经验与教训，决定从九月一号到十五号扩大红军五百人，十六午〔号〕到三十号扩大二千人，为粉碎敌人五次"围剿"，扩大百万铁的红军而斗争！

1933 年 9 月 9 日

闽赣省革委会训令（第三十二号）
关于开办训练班的问题

为要创造大批干部，供给战争的需要，除加紧在实际工作中训练培养新的干部外，各县仍需不断地开办训练班。

过去本省革委及各县所开办的训练班，所获效果，确实很少，但是从工作中，获得经验，这些经验是可宝贵的，特此训令各级政府，注意在实际上去执行。

一、事先必须有计划，在学生来到以前，须有充分准备，如制【定】好课目和时间表，决定授课教员并管理的负责人，找好训练房子与一切用具，决定训练材料，计划和方式以及领导的干部等。

二、学生到来时，须详细考查学生的成分和学生的履历，并简单扼要的〔地〕测验学生工作能力，如果混进有不好的分子，必须〈予以〉立即开展斗争，给予洗刷，以免他在内起破坏作用或开小差回家。

三、学生经考查后，须把他们组织起来，分成小组，从学生中调选送能力较强而积极的分子充当组长，最好能够自己派出人去担任，每天晚上开小组会，讨论本日所上的课，同样要有计划【地】派人到小组去领导。

四、教育方式，反对官僚方式的教育（如上课时或按书本子诵经，或读一遍，或演讲般说一顿，不管学生懂与不懂，不联系实际问题等），必须采取新的有效的办法去教育，授课的人，须事先有充分的准备材料，按课目提出大纲，用问答或讨论的方式，启发他们热烈发表意见，讨论必须联系到当地的实际工作情形来讨论，最后由授课人做总结，说话要有技术，声音要响亮，词句要通俗，能提起听者的精神。

五、使训练班不致〔至〕于无组织的混乱状态，并不致〔至〕于发生疾病，必须定出规则，在开始一天向学生群众宣布并通过，在他们学生的遵守规则之下，过很有秩序的生活。同时要实行每天早晨军事操【练】和每天晚饭后做游戏，讲究个人与公共的卫生，使他们得以身体的强健和精神的愉快。

六、为得团结，训练班的干部必须在学生中开展思想斗争，发现不良的倾向，就要立即开展群众的激烈斗争，从斗争中用群众力量反对一切不良倾向。九月份省革委〔会〕决〔定〕各县要开【训】练班，各县必须根据这一训练按当地实际情形，定出具体办法去进行。

此令

主席　邵式平

公历 1933 年 9 月 13 日

闽赣省队部训练部通知——

关于全省少先队参加运动大会加紧准备问题

（1933 年 9 月 15 日）

一、关于全省少先队参加运动大会加紧准备问题——全省运动大会在十月革命节（即十一月七日）开幕，在这一天，正当着闽赣省工农兵代表大会开幕，意义是伟大的。我们要使这运动大会来促进闽赣群众赤色体育运动的开展，锻炼坚强的身体，努力提高军事技术，提高文化政治水平，有力地粉碎敌人五次"围剿"。现在你们要加紧进行这一工作，准备在运动大会上取得优胜。

省训练部供给各级队部少量体育运动用品今〈得之〉【已】实现。为要使体育运动大会成为广大少先队员和群众的体育运动，必须要有充分的宣传鼓动工作，决定大会经费要少先队员自己募捐钱，捐多少要有〔由〕队员自愿，主要是使队员了解体育运动的意义，并加紧学习体育运动，准备十月革命节参加比赛。

各级队部队员募捐的钱、手巾、牙刷、牙粉等，须由大队交区队，由区队交县队部集中，于十月十五日交省队部转交筹委会，切莫忽视。

此令

闽赣省队部训练部

少年先锋队闽赣省队部给黄泥铺、铺前
两区模范少队队员们的信

黄泥铺、铺前两区模范少队队员们：

你们在九三已自愿的通过去配合游击队作战，我们听到这消息是很喜欢，这是你【们】最光荣的，"九三"巨〔距〕今天已十四五天之久了，你们还未出发，你们武装整齐好了吗？

前方正是〔式〕欢迎你们去配合消灭靖卫团大刀会。

同志们：武装整齐了吗？现在正是秋收的时候，去年在这个时候豪绅地主向你们征租收税的时候，今年呢？他的统治已被我们工农力量推翻了。现他们企图挽救他们的统治，他们组织了一些残余地主武装靖卫团大刀会等，在苏区边境施行掠夺抢劫捉人杀人，用残酷的手段屠杀剥削我们工农。

亲爱的模范少队队员们，你们不愿受豪绅地主的屠杀和剥削，你们已自愿的〔地〕通过去配合游击队作战，这是最光荣的，请你们快来上前线去消灭靖卫团大刀会土匪等。这是保护苏维埃、保护秋收分田胜利。

全省各县区全体队员们，你〔们〕也正在准备随着他们来上前线去！

少年先锋队一致上前线去！

闽赣省队部

1933 年 9 月 15 日

中共金南特区委各种紧急通知合订 ①

各支部：

兹我得接县妇女部来信，决定我金南布鞋草鞋和慰劳品等等，各乡做布鞋草鞋多少，收到多少，希你接后一律送来我处。以便送到牛田区战斗委员【会】慰劳百战百胜的红军处。你们鼓动各乡劳动妇女送慰劳品多少，希报告来我处，我们以便报告去县。希你接后，赶快把【这】一工作，很快要〈有〉集中一切力量，送到后方慰劳伤病员。

再者各乡的党费，希你很快收集。本月三号来交和各种工作准备来报告大纲。以上几点工作万勿延误。如有忽视，严格党的纪律裁制。

此致
赤礼

中共金南特区委会
10 月 1 日

各支部：

兹我接着县委来令，决定本月七号上午开各区、乡纪念大会，纪念十月节的日子。消灭敌人五次"围剿"，争取革命全部胜利，望各乡支部接后，召集全乡赤少队，各人带武装妇女儿团，各人带

---

① 各通知原件均无年份，根据内容判断，应该是 1933 年。

花棍花球来纪念这一大会。会我处决【定】河源、竺源、香塘这三乡开会地点在上。望各支部□□，切切不可勿【忽】视。

　　此致为盼。

　　布礼

中共金南特区委会 ^①

各乡支部、支部书记：

　　关于我处开来东方军〈红〉好几师〈开来我处〉，【在】水口、珀玕这一带驻扎。兹特字前来，（1）望你接后赶快【让】各乡办好白米，送来水口集中；（2）各乡动员伕子，我们前次决定数目。望你按照数目派来□人，不能缺少；（3）望你们鼓动各村妇女，每人节省一点粗菜，送来水口集中，慰劳我们百战百胜的红军；（4）各乡柴也可送把〔给〕我们红军弄饭。以上几点望你〔们〕立即办好，万万不能延误这几件工作。切切为盼。

　　此致

　　布礼

中共金南特区委会
10 月 12 日

河源乡：

　　兹我处决定本月二十号开区选举代表大会，令你乡选民登表，即速做好来我处，由【于】你乡【现】有流氓、地痞、土豪、劣绅、富农□信保甲长及阶级异己分子没有选举权。请你秘书将这班人上起草簿，写清成份〔分〕，即速速送来我处。以后出榜，望你接信后，即速速□□送来我处，切切。

　　此致

---

① 原件无时间，根据内容判断，应该是 1933 年 10 月 7 日前。

赤礼

全南特区革委会

主席黄荣发（章）

10 月 18 日

各乡支部书记：

兹我处决定本月廿号开全特区支部小组会议，望你接信后要按时到会。地点在珀玗汪家集中，开会时候〔间〕下午四点钟〈开会〉。望你接信后，不能请假一人，如有请假一人，严格党的纪律处分。特此前来，切切为盼。

布礼　再者望你准备工作来报告

中共全南特区区委会

10 月 19 日

各乡秘书同志：

关于我处前日县委代〔带〕来我处催促各乡选民登记表去县，请你处秘书今天上午即速速来我处填表，望你接信后马上来我处并不能请假一人，如有请假，严重上级的纪律。切切莫误，为要为要。

此致
赤礼

全南特区革委会

主席黄荣发

10 月 20 日

河源乡革委会：

兹你乡所有的米，召集群众担二十担，明天上午即速速担到香塘乡。准备给养□□□，消灭敌人五次围剿。望□□□不能延误，为要切切。

此致
赤礼

> 金南特区革委会
> 主席黄荣发
> 10 月 21 日

兹顷接三军团全部开来，前〈方民〉去消灭敌"五次围剿"，望你接信后，即速连各乡各村布置群众办米及柴菜供给大【队】红军及动员伕子十二名，明天赶来我处集中。各带碗、筷子、被单前来我处，向前方〈民〉配合红军作战。这一命令不能延误，切切，为盼。
此致
赤礼

> 金南特区革委会
> 主席黄荣发（章）
> 11 月 2 日

各乡主席：

兹我来二□信别，现你乡各村做好〈有〉公米。望你主席负责赶快送来我处，现在我处好多红军要吃。望你接后，切莫忽视这一工作。切切为盼。
布礼

> 金南特区粮食部长王启宗
> 11 月 5 日

各级党团支部主席：

现我刚接县委来信，他【说】总司令部为要解决资溪群众的盐的困难。现在总司令【部】解决一千四百斤盐到牛田来卖给群众。这个盐不要钱买，要米。每个群众可以担米去换盐。决定七十斤米，【换】二斤半盐。接此通知后，立即召集本乡群众大会。对群众说明，限廿号〈欢〉送米去买盐。

金南特区革委会

主席黄荣发

11 月 17 日

张金仔、黄禾上二位同志：

兹因来字给你，今天下午请你即速回转机关，请你所有特区工作人员，邀他回转机关。夜晚开各委员会议，不能延误，为要，切切。

此致

赤礼

金南特区革委会

主席黄荣发（章）

12 月 2 日

河源乡支部及主席二位同志：

兹我来信会别，因为我接到县委来通令决定本月三十号，金南特区派白米三千斤。我分配你乡派白米，决定三百斤，又派伕子六名；决定本月本日下午即速送来水口集中，配合红军作战。切〈不〉勿【忽】视。这二个工作切不能延误，要你支书及主席完全要负责，万万不能勿【忽】视。今天下午急速要把伕（子）带〈来〉白米赶到水口集中。切切，此致。

特区国民□□〔粮食〕部长王启宗（章）

金南特区区委会宣传（章）①

---

① 此件未标时间。

闽赣省革委会训令（第三十七号）

关于分禾割的办法

查过去查田运动有许多地方多未彻底。现在秋收来了，又在战争空前紧张的前面，对于劳苦工农群众利益更要急切解决，对于封建半封建残余更要迅速彻底肃清，使广大工农群众更加在共产党和自己政权——苏维埃政权领导之下，积极起来与阶级敌人进行持久残酷的决战，争取五次战争的全部胜利。因此，分禾割的迫切要求已经提到了各级政府的面前。

对于秋收分禾割的办法，省革委早有训令，迄今未见各级政府有切实的讨论和执行。很明显的，对于这一问题是忽视了。这是不可容许的错误。很明显的，这是忽视了战争动员的基本任务。望各级政府特别区、乡政府，须立即按照省革委以前训令和布告的原则，并对着当地的实际情形，迅速切实讨论查阶级分禾割的实际办法。

德胜区、乡革委联席会，对于分禾割的办法决议，曾经省革委批准，认为比较具体适当，特附给各级政府参考。此令。

附德胜区、乡革委联席会关于分禾割的决议一份。[①]

主席　邵式平

公历 1933 年 10 月 18 日

---

① 原件未附。

邵式平给被欺骗压迫误入大刀会的
群众的一封信

被欺骗被压迫误入大刀会的群众们：

我们中国的北京、天津、上海、热河、满洲、西藏、云南、贵州共计十多省〔市〕都被国民党卖给日本国、英国、法国等帝国主义去了！并且要把江西、福建都要卖把〔给〕帝国主义，你们晓得吗？

日本兵、美国兵、法国兵已经开来了福州、九江、上海、北京……来管中国了。国民党不许全中国的工人、农民、学生，尤其是不许我们红军和苏维埃起来反对帝国主义来管中国，在上海，在南京，在北京，在九江、南昌杀了好多工人农民和学生，并且奉帝国主义命令开兵来打我们红军和苏维埃，你们晓得吗？

土豪地主是国民党一派的人，他们一面把国民党卖国的罪恶瞒了不说，另一方面欺骗压迫你们去当大刀会，替他们做走狗保家，加紧对工农群众的剥削，吸收工农汗血，收租逼债，甚至扰乱红军和苏维埃后方，用你们的性命去换取地主、土豪、国民党、帝国主义的利益，你们晓得吗？

我们红军和苏维埃要打倒帝国主义，保护中国独立，一方面打倒土豪地主，把田地分给穷苦工人农民，因此，红军是全国穷苦工农自己的军队，苏维埃是全国穷苦工农自己的政府，不但是全国到处欢迎，就是白军士兵（□□□□□□□）你们也是穷苦的工人农民，为什么还不赶快觉悟。

你们要晓得（□□□□□□□）当大刀匪，你们在苏维埃管的地方做土匪就是反对红军和苏维埃，另一方面来说就是帮助帝国主义来管理中国，就是帝国主义的走狗。这样一来，不仅你们没有好处，没有出头的日子，就是全国群众和苏维埃红军也不能容许你们存在的。

我们认为你们都是穷人出身，都是被欺骗、被压迫加入大刀会的。因此特以好言相告，希望你们立即觉悟起来，以无产阶级的暴动的精神处死你们的狗师傅，杀死在你们一块的土豪地主，带枪来当红军，帮助工农分配土地，与红军一块去打帝国主义，我们诚意宣布：

1. 凡被欺骗压迫误入大刀会的，觉悟起来杀死师傅和土豪，或带枪来当红军，苏维埃政府不究其罪，重赏大洋五十元，并允许得到下列各条权利。

2. 凡归家自新的大刀会分子，经省或县政府登记后，得照阶级分给土地，在此秋收中并得分禾救济，如果已分得土地的，允许他继续管理。

3. 凡归家自新的大刀会分子，如系工人不愿意种田，政府劳动部当介绍他做工，照劳动法保护。

我们诚意盼望被欺骗压迫误入大刀会的人们很快觉悟起来，杀死师傅，杀死土豪地主，带枪来参加土地革命，为中国民族独立而斗争，为工农群众利益而斗争。如果执迷不醒，硬要帮助国民党出卖中国，帮助地主压迫工农，苏维埃必定照法追究。若不乘机自新，必然后悔莫及，红军苏维埃能打败帝国主义国民党一百多万兵，大刀会土匪怎样能存在呢？你们想一想吧！特此劝告。

闽赣省政府主席　邵式平

公历 1933 年 10 月 21 日

铅山四天工作的总结

——数目上完成了县委计划，政治上相当的深入群众

先　喜

铅山县委自接到分区委十月革命节的决议，当即召集各种会议传达讨论，并决定了一个四天工作的计划，集中力量，加紧布尔什维克的动员，来为实际纪念十月革命，为完成分区委的决议而斗争。经过深入的政治动员与宣传鼓动工作的转变，这一计划在四天内是光荣的完成了，所获得的成绩如下：

扩大红军共一百零五名，紫溪区十三名，二区三十二名，三区十五名，四区七名，五区十名，六区五名，七区六名，八区二十名，县委支部六名，县苏支部三名，工会与反帝支部共二名，政保局二名，军事部二名，成份〔分〕尚未统计清楚。

节省米共五十石，尚是不完全的统计，群众节省米的革命热【情】，非常奋兴，正在积极的增进当中。

各机关与群众纷纷捉鱼拥护红军编团和送猪肉给红军，庆祝独立团的成立，共送到鱼八十二斤，猪肉一百四十七斤，县委支部鱼十斤，县苏支部鱼十三斤，卫生店支部鱼六斤，肉三斤，工会与反帝支部肉九斤，新丰区肉八十二斤，二区鱼二十五斤，城区肉五十三斤，团县委支部鱼二十八斤，草鞋三百双，布鞋二百五十双。

红军四天里行动了三次，进攻了陈坊、姜源、朱【头】岭三个反动的中心，并获得胜利。各区游击队各行动了两次，捕获大批土豪和反动派。

这一成绩的获得，因为经过了县委召集区委联会，严格检阅了十月份工作上的错误和缺点，指出了这些错误的根源，特别是打击了机会主义的跳高家，撤职他的紫溪区书记，给了紫溪区委以严重的斗争，大大的兴奋了全县工作同志与全党的积极性。同时会议也非常的加紧，县一级的各机关及各区都开会讨论进行总动员的革命竞赛，区委并召集了全区党团员大会，以乡为单位开了一次群众大会，县一级派了一批负责同志去各区直接领导，所以从二号到五号，短短的四天中，获得这样伟大的成绩，特别是独立团成立的空气，不仅在苏区弥漫着，且飞舞活跃到白色〔区〕的广大群众中去了。这成绩总的结论是：“数目上完成了县委的计划，政治上相当深入群众。”

这里，我们还须说到此次动员新战士一个新的经验，即是把存在的枪支先发到各区组织突击队去扩大红军，同时又首先指出必须以政治动员为标准，绝对防止拉伕的现象。所以在集中时非常容易，而动员的成绩又比较大，特别把逗留〈存〉在各乡的老兵，都动员归队了，这是我们应该学习的一个新的例子。

同时还联系到经济战线上的动员，扩大了一百股粮食合作的社员，推销了上百元的经济公债券，这是找〔抓〕紧工作中心之一环，便可以解决其他一切工作的明显例子，更坚定全县党执行布尔什维克工作方式、反对平均主义的决心。

现在英勇的铅山工农群众，正在继续着胜利的进攻，准备在十月革命【节】实行全县【赤】卫军大演习，加紧军事上的练习，学会【使用】杀敌的武器，以便在必要时，全体武装上前线，为粉碎帝国主义国民党的五次“围剿”而斗争。

这些工作的成绩，是怎样获得的呢？是由于铅山党接受了省委和分区委的正确领导、执行了中共分区代表大会的精神、开展反机会主义的斗争而获来的。如崇安、广丰等县因为反机会主义的斗争，尚未得着最大限度的开展，所以成绩也就比铅山大差而特差的。我们希望崇安等县的同志们跑跑，赶上铅山的工作，不要落在后面，铅山的同志更应胜利的前进，要常常站在胜利的最前线去，以革命竞赛的精神来完成党的一切中心任务和工作呵！

（选自《红色闽北》第二十五期，1933 年 11 月 10 日出版）

闽赣省革委会财政部命令

（1933 年 11 月 12 日）

我们现在接着中央财政部第三号训令，大概说预算的作用一方面使国家整个收支事前得以统〔通〕盘筹划，一方面可于事前节制不经济的开支以达到节省目的。查我们各级财政部各机关对于预算，多未按照规定日期编送，甚至九、十〈二〉月全未做过预算，现在十一月又差不多半个月了，恐各机关还是在忘记着，这完全失了预算的作用。同时因预算未做，不能按期送中央，不能按期领下支票，各机关都是自收自用或只知道向财政部及支库移借，破坏财政统一的一定手续，这些现象决不容许继续下去。因此，除责成各县立即编送十一、十二两个月的预算外，对明年一、二两月份的预算特规定编算办法如下：

一、明年一、二【两】个月的预算要同时编制，但须每月各编一张，不必两个月全编统一【一】张总的，以免多填分配表的麻烦。

二、区一级于文到之日，须立即着手编制（闽北除外），限本月十八【日】编好送县，由县于二十日编制好送省，以便省审查完毕，编好全省总预算送中央财政部批准签领支票。

三、预算一经批准之后不得请求变更，如特别变迁，预算数目确定不敷开支者，应于事前两星期说明理由，请求上级追加预算，不得于实际开支之后，请求补发，即每月计算书支出总算，绝对不得超过预算及追加预算的总数，否则上级不认账。

四、自十一月起，各机关不得向支库或财政部借款，如各机关仍不按期编送预算以致经费无从领取时，应由各机关负责人负完全责任。

五、各区行政费，要按预算向县财政部领取，不得将收入之款（如未交县支库或县财政部以前）擅自动用。区一级任何机关应向其县一级管辖机关领款，绝对不得向区财部移借。财政部如违背，以破坏财政统一论处。

以上各点，各级财政机关，必须具体讨论按照执行，不得违误。

此令

主席兼部长　邵式平

副　部　长　郑亦胜

元金山

横村区一乡苏维埃政府布告——

向工农群众集股办消费合作社

过去富农地主奸商操纵经济权，尽量剥削群众血汗，经苏维埃政府打击后，故意把生意停歇，关闭店门。这是奸商的奸细〔计〕。现在苏维埃政府为要解决缺少货物的现象，特向我们工农群众集合股金，或一股或数股，由工农群众自议担负，每股大洋一元。股金集齐即马上到白区去采办食盐，使得我们赤区群众买便宜食盐，过圆满生活，以免供不应求和受奸商的剥削。特此希望群众踊跃认股为盼。

此布

横村一乡主席　黄福隆

公历 1933 年 11 月 14 日

国家政治保卫局闽赣省分局训令（第一号）

纠正过去工作中的错误

□□□□□□今后必须跟着下面几点执行。

根〔据〕国局训令：凡是县省分局直接受省分区命令与指示，区一级特派员肃反会直接受县保卫局肃反会指示与命令，但是肃反机关应受当地党政府的领导，发生密切的关系，而不能命令保卫局与肃反会。因此，肃反机关是一个单独机关，县与县是同级的，省与省是同级的。过去有些地方政府，将肃反机关都弄不清楚，当然有特别情形之下，党政军事机构应通知保卫局来帮助，不可直接命令保卫局。今后必须更正这一整个领导的系统，健全保卫局、肃反机关的组织。

肃反工作人员问题。过去党、政府机关乱调进去而不经过上级保卫局同意，并且又不通知上级保卫局。肃反干部是专门人才，把他调动工作了，再调一个新干部去是有〔会〕妨碍肃反工作的，并且有〔会〕一时期找不到工作程序。今后党【和】政府要调保卫局的工作人员，必须得到上级保卫局的同意，不能随便将他工作调到别地去。

关于工作的领导。县对于区特派员肃反会每月召集各区特派员肃反会主任开一次会，检查他们的工作，加紧他们的政治教育，反对官僚主义工作方式，一切工作不深入到下层去，在目前战争的中心，我们为要争取五次反"围剿"的全部胜利，那末〔么〕，各级保卫局肃反会要注意〔对〕下级工作的督促与领导，特别是工作纲【领】要迅速布置好来。对于工作纲【领】的布置，各县在本月内应召集一次区特派员区肃反会专门讨论一次，同时将各区要道的检查站放在联席会上详细讨论，进行工作，加紧与敌人侦探斗争，按照国局十二号训令执行，不能延迟时间去进行和消极怠工的办法，不去各站训练和检阅工作，不将检查站工作报告上级来。

各县分局委员会的委员，省分局在委员会上规定了以县委书记、县苏主席、保卫局长三人组织委员会，以局长任委员会主席，专门讨论一切工作的原则与判决的犯人，放在委员会讨论通过。委员会每月至少要开四次，有特别情形临时召集开会。以上几点，望各县分局执行。

此令

国家政治保卫局闽赣省分局

1933 年 11 月 20 日

中共闽北分区委
关于十月份与十月革命节工作的总结

中共分区代表大会为了领导闽北的党彻底肃清以邹琦同志为首的机会主义罗明路线，开展布尔什维克的进攻，以彻底转变闽北的工作，曾经号召六县的代表举行十月份中心工作的革命竞赛。同时在十六年的十月革命节，分区委决定了一个十月革命纪念的工作决议，现在执行的时期都已经满了，虽然没有全部的完成原订的计划（在整个计划的完成上来说，是失败的），但仍然获得了一部分的成绩，这一成绩表现在：

1. 开始发动和开展了反对以邹琦同志为代表的闽北的罗明路线以及对这一路线的腐朽自由主义的斗争。首先，在军事动行上开始了胜利的向敌入进攻，独立团陈□的胜利，邵武独立营在黄坑一带的胜利，铅山独立团在陈坊八都的胜利，广丰独立团在九牧上山的胜利，崇安独立营的胜利，解除了部分的地主武装，（陈□九牧上山之战）武装自己，开始着粉碎敌人的炮台，（八都之战）和消灭苏区周围的敌人，给了敌人以最严重打击，有力的呼应了主力红军的作战，铁一般的事实回答了邹琦同志认为"闽北红军不能打仗"、"红色战士没有决心消灭敌人"【的】机会主义〈的〉胡说，可以说，这是我们工作转变中的第一步。

2. 虽然主力红军的扩大，是被各级党所忽视了或者是被忘记了的战斗任务（十月份没有送新兵到七军团去），但是很显然扩大地方武装，我们是获得一部分的成绩，新成立的〔了〕广浦与铅山两个独立团与崇北新的游击大队，这是在邹琦同志机会主义领导时代所不能做的。特别是铅山十月革命节四天的工作总结，动员了一百零四个新战士以及崇安在十月份扩大了一百五十名的游击队，动员九十名新战士加入警备营。我们闽北群众的目光，是开始投射到扩大红军这个战斗任务上来了，正在为着积极的转变闽北的扩大红军工作而斗争。

3. 经济战线上的动员，依靠于党的正确领导和群众活跃的基础上，已经进入了一个新的形势。铅山、崇安的成绩最大，铅山发展了三千零一十六股的粮食合作社，发展了二千六百股的消费合作社，公债票也推销了三千元，崇安方面发展粮食合作社一千八百一十六股，消费合作社九百零十股，推销了二千五百二十元的公债券，其余各县，没有给分区委口详细报告，不能统计起来，然而根据这些材料，都可以看出我们党对经济战线上的领导是已经加强了。

可是，虽然有这些成绩，但我们并不能算完成了十月份与十月革命节的工作计划，而且在完成原定计划上、我们是〈一种〉失败了的，因为我们还做了下列几个主要的错误和缺点：

1. 没有能够完成计划的坚决的信心，有只是在开始执行计划的时候，到了半个月过去了以后检查一下自己的工作而感觉到没有成绩，便发生机会主义的动摇，认为数目字太高了，时候〔间〕太短促了，怕没有办法完成而形成做做看的消极观念，这样对加紧布尔什维克速度来完成这一计划是没有的（除铅山外）。虽然分区委不止一次的提醒与严格的督促各县，但结果仍然没有获得怎样的转变。

2. 反罗明路线的斗争没有获得最大限度的开展，〈给我〉一个明显的事是崇安的支部干事联席会上，大家听到罗明路线的名词还是莫名其妙的，而且罗明路线在广丰并没有受到严厉的打击，且发展〈著〉起来，以章全友同志为首的广丰罗明路线是邹琦同志的好徒弟，上铅罗明路线的同道，他在敌人向广丰苏区开始进攻的前面，是吓得目瞪口呆，七颠八倒！他和邹琦同志一样估计到我们的红色战士不能打仗，他也和上铅罗明路线者（吴耿谟）一样，认为广丰群众都是靠不住的，而实行他三十六着的好办法—溜烟跑到浦西苏区来。因为这种罗明路线领导的结果，没有及时揭发起来，使赤色的广丰受到了部分的损失，这虽然是我们现在已经在广丰开展着反罗明路线的斗争。同时因为我们开展反罗明路线的斗争，没有最彻底的最广泛的深入，以致我们十月份的工作，不能照原定计划百分之百的完成，这是我们工作上一个最大的弱点。

3. 各县工作还没有完全脱离官僚主义的工作作风。在崇安，长篇大论的"官样"式的决议是经常可以看到的，但是我们没有看到崇安县委怎样去推动和帮助下级党去切实完成自己的决议。当然我们不是反对决议，在工作的便利上，决议是需要的，我们反对的是"官样"式的决议，尤其反对只图决议不去切实执行，这在崇安县委是这样的。因此，摆在崇安县委面前几个严重问题，好几个区没有书记负责工作，大部分苏区没有建立党团，崇安县委都装聋作哑不去设法解决这些问题。在建阳，我们看到县委给分区委发展新党员的报告，"不上百名大概五十名"，这难道不是官僚主义铁一般的事实吗？又如十月份工作，邵武县委是在快近半个月了（十月十日）才讨论的，但邵武县委书记，分区党大会还未闭幕便回邵武工作了，这难道是偶然的事么？其次，各县虽讨论了，而实际帮助下级党执行的只有铅山县委比较积极，组织了突击队和其他的动员，别县是没有的，这一官僚主义的具体行动，确实是我们执行十月份工作最严重的障碍，我们要在工作中取得成绩，必须把官僚主义极坏的家伙抛到粪缸里去，坚决为列宁主义的工作作风而斗争。

4. 我们还必须指出十月份工作的没有完成，还是基于我们查田查阶级的斗争没有尖锐的开展，广大工农群众的斗争还没有最高限度的提高起来。在两种不同和不正确的结论——认为正在秋收不好查田，或者查田已告结束不必再查，这两种机会主义的有害观点，自然是查田斗争中最凶恶的敌人，阻碍着我们的查田斗争。我们在完成十一月份的工作中，必须积极的开展查田斗争，谨记着省委给我们的指示，"查田查阶级的斗争是目前工作中最重要的一环"。

同志们，这便是我们十月份与十月革命节的工作总结，是非常令人不满意的，我们必须利用这一经验来转变我们十一月份和广【州】暴动纪念节的工作，在开展反机会主义罗明路线的斗争中，在查田查阶级的基础上来完成和争取我们工作的转变，来回答帝国主义国民党的五次"围剿"！

（选自《红色闽北》第二十七期，1933 年 11 月 20 日出版）

崇安县苏维埃政府第十二次主席团会议决议

粮食问题与赐角、上梅两区工作训令

（1933 年 11 月）

刻接县苏国民经济部来的报告，是说发出了好多次的命令和训令与你处国民经济部，着即把以前分发给各群众的公债票〔，〕没有收钱来的及发给各乡去推销的公债票〔，〕现售卖了的马上一律收回转来。你处国民经济部不负一点责任，现时还有好多公债票未收回，转望你加紧督促和派各常委前去帮助，把现时没有交钱来和乡苏未推销出去的公债票要一律收回转来，交与区委书记保存，等候购买公债票的人交钱来时再把公债票发给他。

此令望即进行，勿违为要。

训令

兹将我处开第十二次主席团会决议于下：

（一）粮食问题

关于粮食问题。各区乡政府要根据分苏发出来的训令内容详细讨论去执行，特别是国民经济部更要负重大责任。首先要把粮食迅速调查统计好，或有多余或是短少，都要做一个详细报告前来，尤其是土地税谷子及公债票，谷子更要调查好，限定在三月十五号以前各乡一律调查统计完毕报来，区苏主席团以便有计划的去调剂苏区粮食。2[①].决定星村区的土地税谷子与公债票谷子，马上动员群

---

① 前面没有序号 1。

众一律送到肖家湾来集中，大浑、岚谷、坑口等区的土地税谷子与公债票谷子，马上动员群众一律送到大安路口来集中，特别上下梅、赐角、建浦等区的土地税谷子与公债票谷子，该〔各〕区政府要特别负责调查好还有几多很〔限〕定五天内报来，区苏以便有计划的发动坑口、大浑一部分群众前去帮助，和当地群众迅速马上搬运过来，以便转送去大安路口集中。3.粮食运输站责令县苏国民经济部，应立即讨论计划的规定地点与建立起来。

（二）赐角上梅两区工作布置

最近赐角与上梅两区工作极〔经〕常较差，特决定县苏应立即派得力同志前往〈该〉帮助与领导，利团〔用〕艰苦说服精神〈揭〉发【动】该地群众全系〔体〕集中起来，增加各种武装（如发给□箭炸弹及□一地雷公等），多多埋伏在各要口上去，以好打击和消灭来苏区打抢的敌人，尤其〈并〉要发动他们经常配合红军游击队挺进白区游击，牵制敌人后方，捕捉土豪，筹款增加财政收入。肃反工作更要加紧注意，特别是赤色戒严和监视富农地主的表现和行动，如有从中阴谋活动故意破坏的阶级异己分子，立即扣留送来县苏裁制〔判〕部惩办。同时还要责成保卫局建立肃反网，加紧各地的侦探工作。特别是边境苏区要注意反动分子及蓝衣社便衣队限〔混〕入我们苏区来侦探消息与袭击。

中华苏维埃共和国闽赣省革命委员会
对全省选民工作的报告书

全省选民同志们：

省革委过去至现在将近六个月了，不久就要开第一次全省苏大会，成立省苏维埃政府，现在把省革委自成立以来的工作状况，向同志们作个扼要的报告，并定接受全省选民同志对于过去工作和以后行政方面的意见。

同志们！省革委在中央政府和中国共产党正确领导下，依靠着全省工农劳苦群众的积极性与工农红军的伟大胜利，在主要任务上，都获得了胜利的成绩。这些成绩正在猛烈向前开展，成为粉碎敌人五次"围剿"的有力〔利〕条件，现分说如下：

第一是配合红军战争的胜利以扩大红军及游击战争的发展。

闽赣省是粉碎敌人五次"围剿"的战斗舞台，唯一的中心任务是争取战争的胜利。省革委成立后，即领导着全省群众配合英勇善战的红军，几次击败进攻黎川、资溪、光泽、泰宁的敌人，争取了新丰街、大田市战役的伟大胜利，扩大红军一千五百余人□□□□□□□□□□二十师在中央和红军帮助之下，完成了红七军团，创造了闽北独立团的光、资等县独立营，相当的具备了□东独立团与建泰独立团第一营的基础，开展了各县游击战争，打击了大刀会和保安团【、】苏区残余地主武装，尤其最近敌人进攻我黎川后，配合主力红军争取了飞鸢、洵口、洪门、南堡伟大胜利后及各县尤其是黎川□□战争的发展增加了好几个游击队，使黎川敌人活动□□日小□□□□□。全省赤少队也逐渐有组织的扩大□□，同志们！我们是处在粉碎敌人五次"围剿"的前线，一切工作，一切生活都要服从战争，争取前线的胜利，是政府及全省每个工农群众的第一等责任。

第二是闽赣苏区的巩固扩大。

省革委自成立后，为加紧解决土地问题的基本任务，领导全省开展了分田查田查阶级的运动，依着不完全的统计，查出土豪七百余家；查出富农一千一百余家；查出田地万余担，都已分配给当地的工农劳苦群众，给了全省封建半封建残余势力以致命打击，使全省工农群众得到了土地；领导工人为实现劳动法而斗争，生活得到改善，大大的提高了工农群众革命的积极性与阶级斗争的决心，吸引了大批的工农干部参加苏维埃工作，隐藏在苏维埃机关中阶级异己分子及不良分子，多被洗刷出去了，暴露了反革命的阴谋，获得了肃反伟大胜利；开展真正苏维埃工作，自下而上的改选了政府，县区政府已转变为苏维埃正式政权，并且为召集全省的工农兵代表大会成立省苏维埃政府，更有力的来负担组织与领导革命战争的任务。

省革委成立以来，不但苏区巩固了，而且扩大了，特别是东方军在东线的胜利，在红军大力帮助之下赤化泰宁大部及闽中一大块区域，将使泰东与闽北苏连成巩固的一片，成为争取一省数省革命首先胜利更有力的阵地。

正因为红军胜利与闽赣苏区的巩固扩大，成为争取抚州、南昌有力的一翼。为此，帝国主义国民党五次"围剿"首先向我闽赣进攻。同志们！战争炮火在我们面前飞扬，紧急动员起来，一切服从战争，夺回赤色黎川，巩固扩大闽赣苏区，粉碎敌人五次"围剿"！

第三是经济战线上的动员与文化战线上的工作。

加紧经济战线上的斗争是争取革命战争全部胜利重要条件之一。省革委在中央正确领导之下，纠正了过去执行经济政策的错误，特别【是】秋收实现了割完禾来庆祝省苏大会的口号，相当的发动了广大群众的劳动热忱，消费合作社、粮食合作社亦在开始发展。特别是闽北有新的转变。合作社在群众的信仰，大大地提高了广大群众对于经济建设公债的热烈拥护和欢迎。建宁城市十四天推销九千余元。全省三十万经济建设公债，当是很快能推销完毕的。粮食调剂局工作设了数处，在最近供给战争需要上，开始有成绩，这不仅是争取了战争的胜利的，而且改善了工农群众的生活。

在革命战争的前线，文化水平的提高，首先表现在参加苏维埃工作的干部〈人员〉。省革委亦曾开过各种工作人员训练班，教育部工作虽然尚未很好建立，但在闽北各县有很好的成绩。中央教育部□百本读本与歌曲，在群众中开始有影响。军区曾开办教导队以及地方武装教导队等。在中央政府领导下猛烈开展文化战线的斗争。

全体选民同志们！上面已经扼要地把省革委工作进步与成绩讲了，现在还要向同志们指出过去工作不足与错误：

第一，是对战争领导与战争动员工作不够，没有在群众中作充分政治解释工作，发展游击战争，扩大地方武装，扩大红军，动员赤少队配合红军作战等工作，都未得应有的成绩。

第二，是对土地斗争还未抓得很紧，在查田查阶级运动中，发生有些阶级路线不明确和违反群众路线与苏维埃政策的错误，没有及时纠正，以至土地问题，还有很多地方没有彻底解决。同时对执行劳动法，没有应有的注意，没有特别着〔重〕对工人斗争的领导，亦是很错误的。

第三，是巩固苏区腹地，肃清团匪大刀会的忽视，没有及时抓紧消灭大刀会及残余地主武装的斗争，同时肃反斗争还有不够与错误的地方。

第四，是没有正确执行经济政策，没有及时给违犯〔反〕经济政策的行为以严厉的指责。〈对〉苏维埃经济建设工作，尚未获〔取〕得应有的成绩，推销经济建设公债，有些是摊派，或是忽视的，因此成绩非常不够。

第五，是对扩大苏维埃区域的工作做是〔得〕不够，特别是没有及时严厉指斥个别游击队和边区政府的领导者违反苏维埃政策的行动，使少数边区造成赤白对立，在东线争取闽中深入赤化工作亦不够。

第六，是没有及时打击退却逃跑麻木不仁的右倾机会主义，没有充分的与官僚主义工作方法作尖锐的斗争。省革委工作上还有官僚主义存在着，这是极不应该的。

同志们！已经报告了过去工作的优缺点，现在要报告我们当前的斗争任务。粉碎敌人五次"围剿"的决战，已经在轰天震地的杀声中进行着，帝国主义国民党正在为了配合其所谓的闽北军事行动，企图由黎川、金溪进攻我光、泰、建，要把我全省转入血战旋涡，我们当前唯一的任务是争取战争胜利，要求我们为了巩固发展闽赣苏区，为了夺回赤色黎川，为了粉碎敌人五次"围剿"，一切工作服从战争，要以战斗速度完成环绕着战争的下列各战斗任务：

第一，是猛烈发展游击战争，迅速完成建泰及资光贵独立团，充实各县独立营，加紧各游击队建立新游击队，发动群众构筑工事支点。执行坚壁清野，封锁进攻〈驻〉苏区的敌人，尤其封锁黎川。猛烈扩大红军，充实七军团，动员自十六岁到四十岁的选民，除残废外，一律加入赤少队，强大赤少队模范营配合红军作战，有组织的到前线去运胜利品。加紧赤色戒严，坚决与敌探斗争，实行武装保卫苏区，发展苏区，争取战争的全部胜利。

第二，是要求我们在动员一切力量服从战争中心任务的时候，以战斗的速度解决土地斗争的基本任务，接受过去查田查阶级中一切经济〔验〕教训，注意土地斗争中各个尖锐问题的解决。有效的解决失业工人生活，坚决执行劳动法。正确地执行苏维埃的基本政策及充分的群众路线和明确的阶级路线。更进一步的改善工农劳苦群众的生活，更进一步启发群众，为自己利益斗争到底。

第三，是加紧对新区域工作的开展与深入，迅速提拔大批工农干部到新区去工作，更要有计划的帮新区造就新的大批地方干部。

为了巩固扩大闽赣苏区，争取五次战役的胜利，要求我们彻底肃清一切家庭地方斗争观念，有〈坚〉决心的去新区域工作。边区政府及游击队更要注意正确执行苏维埃基本政策。

第四，坚决消灭大刀会、保卫团，澄清腹地。要求我们从军事上加紧进攻，政治上加紧争取被欺骗压迫误入大刀会、保卫团的工农分子回头。同时加紧肃反斗争，加紧对群众的肃反教育。为了更快〈的〉更有力【地】粉碎敌人五次"围剿"，要迅速的肃清大刀会、保卫团及一切反动派别。

第五，加紧经济战线上的动员，加紧冬耕、开垦冬荒运动，恢复纸厂、香菇厂、石灰厂，提高广大群众劳动热情，迅速完成推销三十万经济建设公债，扩大合作社组织，实行做起生意来，加紧粮食储藏，防止白军抢劫，发展对外贸易，粉碎敌人封锁，建立粮食调剂，供给战争需要与改善群众生活。为了迅速实现以上任务，必须建立健全而有工作能力的各级苏维埃文化教育，加强工作人员及广大群众的文化政治水平，必须彻底除掉苏维埃工作人员的官僚主义，更加要反对麻木不仁的机会主义。全省选民同志都应起来注意，监督苏维埃工作人员，不使有官僚主义或麻木不仁分子存在苏维埃之间，使这次省苏大会获得完满胜利。

同志们！当作我们做报告的时候，正是粉碎敌人五次"围剿"前线决战最紧张的时候，也正是我省全体选民最负责任的时候，中央政府和省革委都发颁【布】了紧急动员令，全省各级政府工作人员要有突击精神，争取新的工作成绩，来庆祝第一次全省苏大会和拥护第二次全苏大会。

同志们！最后向全省选民高呼：

全省选民紧急动员起来！

猛烈发展游击战争！

实行坚壁清野！

猛烈扩大红军！

加紧配合红军作战！

建立健全而有工作能力的苏维埃！

巩固扩大闽赣苏区！

夺回赤色黎川！

粉碎敌人五次"围剿"！

第一次省苏大会万岁！

二次全苏大会万岁！

公历 1933 年 12 月 1 日

目前政治形势与闽赣省苏维埃的任务（草案）

——邵式平在闽赣省苏维埃第一届工农兵代表大会上的报告

（1933 年 12 月 9 日）

目前正是粉碎帝国主义国民党五次围攻的紧急关头，巨大的残酷的阶级决战在我们面前开展着，而且我们是处在这一决战的最前线，伟大的光荣的历史任务，落在我们闽赣苏维埃和广大工农劳苦群众的肩上。

最近国际和国内一切事变的发展，更有利于革命，更有利于我们粉碎敌人的五次围攻。争取苏维埃新中国，使我们更有着完全的可能和把握，实现我们所〔肩〕负的艰巨的任务。

由于世界经济危机的深刻发展，帝国主义国家间的矛盾和冲突极度的尖锐起来，军缩会议的破产，法西斯蒂的横行与国际联盟的崩溃，更是帝国主义大战逼临的预兆和信号。同时帝国主义强盗们在苏联社会主义建设的成功与和平政策的胜利前面，更加疯狂般的向苏联进攻，特别是日本帝国主义更在东方战线上表现他反苏联先锋的积极，正在点燃着反苏联战争的导火线，这是目前国际形势的一方面。另一方面世界革命的浪潮正在迅速增长起来，而我们中国是站在世界革命的第一线。

现在中国是立在分叉路口，两条绝对相反的道路——帝国主义的殖民地道路与苏维埃新中国的道路——横在面前，"走那〔哪〕一条道路"这个问题，在短促的历史时期中便要解决，而当前粉碎帝国主义国民党五次围攻的战斗，便是这两条道路的决战。中国革命形势的存在与进一步发展，帝国主义特别是日本帝国主义军掠夺的加紧，他的铁蹄伸入内蒙腹地〈，〉以及国民党政府投降出卖到底的政策，使全国民众反帝反国民党的斗争更加高涨，工人罢工运动猛烈的发展，农民灾民的骚扰和斗争到处汹涌起来，白军士兵的革命化更加普遍增涨〔长〕。在苏维埃与红军的伟大胜利底下，反动统治更益削弱，国民党各派军阀间的冲突更加剧烈。最近蒋蔡十九路军【军】阀的独立，便是表现反动统治内部的动摇分崩与国民党南京政府的崩溃〈，〉以及一部分地主资产阶级以新的旗帜新的欺骗企图来挽救他们垂亡的统治。这一切，都是极端有利于苏维埃运动，有利于我们去取得决战的胜利。特别是在最近红四方面军在四川的新胜利与一方面军在飞鸢、洵口、洪门、七芬的连续胜利，已给了敌人的大举进攻以迎头痛击，立下了决战的胜利的基础。正因为如此，帝国主义国民党更倾其全力来加紧进攻，最剧烈的决斗便在面前，闽赣正是血战的舞台。不能把握着在决战中一切有利条件新的发展，没有克服革命胜利中一切新的困难的决心，在粉碎敌人五次围攻决战的面前，假装镇静、麻木不仁以及惊惶失措退却逃跑，如×××①的机会主义，是最有害的机会主义，开展反"左"右倾尤其是反×××机会主义斗争，是争取战争胜利的首要条件。

闽赣是粉碎敌人四次围攻的胜利所开辟出来的，有着数十万工农劳苦群众斗争的积极〔性〕，有着正在春笋一般向上生长的工农地方武装的坚决斗争，有着江西、福建、闽浙赣苏区的有力策应，有着白区数百万工农群众的响应与拥护，更有着中央苏维埃与共产党正确的领导以及数十万铁的工农红军的有力帮助，闽赣苏区是正在积极的巩固与猛烈的扩大联系了中区与闽浙赣苏区，截断了北线与东线敌人的联络，有力的威胁着抚州、南昌。正因为如此，敌人的五次围攻便以闽赣为首要目标。敌人在飞鸢、石峡、洪门、南堡

---

① 这类符号原文如此。下同。

连续受到严重打击之后，还在疯狂的企图由金黎进占我资光东泰建，配合其所谓"闽北军事行动"，要把我省转入血战旋涡。大会号召全省工农及红军战士为保卫分田胜利而战！为巩固发展闽赣苏区而战！为夺回赤色黎川而战！为粉碎敌人五次围攻，争取一省数省革命首先胜利及苏维埃新中国的胜利而战！

闽赣自省革委成立以来，迄今六个多月，在中央政府与共产党正确的领导之下，依靠着全省工农劳苦群众斗争的积极与工农红军胜利的帮助，对于自己的工作，是在努力的进行着：领导群众配合红军战胜了敌人对黎川、泰宁、资溪、光泽的进攻，尤其是最近争取了飞鸢、洪门、南堡的胜利；肃反得到了很大胜利，政权机关中坏的成分有了初步的改造；查田运动在部分区乡里得到了成绩；筹款有成绩；努力执行中央政府的法令政策与指令，真正苏维埃的工作是在开始的阶段，这些是不可否认的成绩，大会向省革委表示苏维埃的敬意。但大会必须指出过去省革委工作，还是落在革命形势发展需要的后面，而且在工作过程中，个别的曾发生过错误。

首先应该指出的就是对于以战争为中心，没有应有的抓紧，没有充分的执行一切工作服从战争。因此，发展游击战争，组织地方武装，健全赤少队扩大红军，动员群众配合红军作战等工作，都未获得应有的成绩，对于土地问题的基本任务，没有及时彻底的普遍的解决；对消灭刀团匪的斗争，没有充分的深入到下层和群众中去；忽视对工人斗争的领导；肃反虽有成绩，但没有充分的加紧对群众肃反的政治教育；对扩大赤区工作的领导不够，没有及时纠正执行经济政策的错误；在工作方式上，还没有完全肃清官僚主义，尤其严重的是没有充分的发展思想斗争，没有及时揭发与打击以×××为首的机会主义的罗明路线，以致赤色黎川失落于敌手，造成了省革委工作史上的污点。

大会认为赤色黎川的失陷，虽然还有其他的错误，但×××为省革委主席团【成员】之一，担负全省军事指挥的重任，应直接负其责任。当敌人进攻来硝石，并接到红军总司令总政委的命令【后】，他还以敌【人】不会急进黎川的空谈，假装镇静，掩盖起右倾机会主义麻木不仁、悲观失望、毫无〔不〕抵抗的实质；敌人进到黎川后，他便惊慌失措、退却逃跑，由湖坊而中站而巫寮。后任七军团政委，又复消极不执行上级命令，这是革命纪律上所不容许的，要求革命军事委员会给以必须的处分（已撤职查办）。同时，那些与×××一样退却逃跑的政府工作人员及以邹琦同志为首的罗明路线，亦当给以指斥，并责令省苏保证这一斗争的深入与开展。

无疑的现在我们是处在战争的最前线，唯一的中心任务就是战争，过去工作的错误与缺点须立即纠正，要实行一切工作、一切生活都服从战争，宣布帝国主义国民党屠杀抢劫的罪恶，尤其要揭破十九路军【军】阀新的欺骗，动员并组织广大群众在苏维埃领导之下，争取战争的胜利，是苏维埃政府及每个工农群众和红色战士第一等责任，要求我们战斗的动员起来，以战争为中心，坚决执行下列各个斗争任务。

一、猛烈发展游击战争，加紧对游击队独立团营工作领导，健全县区军事部，执行游击战争工作的彻底转变，反对忽视战争，忽视游击队独立团营的×××机会主义观念，检查现有游击队独立团营的工作，纠正其过去错误，发扬其新的斗争积极性。要在最短期间内完成建泰独立团与抚东独立团，充实闽北独立团，建立并加强各县独立营。各区及主要市乡，都应建立游击队，实行日夜不断的向敌人左右前后积极的游击，很灵活的配合着主力红军机动的打击和消灭进攻敌人，并且要用较大的力量向白区突击挺进，开展远殖游击战争，创造新的游击区域。、

二、坚决领导群众进行坚壁清野，封锁围困进占苏区【的】敌人，尤其要加紧封锁围困侵入黎川【的】敌人，在接近敌人的附近，封锁更要严密，决心毁去敌人藉〔借〕以为掩护的一切障碍物，迅速动员群众把敌人将劫为资料的东西，都运去安全地方藏匿起来，尤其要破坏交通运输道路，断绝其一切给养，各重要市镇乡

堡须要构筑围墙与工事，分配赤卫军扼守，以防止敌人的袭击与抢劫，有力的拒止敌人前进以至于消灭进攻敌人。

三、猛烈扩大红军，立即在群众中进行热烈扩大红军运动，深入到下层，充分的解释扩大红军的意义与需要，鼓励着每个选民都自动的踊跃的抛弃手上的斧头镰刀，武装到战场上去杀敌，切实的执行优待红军工作，发动群众热烈的起来慰劳，动员每个在家的红色战士归队，要迅速完成充实红七军团的任务，赤卫军少先队是地方军事工作上主要的一环，应迅速切实按照军委地方武装暂行编制条例，把全省赤卫军组织起来，自十六岁至四十岁的选民除残废外，应一律加入赤卫军和少先队。赤卫军模范营更要迅速建立和健全起来，开始野营演习和实地配合红军作战，争取他们自愿的有组织的大批加入红军，动员赤卫军帮助红军扼守工事据点，有组织的上前线帮伕子做担架配合红军作战，争取前线胜利。苏维埃政府更应在群众中，尤其要在选民及群众武装组织中进行义务兵役的宣传，以便利红军将来由志愿兵役转为义务兵役的制度。

四、彻底解决土地问题，坚决执行劳动〔法〕及苏维埃一切法令，是我们当前战争动员中的基本的一环。政府应抓紧这一基本任务的迅速解决，切实开展广泛深入的查田查阶级运动。在假分田及示〔不〕分田的地方，应即进行分田斗争，山林塘园都必须彻底分配。在彻底深入土地斗争中，须正确执行苏维埃的政策及中央关于土地问题的每一条文。反对过去在查田运动中的一切机会主义错误。同时【要】切实执行劳动法，健全各级劳动部检查劳动合同，健全劳动介绍所，实行社会保险，保证工人利益，更要有效力的救济失业工人，进一步的改善工农生活。苏维埃的一切法令。每字每句都是有利于工农劳苦群众的。全省各级政府必须切实坚决执行。只有这样，更能充分的启发群众的积极性，开展各个战线上的突击。

五、加紧经济动员，执行正确经济政策，充裕战争给养，以争取战争胜利。政府首先要注意粮食的收藏，保证长期作战中红军粮食的贮粮运动，广泛的建立粮食合作社，动员群众武装起来，保卫粮食，消灭来抢劫伙食的白军，预防春荒、加紧冬耕，发动明年各县多种早禾，避免青黄不接。要节省开支，加紧筹款，充裕财政，动员群众，拥护苏维埃的一切税收、苏维埃的国票，迅速完成收土地税工作，更要加紧经济建设。要在群众中艰苦的工作，迅速完成推销三十万经济建设公债的任务。发展对外贸易，开展合作社运动，扩大消费合作社组织，提倡农业手工业生产，恢复纸厂石灰厂，执行对商人正确的政策，奖励私人投资，允许贸易自由，这样来粉碎敌人的经济封锁，充裕苏区经济，改善群众生活，供给战争需要。

六、肃清苏区刀团匪及一切反动政治派别，巩固战争阵地及其后方是与战争不可分离的一环。政府仍〔应〕迅速在群众中进行广泛深入的消灭刀团匪运动，坚决执行政治上军事【上】积极进攻，同时迅速彻底解决土地问题，号召被欺骗误入刀团匪的工农劳苦群众回家分田，以至〔致〕完全消灭刀团匪。在此阶级决死斗争前面，更要加紧开展肃反斗争，动员并教育群众，使广大群众都注意肃反工作，肃清苏区内一切反动政治派别，有组织的监视一切阶级异己分子的行动，断绝与刀团匪的来往，尤其要加紧赤色戒严，注意捕捉敌人侦探便衣队，不许敌探有一个混来苏区。

七、战争胜利的向前开展，苏区应猛烈向外发展，全省各级政府应尽力在苏区周围号召组织并帮助白区群众【开展】反帝反国民党苛捐什税及年关抗债等斗争，须要派坚强有力的工农干部去新区边区任领导工作，艰苦的开办新区边区训练班。同时各新区及边区政府，都要切实努力向外发展，组织强有力的游击队，向外积极行动，执行正确的苏维埃政策，争取广大群众，把苏区向外猛烈推进。我省发展的主要方向，当是面对抚州、南昌，但各边区必须尽可能的向外发展，最近尤其要加紧闽中及泰宁的赤化，迅速取得闽中、闽北巩固联系的一片。

八、健全各级苏维埃的组织工作，是保证各个战斗任务执行的根本条件。各级政府必须吸收大批工农分子尤其工人分子来政府机关工作。苏维埃各部，都须充实与健全，更要加紧工作人员的政治文化教育，提高他们的工作能力与积极性，转变工作方式，肃清苏维埃工作人员的官僚主义，建立巡视制度，加强对下级苏维埃的领导。苏维埃的一切法令政策都该向群众详细艰苦的解释，要取得广大群众的同意与拥护，密切苏维埃与群众的联系，实现苏维埃民主的精神。同时要加紧对群众文化教育，提高群众的政治文化水平。

大会号召全省各级政府把握着一切胜利的条件，以最大限度的努力与决心，反对一切"左"右倾机会主义，尤其要反对×××机会主义，执行工作方式的转变，坚决在中央政府与中【国】共【产】党领导之下，领导全省数十万工农劳苦群众，为实现大会的一切决定而斗争，为夺回赤色黎川巩固发展闽赣苏区，全部粉碎敌人五次"围剿"而斗争。大会相信，最后胜利一定属于我们！

闽赣青年近况

（1933 年 12 月 10 日）

曾镜冰　黄智仁

闽赣苏区的工农青年群众，在共产党和共产青年团的领导之下，积极性大大发扬起来了。

一、少年先锋队武装上前线消灭敌人

黎川熊村、湖坊二区少先队，他们知道大刀会是欺骗人的东西，他们自动地拖起自己的武装〔器〕——梭镖、鸟枪、土炮等，去配合赤卫军进攻大刀会，结果消灭了苦山、严山、金坑一带的大刀会、保卫团。活捉保卫团队长一人，土豪七八十名，大刀会师傅四五人，缴来枪六支，梭镖、大刀会符号、旗子很多，他们快乐的逍遥的回来。

闽北崇安县有一连梭镖模范少先队，整齐的武装上前线去配合红军作战，粉碎敌人进攻。

敌人这次进攻黎川时，横村、湖坊少先队表示他们的英勇，不疲劳的去配合游击作战。横村少先队配合游击队作战，捉来了敌人的便衣侦探、AB 团团总、土豪回来，高兴得很。现又出发了。

横村的少先队，共有五十多人配合游击队，经常与黎川敌人游击，打击敌人，捉白军哨兵、侦探和采买，尤其是有一次，他们游击到永兴桥（离黎川十里）活捉了白军排长一个，白军士兵二个，步枪二支，他们可说是闽赣省真正的模范少年先锋队，另外他们还有许多的光荣战斗。贵南少先队三十多人，他们配合着红军主力作战，同赤卫军一起去打敌人炮台，把敌人打死十多名，并捉了许多土豪回来。光泽少先队也有四十多人，他们同样配合着地方武装去进攻大刀会团匪，结果也战胜敌人，把大刀会捉回来，连匪兵的旗也拿回来，并缴获布五匹，花边几百元，土豪二十余名。后来，贵南号召七十人，光泽一百零一人，资溪也有七十多人，建宁也有二十多人，泰宁也有两班人，继续光荣的配合地方武装上前线。

建宁在"保护建宁苏区"、"收复赤色黎川"、"粉碎敌人五次'围剿'"等口号之下动员三十个少队，配合游击队，坚决为保护建宁苏区而斗争，开始了胜利的进攻，消灭占领上龚团匪，活捉万恶的团总张云镇及几个土豪，这一胜利，给全县少先队无限的兴奋。

二、青年自动起来，打土豪，分田地

资溪贵南三区青年劳动群众，他们知道只有苏维埃，才能解放工农群众，只是在国民党统治之下，就要受豪绅地主富农的剥削和压迫，他们自动起来组织少年先锋队，天天要和当地独立团、赤卫军去打保卫团，打土豪分田地等。

三、查田运劳〔动〕中的成绩

闽北少年先锋队和一般劳苦群众积极的参加查田、查阶级运动，结果最近查出有许多地主富农等，计算起来，崇安查出富农十六家，地主二家；建阳查出富农五十二家，地主三家；铅山查出富农五十二家，地主三家；上铅查出富农十家，劣绅三家。没收了地主不少的田地和没收了富农的非劳动分田和好田，分发给贫苦工农。

四、经济建设

闽北崇安、铅山少年先锋队，他们知道要与敌人作长期艰苦斗争，必须充足苏区经济和红军作战费，粉碎敌人的封锁，所以他们主动的积极的去向富农借款，打土豪，自己自动节省等交苏维埃政府，计崇安少年先锋队，向富农借了款，大洋一千三百九十三元，同时还有赤金银子等。队员自己节省经济大洋一百六十二元五角，少先队单独出发筹来土豪等款大洋贰千五百元，铅山少先队向富农借款大洋一百四十九元。

泰宁县新桥区邱□□排□□新发展的一块苏区，这块区域的青年群众在共产青年团的领导之下，他们热烈的起来革命，这次中央政府发行的经济建设公债票，他们拿出现洋去购买，在几天内推销了八十余元公债票。

五、慰劳我们红军

闽北青年，从遥远的闽北带一千多双草鞋来慰劳红军。黎川、横村区的青年妇女同志也很热烈地慰劳红军，他们远闻有红军到，他们天天送草鞋呀、菜呀、鸡子呀等等物品来横村区委，要求转送给红军战士。只是不过五六天，区委妇委书记计算收到□□布、草鞋二百余双，鸡子二十余只（每只都有一斤以上），猪二只，菜九百余斤。其他用品，吃品也甚多。现在还正在集中更多的慰劳品，准备大规模慰劳红军，给〔作为〕青年〈实话〉大规模慰劳红军运动号召的回答。

闽赣省第一次工农兵代表大会胜利召开

（1933 年 12 月 12 日）

不朽的日子

闽赣省第一次工农兵代表大会，经过很久的准备与广大群众的热烈拥护，在革命战争炮火最紧张的时候，在不朽的伟大的广暴纪念节，在爆竹喧天和庄严的军乐声歌声中，热烈开幕了。

辉煌的会场

下午二时前，各地代表陆续入会场。会场经筹备处布置，极为辉煌。美丽鲜艳的彩联，琳琅的挂着。主席台铺设得尤为壮丽，代表席、来宾席都井然有序。

代表和来宾

开幕前，各地代表除资溪、贵南二县的尚未到来〈,〉以及建宁的尚未到齐外，其余各县的都先后到齐。这聚集全省的群众领袖于一堂，在闽赣苏维埃的历史上还是第一次。特别是闽浙赣出席二次全苏大会的代表及满洲、山东、河南等省的代表□参加大会，更加为这次大会添上无限光彩，并有着很大意义。

群众的拥护

开幕后，不断的锣鼓声传入会场，这是表现各地群众拥护大会的热烈。建宁城市各门都有三十余群众，打锣打鼓，鲜艳夺目的红联，送入大会场。特别是东门与巧洋区的少先队，约百个井然的有组织的拿着武器和旗帜，拥护大会，充分表现了为苏维埃政权斗争的少年先锋精神。巧洋的少先队五十人并即于庆祝大会开幕后通过配合独立团去消灭刀团匪，以战争胜利来赠大会。

中央政府代表的训词

大会开幕，由临时主席邵式平同志致开会词后，即由中央政府代表致训词，略谓："今天是闽赣第一次代表大会，我代表中央政府向大会致以艰苦奋斗的敬礼，我们苏维埃革命从广暴一直到现在有六周年了。在这六年中得到了很大的胜利，前二年建立了中央政府，去今二年领导闽赣群众向敌人斗争，把赣东北与中央打通了，当然这也是闽赣工农劳苦群众配合红军艰苦奋斗得来的。希望闽赣同志更努力的向前奋斗。现在是粉碎敌人五次'围剿'最紧急的关头。我们要消灭最大的敌人蒋介石八十万白军，扩大闽赣苏区。我们有着一切胜利的把握。闽赣工农劳苦群众配合英勇红军，争取战争的胜利，把苏维埃的旗帜插到抚州、南昌去，实现一省数省首先胜利，争取苏维埃在全中国的胜利。现在一切工作都要为前线上的胜利。希望代表们领导广大劳苦群众猛热〔烈〕扩大红军，发展游击战争，更广泛地动员群众组织运输队、担架队，抬伤病兵，打扫战场，组织坚壁清野，储藏粮食，建筑工事堡垒，阻止敌人前进，并消灭刀团匪，巩固苏区，特别是要彻底解决土地问题。□□□□"

来宾致辞

接着由方面军政治部、少共闽赣省委、省工会及闽浙赣省苏的代表致词，指出大会在炮火声中举行，其重大意义与战斗的任务。继而，满州〔洲〕、山东、河南省的代表致词，这引起了全场最大的兴奋。在高吭的"打倒日本帝国主义"、"为苏维埃中国而斗争"

等口号声中，结束了这几个远道而来的白区代表激昂慷慨的演辞。

选举大会主席团及委员会

代表们的自由演说，给了中央政府代表的训示的诚恳的回答。嗣即选举大会主席及各种委员会。名单如下：

名誉主席团：斯大林、加里宁、伏罗希洛夫、莫洛托夫、朱德、毛泽东、项英、张国焘、周恩来。

大会正式主席团：邵式平、祝维垣、曾昭铭、涂细长、万近水、王贤佑、张雪英、江翠兰、刘邦华、陈云州、朱兆祥。

决议草案及提案审查委员会：祝维垣、郑亦胜、胡德兰、陈云州、涂细长、朱兆祥、陈相美。

代表资格审查委员会：曾昭铭、刘邦华、涂细长、王贤佑、朱兆祥、万近水、祝维垣。

大会第一日，我常胜的东方军在团村附近击溃敌人三个师，缴获众多，闽北独立营连打四个胜仗，以最光荣的礼物赠予光荣的大会。

今日（十二日）为大会正式开始之第一日，上午由中央政府代表作政治报告，对国际国内形势、过去闽赣省工作及今后任务，作了极详细正确的指示。下午由邵式平同志作补充报告，报告了过去省革委会的工作及目前具体工作。这二个报告后，进行讨论，代表们热烈发言。正当这边大会开得轰轰烈烈的时候，在不远的黎川之团村、三都一线，我英勇的东方军，将黎川城出来的敌军三个师全部击溃，死伤敌军千余人，死伤敌团长三人，缴获极多，正在清查。这一伟大的胜利，在粉碎敌人五次"围剿"上有着极大的意义。东方军以此胜利庆祝大会是无上的光荣。这给了代表们更深刻的实际的认识；现在是决战最紧急的关头，闽赣是在战争的最前线，胜利更在面前，须以一切努力去取得此胜利。

大会的光荣不仅【如】此。同时，大会收到闽北来电，传来了胜利的消息——光泽的礼物："闽赣省委转省苏，大会开幕庆祝在广暴纪念日，我闽北全体工农群众献给第一次省苏大会及广暴纪念的礼物（一）在群众大会上，自动上前方参加中央红军报名百余名，大会〈空〉气【氛】热烈；（二）独立营今天为纪念广暴配合赤少队连打四个胜仗；（三）群众送独立营赤少队的慰劳品一百担；（四）赤少队、儿童团大操演热烈异常，闽北庆祝省苏大和纪念广暴大会。"（十二日叩）

临时动议

通过大会议事细则后，即有代表临时提议：由大会发布告全省工农劳苦群众及通电宣布大会开幕和拥护全苏大会以及慰劳伤病战士等，当然大会一致通过。在热烈的掌声中开幕典礼宣告终结。

前线上的工人农民

（1934 年 2 月 1 日）

邵式平

在广大工农劳苦群众斗争精神与红军英勇斗争的面前，帝国主义、国民党的五次"围剿"在各地的战线上是继续不断惨败。尤其这次我东方军攻克了沙县，与闽赣游击的猛烈发展，使帝国主义、国民党五次"围剿"很快地走上最后的惨败道路。帝国主义、国民党为了要作最后失败的挣扎，就由黎川来进攻樟树、横村，企图进攻我建宁。

在这样紧急的斗争中，我建宁城的工人决议宣布罢工，武装起来保卫赤色建宁。建宁城市三天动员一百十五名伕子帮助红军运输的计划，两天就胜利地完成。这不仅是有力地配合了英勇的红军打击敌人进攻建宁的企图，不仅是说明我前线上工农群众斗争的积极，同时宣布了一切对我闽赣群众斗争估计不足的右倾机会主义破产！

我们要指出的，前线上的工农群众，仅是宣布罢工武装保卫赤色建宁，仅是动员伕子配合红军，而且这样仅是在建宁城市，是非常不够的。我们更要进一步的：

一、不仅是保卫赤色建宁，更要武装上前线，去参加红军，消灭当前敌人，彻底粉碎帝国主义、国民党的五次"围剿"，保卫苏维埃新中国的全部胜利。

二、这一积极性，马上要扩大到全县、全省，武装全县、全省的工人、农民，实行全省群众军事化。

三、不仅帮助红军运输，并且严密赤色戒严，发展游击战争，袭击敌人侧后，断绝敌人交通，破坏道路桥梁，组织坚壁清野，肃清苏区刀团匪及一切反革命，巩固红军后方，保卫红军交通线路的安全。

四、要在这一次战争中，发动广大群众，彻底解决土地，全部实现劳动法，动员全省工农自动地奉献一切给予战争，充裕红军的给养，给红军充分的精神、物质的帮助，为苏维埃政权胜利斗争到底。

全省的工农群众们！我们这样做去，帝国主义、国民党及一切反革命是很怕的。他们必然要用尽一切方法来破坏我们，甚至混到我们队伍里来，用【造】谣欺骗、消极怠工、退却逃跑等各种方法达其破坏的目的。我们更要坚决地站在中国共产党和苏维埃正确领导之下，开展热烈的思想斗争，以战争的迅速来进行我们的一切工作，从斗争中，从工作中，把这些家伙从我们队伍里捉出来。这是保证我们的胜利的先决条件。

前线的战争是紧张万分的。胜利的消息在不断地传来。我们前线上的工农群众，进一步地战斗地武装动员起来吧！

关于新区边区工作意见

顾作霖

最近来，中央特别尖锐的把克服新区边区的落后的问题提到苏区党的面前，这是有着最切要的深刻的意义的。为着巩固苏区，发展苏区，把各个零散的苏区联系一片，为着巩固革命战争的阵地，给于〔予〕红军以最大便利和帮助，彻底粉碎敌人五次"围剿"，转变新区边区工作，克服新区边区的落后，巩固和发展新区边区，成为党在目前粉碎敌人五次"围剿"决战前面一个最重要的战斗任务。这一任务，由于新区边区工作至今仍然是党的工作的最薄弱的一环这一事实，而更加严重和迫切。

本文的目的，就是要在新区边区工作的几个问题上提出些意见：

（一）彻底解决土地问题："彻底解决土地问题，是新区边区工作中最基本的一环。"（中央局关于新区边区工作指示信）是巩固和发展新区边区的基本条件。目前新区边区的落后，种种严重现象的发生，其基本原因，也正是由于土地问题的没有彻底解决。

我们新区边区的党，常常喊着"彻底解决土地问题"的口号，但是，一般的对这一中心任务的重要性与其实质没有足够的认识，因为不能把一切工作的进行紧紧围绕着这个中心。新区边区，一般的是处在战争的前线，有些且是血战的舞台，战争对新区边区的党提出了许多紧急动员的任务，这里，领导的艺术，主要的是要在彻底解决土地问题的基础上，发动广大群众积极参加革命战争，要把分田查田的运动与战争动员密切联系起来。在闽赣方面，过去各地党的领导，正因为没有达到这种要求，而把分田查田运动与战争动员对立起来，只是单独的进行扩大红军游击队，动员伕子（当然这些工作也是做得极不够的）的工作，以致对分田查田运动根本放弃或一时抓紧一时放松，因此群众的积极性不能最大的发扬起来，战争动员与其他一切工作也不都〔能〕得到应有的成绩。所以新区边区的党第一要记住，必须抓紧这最基本中心的一环，去推动全部工作前进。

新区边区大多数地方是没有分田或"分假田"的，在这些地方，我们的领导者，应该敏锐的去了解实际的情况，不为表面的现象或阶级敌人的遮眼法所迷惑，坚决迅捷的进行彻底的分田运动。有些同志常常只凭信些不确实的报告，或者只看到田里插了牌子，便以为田分好了，而实际上则因我们根本没有发动群众，只是形式上"派"了一下，群众全不知道怎么一回事，甚至革委会中混入了阶级异己分子，他们一方面胁制群众，一方面做些"手法"，欺蒙上级说分好了（而且说得一定很正确漂亮），田地当然是根本未动。这里，若不面向群众，若没有深入的检查和锐利的阶级警觉，是不能领导土地斗争，且常常要被阶级敌人作〔捉〕弄的。在这些没有分田或"分假田"的地方，不提分田而提查田的口号（如过去在泰宁）是不对的，因为查田不能代替分田。同时，在那些相当解决了的地方，应该进行广泛的查田运动，应该使土地在农民手里稳固起来，若再来重新分配，则是儿戏，这种儿戏，客观上是帮助阶级敌人的。所以，应该清晰的了解复杂的环境，根据各区各乡的实际情况，分别采取正确的步骤。一省一县以至一区的范围，笼统决定一个步骤分田或查田，是不适宜，并且容易做出错误的。

在分田和查田运动中，最主要的是执行阶级路线的问题。这里，首先是要发动和组织基本的群众。在新区边区，脱离群众的"派田"的现象还是异常严重的，查田也常常是工作人员组织的突击队去"明访暗察"而不发动群众，这样的办法，得不到任何的效果，而且这样还使得阶级异己分子和反革命暗探容易从中扰乱，以致藏身在政权机关进行种种破坏的事业。必须相信当地的群众，必须找出群众中的积极分子，团结这些积极分子利用种种机会和种种办法去发动群众，组织和健强贫农团和农业工会，使之成为分田查田运动中基本队伍，团结中农群众在其周围，这样去发动和领导广大群众的阶级斗争，彻底解决土地问题，肃清农村中封建半封建的势力。

（二）武装工农群众创造坚强的游击队：根据闽赣的情形，在新区边区，赤少队似乎普遍都有的，但过去大多数是用按户登记的办法去"组织"的，没有任何宣传，没有任何真正的组织和训练，往往有连长，可是连长晓得他一连人在哪里？统计起来成千成万，但动员起来没有多少。这种官僚主义的方法，妨碍了布尔〔什〕维克的实际工作。必须在群众中发展广大的解释工作，解释只有工农群众才有武装的权利和义务，解释赤少队的意义和作用，揭破在这个问题上一切反革命的欺骗（如"加入赤少队就是当红军"等等），提出具体的口号，去号召群众武装自卫，动员群众建立赤少队和模范营。黎川之熊村、湖坊，曾经在打大刀会、保卫苏区的口号下，号召三四连人几次去进攻黎邵边界的大刀会，得到极大胜利，在这一斗争中把这二区的赤卫军模范营真正建立起来，并且影响和推动了全县赤少工作的开展。资溪、光泽、建宁一部分比较好的赤少队，都是在与刀团匪梭标〔镖〕队、联甲兵斗争中动员和组织起来的。后来，在黎、建各县，陆续动员了一万几千伕子，这些伕子大部分原来是名义上加入了赤少队但未真正组织起来的，经过动员一次或几次的帮助红军运输，可是我们没有在动员中进行组织和教育工作，没有利用这个机会去组织和加强赤少队特别是模范营工作，这是极大的错误和损失。

要在战斗的号召和动员中去组织和健强赤少队，并不是说赤少队日常的组织和训练的工作可以不要，相反的，赤少队组织起来了，必须加强其日常组织和训练工作，才能造成顺利的条件，在一声号召之下，动员他们。像闽赣方面的一些同志，就有这样一种错误：对赤少队日常的组织和训练工作根本不做，而终〔总〕是喊"动员"，计划着动员，结果每次的动员不能完成。没有仔细研究兴国模范师加入红军的经验，不去学习兴国党布尔什维克的模范，模范师团营根本没有组织，也空想空叫整师、整团、整营加入红军，结果自然是失败的。这里的教训是要少做些空洞的叫喊，多做些实际工作，耐心的系统的去进行赤少队的组织和训练，要使这种组织和训练的工作与动员工作密切的联系起来。

创造坚强的游击队，发展游击战争，这对新区边区党是特别重要的任务。过去像光泽、贵南、建宁、泰宁各县的党和政府，对这一任务是忽视的，以致这些县的独立营大大削弱，游击队反水的事件不断发生（建、泰）。在这样严重现象面前，有些党部不闻不问，有些则走到不相信群众、消极悲观（如光泽崇仁区委不敢把枪给游击队，拿来自己枕头睡觉，敌人来袭击时自己受到牺牲，枪支亦失了），但不能积积〔极〕的去加强游击队和游击战争的领导。首先，要纠正这种错误，派最好的干部去领导游击队，动员党团员到游击队去，加紧游击队中的政治工作，检查游击队的成份〔分〕，坚决与那种违反苏维埃政策的现象斗争，保证每一个游击队绝对的在党的领导之下，虽〔最〕大限度的活跃与发挥他的作用。有些边区被敌人占领了，那里党和政府的领导者，应该自己去领导游击队。黎川方面，已经有着不少好的例子。

有些新区，在开始赤化时，群众便自动的纷纷起来"起"游击队，象〔像〕资溪、光泽当红军占领后，立刻卷起了一种潮流，各区各乡都"起"游击队打土豪。无疑的，这些游击队里混着一部份〔分〕地主富农的成份，有些且是他们的领导者，他们借此混到红旗底下来破坏革命事业。新区的领导者，对于这种现象，应该采取什么步骤和办法？这里有两个相反的实例，资溪方面，当时把各游击队的领导者调来训练检查，同时派了得力的分子去领导，加紧宣传训练，检查他们的成份〔分〕，并采用检阅竞赛等方法，很快的把所有游击队都争取了，后来就组成了信抚独立团，而在光泽方面，则下命令将所有游击队完全解散，结果是抑制了群众的积极性，使得光泽工作受着一个时期停滞。很清楚的，这里前者是正确而后者是错误的。

（三）肃反问题：在红军胜利中开辟的苏区，反动统治阶级不但在下台以后积极进行反革命活动，【还】响应敌军的进攻，企图复辟，像黎川的地主资本家早在红军还没有到黎川之前就组织了秘密的 AB 团，埋藏了武器，做了退却的准备和布置。所以等到红军占领黎川，反革命的 AB 团便有计划的假装革命，盘据〔踞〕县和区的政权机关，混到党和各组织中来，阴谋暴动。这里不用无情的铁拳坚决镇压，革命政权是不能保持的。

很多新区边区，反革命除了伪装革命，暗藏的进行种种反革命活动外，并且组织大刀会童子军民团土匪等公开的与苏维埃进行武装斗争。在敌军进攻前面，这些刀团匪便捣乱我们后方，破坏我们的交通线，从各方面来牵制我们，成为敌军的别动队与游击队。建泰方面，这些东西至今对于我们还是一个威胁和妨碍。为着巩固建泰苏区，巩固这一阶级决战中的主要阵地，便利红军去顺利的消灭北方战线上的敌人，肃清这些反动武装，乃是最急迫的战斗任务。

但我们新区边区的党，常常在反革命活动的前面〔面前〕缺乏灵敏的警觉。如建、泰、资、光等县，屡屡发生区委机关被刀匪团匪包围袭击的事件，如建宁客坊游击队二十一支枪反水，是反革命有计划的骗枪勾当，而我们县区的同志始终睡〔蒙〕在鼓里。再如建宁里心街上有二十多家保卫团丁的家属，其中几家是当团匪头子的，这些家属混了些在政府，我们区委的同志对于这种事从未注意，仅仅惊奇团匪消息的灵通，这种对反命革〔革命〕的放松和仁慈. 对革命是给了何等残酷的结果。建、泰的刀团匪之所可〔以〕能够存在和部分的蔓延，主要正是这种放松和仁慈造成的罪恶！同时还有些同志在反革命活动面前惊惶〔慌〕失措，过分估计反革命的力量，惧怕刀团匪，根本不相信群众，这实际上是对反革命的屈服，是可耻的动摇，这在客观上亦帮助了反革命。

肃清刀团匪与彻底解决这些区域的土地问题，有着不能分离的关系。认为不肃清刀团匪便无法分田，甚至说分给群众也不要，这自然是严重的错误。同时，像在建、泰这样刀团匪骚扰的地方，只说分田查田而完全忽视肃反的问题（如过去建宁县委县苏）同样是不对的。应该在查田分田运动中，发动广大群众武装起来，积极进攻刀团匪，为肃清这些反动势力而斗争，只有依靠这种广大群众的觉悟和斗争，才能彻底肃清这些反动势力，而这些反动势力的肃清，才是〔使〕土地革命的胜利获得保障。

肃清刀团匪，必须采取坚决进攻的策略，首先是军事上的进攻，"倘若可以说枪弹是最好的宣传品，那么，这对大刀会来说是更加恰切的"，因为大刀会正以"枪弹打不进"这一类神话骗人，邵武大刀会几千人来进攻光泽，被我三粒子弹打死三个后，便全部瓦解了（这当然不是说不要政治工作，这问题下面说明）。黎、邵边界的大刀会，我们发动了熊村、湖坊的赤卫军去积极进攻，打了几次便瓦解了大部。建宁方面，过去县委的防御政策，各区成立游击队防卫机关，不去进攻，反让刀团匪来各个击破，实是培养和帮助了他。最近纠正了这种错误，发动赤少队不断向他进攻，已给以〔予〕很大的打击。这证明对刀团匪放任，采取防御政策，实是对敌人最有利而对革命最为危害，同时也证明赤少队对付刀团匪是异常有力的，依赖红军，"只有大红军来才有办法"的观念是完全机会主义的。

估计到大刀会童子军中包含着一部分被欺骗的落后的工农，应该进行必要的政治工作，而不能专靠枪弹，应该做广大的宣传，号召被欺骗的回家分田，发动他们的家属亲戚朋友去宣传邀他【们】回来。应该派人到他们中间去工作，对于俘虏该应〔应该〕分别清楚，其首领或阶级异己分子应公审处决，被欺骗的工农应优待他，准他自新，经过种种方法从政治上去影响大刀会的群众，瓦解他的组织。这里"杀尽大刀会""剿匪"的口号以及不分阶级不分首领捉到便杀的办法，只有〔会〕帮助敌人，巩固敌人的阵地。

红军开始占领将乐时，那里有些大刀会，原来在国民党军阀统治下组织起来的，带着反抗国民党军阀土匪摧残压迫的性质，红军去时，他们整队欢迎。对于这种大刀会，同那种公开反对苏维埃和红军的显然〔著〕不同，因此采取不同的策略和方法，去争取他的群众，打倒他的首领，瓦解他的组织。

在刀团匪骚扰的区域，我们的工作机关必须有自卫的能力和准备。在建、泰开始时，游击队只防卫各区的机关，不游不击，是极大错误，后来有些区的机关全无防卫力，常常被刀团匪来袭击，这不但干部牺牲了，且影响最坏，使这些区的工作无法固定下来。因此这些区的一级机关，应首先自己武装起来，组织机关赤卫军，特别把所在地的赤少队立刻建立，并进行相当防御设备（如住屋挖枪眼，屋外做工事等等），严密警戒，保卫着自己，不间断的进行工作。

（四）面向群众与干部问题：由于新区边区的工作特别薄弱以及工作的干部都是从别处调去的，因此一切工作面向群众深入群众的问题特别的重要。黎川经过半年的工作，我们各乡的支部，最大多数还是在机关中（都是些工作人员组织的机关支部），没有在群众中。建黎泰各县的赤少队、贫农团、互济会、反帝拥苏同盟一般的是按户登记，有了名字而无实际组织，甚至分田查田，也是一些工作人员"包办"，根本不发动群众，这种脱离群众的现象，使强迫命令的办法更容易的被采用，而强迫命令的结果，则是更加脱离群众。所以，艰苦的去接近群众，深入群众，与群众打成一片，一切工作的决定和进行，向着群众，纠正强迫命令主义，这是对新区边区每一个工作同志和每一个组织首要的基本要求。

同时，必须最大胆的提拔培养本地的与群众密切联系着的干部。没有这样的干部，是不能树立深厚的工作根基的。但新区边区的党，往往只依靠上级调人去，而不相信本地的同志。泰宁经过了一年的工作，所有区委县委中只有二个本地干部便是一例。新区边区的落后要求我们对群众和本地干部特别细心的教育，耐烦的培养和训练他们。如建宁过去里心的同志，曾在群众会上，因为群众不会唱国际歌，大发脾气说："老苏区群众什么都会，你们什么都不会！"这是非常不好的。

过去我们调了不少干部到新区边区去，但结果是大批开小差。江西派到建黎泰三县的干部有好几百人，至今所剩无几。这一方面是过去只求数量不求质量，没有派最好的干部去，而新区边区因为环境复杂，工作的没有基础，需要最好的力量去才能领导。同时，也因为派千部去时没有给以必要的训练，去后新区边区的领导机关亦都不能给以充分的帮助，所以一部份〔分〕在老区工作是很好的，他们到新区边区时亦很积极，但新区边区的环境本与老苏区不同，而他们都照在老苏区一个样工作，结果终〔总〕是"碰钉子"，以至消极逃跑。根据这种经验，便派最好的干部到新区边区工作，这些干部，须给以充分的关于新区边区工作的教育。

（选自《斗争》第四十六期，1934 年 2 月 9 日出版）

黎川社会调查

（1934 年 2 月）

国民党第九十八师特别党部

一、地理环境

本邑旧称新城，今改黎川，位于赣省东部。北接南城，南界建宁，东邻光泽、泰宁，西交南丰。南北长约百十里，东西广约九十里，全部地质强半为斑岩、花岗岩所组成。南岭干脉自南而北，迨及本邑则蔚然为大杉岭，而与福建分界。境内之鹅峰岭、马鞍岭则其余脉也。地势自南而北渐渐倾斜。故本邑为半平原之地，为一片绝好之大农场。

二、水陆交通

本邑僻处内地，群山阻隔，交通甚感不便，所赖者，唯一衣带水，几条管道而已，兹分述如左：

1. 水道——黎川发源于本邑东部边境，西流至县城，折向西北流而与盱江相会。川身全部狭小，兼以水浅滩多，不能通船只，只能通竹筏。然本地所产之木材山货，均赖此输送出口。

2. 陆路——本邑陆路，东南至福建各县，北至南城，西至南丰，均有官道相通，行旅往来，懋迁往来，均惟〔唯〕此是赖。其所用之交通工具，除挑夫而外，只有羊角车而已，幸南黎汽车公路，不日通车，此后交通，当非昔比。

三、经济概况

甲、私经济

1. 土地——土地为生产之母，设无土地则无生产可言，故述经济之初，当以土地开始。本邑土地不下九千方里，虽肥沃不齐，然均可种植，而不毛之地，则绝无仅见，自然条件之优裕，不亚于本省其他各县，宜乎在未遇匪祸以前，人民均得鼓腹含食之乐也。其土地之分配，因无相当资料，不能列举。但据各人所云：本邑固无田连阡陌之大地主，亦鲜贫无立锥之贫民，只以本县遭劫收复未久，欲调查其农田之分配若何，殊觉无法进行，是为憾事。

2. 人口——在未遭劫以前，本邑人口，号称十二万，每【平】方里不满十二人，与国内沿海各县相比较，诚瞠乎其后，故本邑非但无人满之患，且有地广人稀之称。此仅据劫前统计，今则物是人非，已非昔比。就第一区调查所得，一区内流亡失散者五百余口，被杀害者七八百人。其他各区现尚未调查完竣，且富商大贾，若非社会绝对安定，均不愿重返故里，此后人口之锐减，已为当然之事实，苟非十年生聚教训，决不能回复固有之状态也。

3. 商业——本邑虽僻处内地，而商业之繁盛，则过于南城，因此地毗连闽省，闽之泰宁、建宁、光泽、邵武等县之商品，均取给于此，故此地以居间取利之商人占多数。在未被匪祸以前，全城商店大小约四百左右，以山货、布疋〔匹〕、粮食铺占多数，商业资本每店自二万元至一二百元不等，商人因信仰关系，善于周转，每店每年有做至十余万元至三四十万元生意者。今则街市冷落，市况萧条，虽利之所在，趋之若鹜，究之豪商大贾仍感社会安宁未复原状，趑〔趔〕趄不前。仅有为衣食所迫之小商人，乘此时机，撑持市面而已。

4. 工业——本邑工业尚在手工业时代，工人均有自备之生产工具，常年或按日受雇于雇主，工资零工每日自二角至六七角不等，年工每年自三四十元至七八十元不等。伙食均由雇主供给之，其待遇尚不甚苛刻。工人总数虽在劫前亦无相当统计，现在则流亡者流亡，从匪者从匪，尚未恢复正常状态。至于工人成分，则以制烟制纸为最多，店员次之，缝工、木工则为数甚少。

5. 农业——本县人民以务农为业者，在全人口中占百分之七十以上。出产以谷为大宗，木材、烟叶、香菇次之，冬笋则仅足自给，而无运销邻邑者。至于农民成分，以自耕农及半自耕农占最多数。本邑田租分配则各地稍有出入，在正产全收中，有佃业各半者，有佃六业四者，其副产物，则概归佃农，地主亦无额外需索。

乙、公经济

1. 财政——本邑因县府被匪焚毁，所有财政档案荡焉无存，一时无从查考，据县政府中人云：劫前每年田赋可收十余万元；现以册籍尽付浩劫，无从开始征收，一切费用，均由财厅拨给，故财政至为窘乏。

四、社会概况

1. 家族组织——本县因地理环境之关系，宗法社会尚未尽解体。虽经此次匪徒之大破坏，仍未损失丝毫。其特征：一住宅建筑多取大家庭制度，同居者多系有血统关系者；二所崇奉之宗教，犹为宗族时代之拜祖教，虽无严格之仪式，而朝夕在宗祖神位焚香点烛，无形中仍存拜祖教仪式之残余；三言语方面则完全相同，尚无外来语与之掺杂。基上特征，则本邑家族组织，尚滞留于宗法社会。

2. 风俗习惯——风俗习惯之变迁与社会组织互为因缘。本邑社会既如上述，故旧守迷信之风甚盛。试观匪徒一去，则星相道士卷土重来，重理旧业。回家未久之难民，在理应重整家业之不暇，无如问卜拜忏之风，乃踵匪风而蠭起，迷信之风于此可见一斑矣。惟居民均甚俭朴，女则荆布土钗，男则布袍芒鞋。据商会中人所云，本邑各大布号，每年所售出各货，均以棉织品居多（近山者朴）关于黎川居民而益信。

五、政治概况

1. 县政府——县政府已遭焚毁，现在暂借民房中办公，县长李屏山任事未久，人尚能干。府内仅设行政、司法二科，一切正在草创，目下重要事务除办兵差外，其他政治设施，即保甲与义勇队之编组而已。每月经费一千二百七十三元，向省库支领。

2. 区公所——本邑共分六区，各区公所现已分头筹备，其筹备就绪者仅第一区公所而已，区设区长一人，区员一人，书记二人，区丁二人，每月经费百十元，亦由省库支给。

3. 保甲情形

本邑办理保甲以区为单位，在六区中惟〔唯〕第一区办理完竣，其余尚在加紧进行，第一区共四十六保，五百余甲，保设保长，甲设甲长，为办事便利起见，每六保设一联保办事处，处内设主任一人，书记一人。

4. 自卫武力

（一）保卫团——本邑保卫团之组织颇称完善，总团部设城外南津街，团长由县长兼任，计辖四中队。每队有团丁百余人，枪九十支，武器均堪使用，团丁均系本邑人民，对本邑地形，均甚熟悉，以之剿匪，颇能发挥其效能。

（二）铲共义勇队——本邑预定计划，十八岁以上，四十五岁以下之男丁，均编入铲共义勇队，全县均在进行中，其编制就绪者，仅第一区而已，该区计有壮丁三千九百十五人，均已编成义勇队，现已轮流分派各交通路口，担任往来行人检查及守护任务。

5. 教育情形——在未遭匪劫以前，本邑教育尚称发达。全县有小学校四十余所，学生二千余人。今则号称全县最高学府之县立完全小学，已成焦土，其余各小学，亦无一幸免者。现仅有第五、第六两师政训处在城区各办一中山民众学校，略为残局而已。

六、党务概况

本邑在未被匪陷落以前，成立正式县党部。全县共有正式党员一百三十六人，预备党员尚未征收，计区党【部】五，区分部十五。现因流亡之党员尚未返里，故各区分部，尚未恢复，仅县党部暂在商会开始办公而已。

七、民众团体

本邑民众团体，现已无一存在，惟〔唯〕县商会巍然独存，目下已开始商店登记，因会内公费无着，欲向商家略取登记费，商人视钱如命，前往登记者，尚寥寥无几。

八、匪祸之回顾

土匪欺骗之手段，不仅标语口头之宣传，且有现实之表演，以双管齐下之欺骗工作，无知民众，未有不堕其盅中者。当廿二年五月间，黎川第一次被匪陷落时，富商大贾，惴惴不安，以为生命财产必被摧残，讵知匪兵一至，对于大商铺，非维不加侵犯，且派兵保护，不准匪众擅动分毫，无知商民，不知奸计，乃喜形于色，且有误认匪徒为救世军者。所幸仅二十日即被克复，地方损失，尚属无几。居民经过此次欺骗，各无戒心，均以匪来与民无涉，不意二十一年十月间第二次被匪陷落，匪徒立现其本来面目，烧杀掳掠，架票勒赎，无所不用其极。本邑此次损失之巨，就城区一区，约百万之多，其余各区尚无调查统计，总计损失亦当屈指难算，即现县市住户铺房为匪焚毁者，到处皆为破瓦残砾，诚令人触目心伤也。

九、劫后补救

本邑自经国军克复后，各地流亡已纷纷回里，重修旧业，幸所有经界，尚未被破坏，土地方面不致发生纠纷。物归旧主，较易办理，惟〔唯〕春耕之期，转瞬即届，一无生产工具之农民，仍束手无策，现为补救此种缺陷，已设立清乡善后委员会，聘任委员三十余人（每区至少一人至多不能过七人）、常委五人常川住会办公，其余各委现已分赴各区工作，晓谕民众，使其将种植所必需之物，如种子、耕牛、农具等。开单送交区公所，由政府代为购置，以便春耕应用，此为劫后之重要补救办法也。

十、封锁情形

本邑封锁匪区管理所，在本年一月二十日后才正式成立，规定全县暂设五个封锁匪区管理分所，一区设城区，二区设石峡，三区设熊村，四区设东山，五区因匪氛未靖暂缓设，六区设钟贤。并在封锁匪区管理分所所在地，各设食盐、火油公卖分会一所，且于各区规定设置检查卡计，一区六处，二区五处，三区五处，四区六处，六区七处，然正式成立者，仅一区之吕安亭、鲤潭桥、横港桥三处而已，其守卡任务，有保卫团者，由保卫团担任，无保卫团者，即由义勇队任之，其经费由发给购买证、通行证收入项下开支。封锁事宜，由县长总其成，以各区长副之。因办理伊始，关于全县人口及销售油盐数量，均尚无统计，正在进行调查中。

十一、结论

黎川被匪盘踞，为时一载，全邑文化摧残殆尽，本会同人，际兹丧乱之余，来此驻扎。对于本邑社会，原欲作详细之调查。无如合邑掌故——上至县志下至档案——诸多无存，且又全境恢复，仅五阅月，东南散匪尚待肃清，农村状态，犹未恢复。欲求一熟悉乡村情形者，而问之而不可得。有此困难，故调查工作，殊形棘手。兹仅就见闻所及，草成是编，简陋之处，理所固然。倘然假我以时日，当再作详尽之调查，以就正于大雅，本篇之作，是其崖略耳。

查田运动中必须克服的现象

邦　华

　　拿闽赣铺前的查田运动来说，一般的是没有获得大的成绩的。这里没有别的原因，而是有下面的许多严重的现象。

　　（一）省委派去的突击队员没有了解这次突击的主要任务，只简单的收买粮食（当然粮食是要的），事实上变成了收粮食的突击队。在突击的每人报告工作中，只说了些粮食如何收买，对查田查阶级很少提及，或者根本没有提到（大概突击队的同志是忘记了查田）。铺前的贫农团起来要求查田，说田没有分好（将屯乡）；反动地主尧水仍在乡苏门口造谣说："不要查田。"乡苏副主席反而向他说："分都没有分好，查什么田。"以还〔还有〕反革命放肆的在夜晚打枪。这些事实，突击队的同志们是没有注意到的。

　　（二）突击队里混入了阶级异己分子。谢运金（即建宁县妇女部长）是一个地主出身，工作完全消极怠工不做实际工作，天天到建宁县衙上找爱人，并且贪【污】慰劳红军的钱八九元。这样的地主竟还没有滚出去。

　　（三）最大的阻碍定是李康的机会主义动摇。李康是铺前的变后，县委派他去代理党区委书记，他到该区根本没有负责，完全不相信铺前群众和干部，说："没有武装，他就不敢工作，说群众都不好，干部找不到。"在半个多月工作中，不在下层领导群众，坐在区委机关的官僚主义，对突击队工作不检查。突击队同志叫他开会，他都说没有时间。县委派去的同志向他斗争，他说："你也是县委派来，我也是县委派来，你如何斗争呢？"对群众一切要求不去解决，这种分子是与余□文的机会主义一个样子。突击队还没有向他作必要的斗争。

（四）突击队没有去抓住多种组织去推动基本群众。因此，铺前的变后（本月初），到十七日区委除李康外没有一个人。区苏也只有主席，各乡除黄州外，其他各乡没有人负责。其次党团支部只有黄州〈了〉一个，贫农团、赤少队更说不上。突击队的同志和李康也不去管他。

有了这些严重现象的存在，正可以解析为什么铺前查田运动没有得到必要的成绩。现在我们要继续开展查田运动，在彻底解决土地问题的基础上，领导广大群众参加战争。为了这个缘故，必须与机会主义官僚主义及一切阶级异己分子，作严厉的斗争，克服这些查田运动的阻碍。

我们的党，很早就正确的指出了查田查阶级是一个最残酷的阶级斗争。（原文以下缺）

（原载《青年实话周报》第三卷第十七号，1934 年 4 月 1 日出版）

省委给中共南丰县委的一封信

中共南丰县委：

二十六日来信收到。

一、现在敌人正以大力向广昌进攻，南丰已成为敌人进攻广昌的后方，现在南丰党的任务是为"夺回广昌□□^①南丰苏区"而积极的动员与武装群众：发展广泛游击战争，深入敌人堡垒之间与左右翼和后方活跃起来，迫〔破〕坏敌人守备薄弱的堡垒，切断马路与运输，疲困牵制与打击敌人 配合主力红军取得决战的胜利，保卫广昌恢复南丰苏区。

二、过去南丰县委就是在组织与武装群众发展游击战争这一中心工作上表现得异常不好，以致敌人逼近一步，便后退一步，形成无抵抗退却，以致放弃南丰苏区，现在虽然你们武装了工作人员与动员保卫□□^②发展游击战争，但你们在武装群众发展游击战争上是没有做任何工作的！甚至以为敌人占领沙咀距付坊不远了，使我们游击队行动困难，区一级机关又想搬家了，这表现〔明〕你们还没有最大的决心来动员县区各级机关领导与武装群众坚决的与敌人作坚持的武装斗争，你们如果认为在没有敌人的地方去发展游击战争才有可能，这同样是机会主义的观点，中央及人民委员会给战区党与苏维埃的指示信很清楚的指出："即使自己的地区已被敌人占领，也绝不向苏区里面逃跑，而应留在敌人翼侧和后方活动，以争

---

① 原文如此。

② 原文如此。

取整个战争的胜利。"南丰党必须以布尔什维克的顽强性、坚持性依靠南丰全体党员干部及广大群众的积极性，武装他们，领导他们在敌人翼侧和后方活动，坚决反对看见敌人一来便向苏区里面逃跑的可耻机会主义。

三、南丰党要根据中央信战区党与苏维埃的指示，详细讨论具体执行在战地委员会指导之下，从实际工作中来反对退却逃跑的机会主义，目前必须团结县一级干部，在保卫队掩护之下，找可靠的响〔向〕导，以夜间的行动坚决的进到付坊、千善去，领导这两区的群众，在敌人侧后方进行坚决的斗争！

中共省委

1934 年 5 月 1 日

闽赣战地委员会武装保卫秋收的计划

一、秋收是我们农民群【众】一年辛苦的结果，一年的粮食和幸福都在于秋收来决定。今年的秋收快要到了，帝国主义、国民党蒋介石、地主刀团匪及一切反革命，正在积极要来掠夺与蹂躏我们的秋收。因此，今年的秋收，是残酷的阶级决死斗争，在武装保卫秋收总的口号下，我们要把"武装起来发展游击战争保卫秋收""武装消灭刀团匪，保卫秋收""彻底分配土地保卫秋收""杀死收租地主肃清反革命保卫秋收""不让一粒谷子落到国民党白鬼子的手里""收集每粒谷子保证红军给养，改善自己生活"等口号，在群众中、在红色战士中及一切组织中，进行充分的宣传工作，彻底粉碎敌人所谓"国军保卫秋收"的口号，实际是保卫豪绅地主回来割禾收租，屠杀工农，恢复反动的血腥统治的欺骗宣传。省一级及各级宣传机关须用各种深入群众通俗的宣传方法，如化装讲演，演新剧、歌曲，浅显传单标语，宣传动员最广大群众武装起来，组织起来。要肃清刀匪团，彻底分配土地，来保卫秋收，为保卫秋收彻底粉碎敌人五次"围剿"而斗争。

二、地方武装的动员，军区、分区及县军事部，应立刻根据下列方针分别给各部的具体任务：

（1）立即在一切脱离生产的地方部队和游击队指战员中进行发展游击战争，武装保卫秋收的政治运动，政治部须完成武装保卫秋收的政治教育材料，召集党员和干部会议，报告武装保卫秋收和每个部队目前的具体任务。在这些必须要的政治工作中，使每个红色战士了解武装保卫秋收，发展游击战争的意义，要保卫秋收，只有积极发展游击战争，肃清刀团匪，彻底粉碎敌人五次"围剿"。经过武装保卫秋收的动员，使各部队更坚强巩固起来，扩大游击战争以消灭刀团匪斗争，更积极地发展起来，完成八月份肃清刀团匪计划来保卫秋收。

（2）一切部队都须根据上级给予的具体任务，更积极的行动，在钳制敌人大部队，打击与消灭敌人的游击队部队和刀团匪，及捕捉敌人的割禾队及收租地主，武装群众分配土地等总的方针下：

在刀团匪活动区域，部队的行动，依照总的消灭刀团匪计划，应更坚决积极去迅速完成八月份肃清刀团匪任务，区委工作团突击队，更应当以武装起来消灭刀团匪，分配土地，保卫秋收的口号发动广大群众，组织并武装起来配合行动，在"欢迎被刀团匪胁迫的群众回来分田割禾"的口号下，争取被欺骗胁迫加入刀团匪群众回来，未分配土地的地区，须立即领导群众分配土地与青苗，武装群众，扩大游击队、赤少队、建立政权，保卫秋收。

在敌人封锁线附近部队，须积极游击、穿插、打击敌人割禾队、抢谷队，截击敌人的粮食运输，领导组织群众坚壁清野，领导和掩护被占领出来的群众回去割自己的禾，把谷担来苏区。

挺进白区部队，更应当扩大游击区域，领导群众秋收斗争，反对地主逼租，繁殖新游击队，发展群众游击战争，加紧对白军宣传，吸引白军士兵变来参加游击战争。

三、武装群众及赤少队的动员，赤少队和模范营是群众武装保卫秋收进行割禾的基本力量，应在武装保卫秋收的动员下，加紧争取迅速八月份扩大赤少队突击计划数目字完成和超过，为了使广大群众都加入赤少队，都武装起来保卫秋收。

①须立即在党团政府、工会、贫农团、妇女代表等组织中，特别是现有赤少队中，进行充分的武装保卫秋收动员，使每个群众、每个赤少队员，深刻了解只有武装起来才能保卫秋收，深刻了解保卫完满秋收与分田胜利，就更要配合红军游击队行动，加入红军游击队去消灭刀团匪，彻底粉碎敌人。

②党苏维埃及动员武装部须立即在保卫动员中，要加紧去进行武装保卫秋收的组织工作。区县赤卫军司令部、大队部的组织和工作，须切实建立并健全起来，有计划的召集赤卫军少队干部会议，有计划的分配好的干部到群众中去领导群众，武装起来保卫秋收。

③赤少队尤其模范营队，须要在"武装肃清刀团匪，分配土地，保卫秋收"的口号下，积极配合游击队独立团、营进行肃清刀团匪及登山的土豪、反革命等斗争，从斗争中去训练与加强起来，积极的发动群众自己制办武器、鸟枪、梭标〔镖〕、土炮、地雷，使他们在斗争中、生活中相信自己武装保卫秋收的伟大力量。

④在武装保卫秋收的斗争中，各县、区、乡、村党及政府和军事机关须立即组织秋收的号炮联防，与秋收的赤色戒严，首先就在均口中心区、彭湃的城市、芒中桥、红家围、营上及各工作团，泉上的邬村、泉上、泉下、店上山，宁化的各边区等实行，有警时，即集合群众武装赤少队，向着有敌人方向进攻。

四、秋收区域与劳动力的调配。

①第一个区域是建宁之尖峰、罗元口、畲家坊、双溪口、兰溪、黄岭等区，接近敌人封锁，不仅团匪扰乱要来抢谷子，白军也必然会出来抢群众的谷子。第二个区域是安远市、水茜、庙前、均口、店上山、邬村、泉上及清归一带有刀团匪扰乱，地主反革命登在山上屠杀革命群众。第三个区域是百里、何龙、排中沙、伍家坊、营上、洪家围、安远、都上等区，也是刀团匪扰乱厉害的区域。第四个区域是宁化地区。就这些地区来说，宁化秋收较早，政权较巩固，出产亦较丰，为闽赣秋收第一等区域，地方武装必须按田〔照〕各方面不同情况及秋收前后，去布置切实配合武装保卫秋收的总的军事行动，战委除加紧对各区域秋收领导与动员外，宁化为闽赣秋收中心，彭湃为战委所在地，秋收当特别注意，加紧其领导。

②劳动力调剂就是大家有计划的来大家出力，来互相帮助收割，这在武装保卫秋收是非常重要的，可规定以乡为单位立即进行

宣传动员与组织，禾后成熟的帮助先成熟的收割运输，安〔全〕地区首先帮助战区及刀团匪扰乱地区收割，转身就帮助后成熟的及安全地区收割。同时在武装保卫秋收动员中，要把男女一切劳苦群众，都吸收到收割战线上来，增加秋收割禾晒谷运谷等力量。

调剂劳动力，不是强迫的，只有对地主富农才可而且必须执行强迫，对劳苦群众要领导他们自动热烈的来互相帮助，除了县、区党政府立即领导各乡具体讨论劳动力的办法，组织劳动互助社外，均口、苦竹山等乡须先武装帮助黄岭将军庙收割，都上帮助兰溪、罗源，牛栏坑帮助黄泥铺，中畲帮助尖峰、水南，宁化中心地区更须武装帮助刀团匪扰乱区收割，边区刀团匪扰乱区可以提早些收割，割完了即来帮助中心区收割，无论边区刀团匪扰乱区或中心区，都必须注意，首先收割红军公田、红军家属的田及一切公田的谷子。

一切脱离生产的部队，除武装在前线作战保卫秋收的部队更积极消灭敌人外，其余各部队都必须就地帮助群众割禾，各机关一切脱离生产工作人员，每礼拜六必须参加当地割禾，尤其要注意帮助红属收割，使每个群众、每个红色战士及工作人员了解收集每一粒谷子都是为了争取改善自己生活，充裕红军给养，彻底粉碎敌人五次"围剿"。

五、保存谷子与运输，万恶白军不仅是来抢禾，而且重要的是来抢谷子，因此我们在武装保卫秋收运动中，必须注意把谷子运到安全地区来保存，要充分的向群众解释清楚，使广大群众自动把自己的谷子运到安全地域保存起来，红军公谷及一切公谷的保存和运输更要注意和努力办法，由省粮财委员会另行通知。

〈2.〉在接近敌人封锁线上一带地区，应进行坚壁清野，在禾将近成熟免〔勉〕强可以收割时，就迅速动员最广大群众尽日尽夜把禾割尽，在敌人堡垒射击范围内，黑夜的去割禾秒（有谷的一节）回来也好，谷子要运到安全地带保存，现在就要积极具体计划各自存谷地点，充分布置，在割禾就随割随运，不让敌人抢去一粒谷子，被占区难民割回自己的谷子，可以经过群众意见采取共同分配办法，反水、富农没收为公（限于反水本人的）逃跑群众谷子如是全家逃跑，经过当地群众的赞助，由乡苏登记保存，回来时除扣工资外其余发还，有家属在苏区的应归家属，被处死刑的反革命分子，本人的禾可没收充公。

六、战委为了武装保卫秋收，特组织武装秋收委员会，决定以邵式平、彭祜、胡国杰、郑亦胜、刘邦华、杨长生、胡德兰为委员，专负其责，军区肃委各群众团体及县区乡党苏维埃接着计划，立即讨论出自己在武装保卫秋收中的具体计划，县区须照中央指示，立即组织委员会，经过委员会讨论，党苏维埃军事机关对秋收动员的分工，须依中央决定进行，计划决定后，就要切实推动和执行，随时注意检查执行程度，把计划和执行情形随时向上级报告。

闽赣战委

1934 年 8 月 6 日

闽赣战地委员会关于武装保卫秋收
拥护红军北上抗日的决定

（1934 年 8 月 7 日）

　　为了迅速把战委武装保卫秋收计划与拥护红军北上抗日宣言更具体实际的深入到每个党团员与广大群众中去，造成全省的广大群众热烈运动起来，因此我们有如下的决定：

　　1. 各级党团苏维埃及一切革命群众团体及军事系统，必须根据战委本月六日武装保卫收秋计划与"红中"（二二一期）为中国工农红军北上抗日宣言等文件，经过党及各种群众组织一直深入到下层群众中去，并根据当地实际情形讨论，定出自己的具体的执行计划，使每个工人农民及一切劳苦群众都武装起来，组织起来，行动起来。

　　2. 战委决定本月十五号举行全省武装保卫秋收与拥护北上抗日的群众大会，彭湃县、安远市、芒东桥、营上、红家围等区以县为单位举行群众大会，其他各县区以区或乡或以村为单位，由当地党决定。事前要有充分组织工作，必须要到群众中去，保证这一运动胜利的开成功，纠正过去只下通知，毫无准备、无组织、无布置的错误。

　　3. 武装保卫秋收与拥护红军北上抗日伟大运动，必须以党前面的一切战斗任务密切联系起来，发展广泛游击战争，武装群众，扩大游击队独立团营，彻底肃清刀团匪，立刻解决土地【问题】，收集粮食，肃清一切反革命活动，特别是扩大地方武装与赤少队的突击计划要保证胜利完成。在红军、游击队中，应该加紧巩固扩大新战士的政治工作，提高军事技术，巩固提高军事纪律。经过这一切动员，使每个革命群众及红色战士清楚了解武装保卫秋收与拥护红军北上抗日，更实际的积极的为完成当前任务而斗争，为彻底粉碎敌人五次"围剿"而斗争。

希将执行情形请告战委。

闽赣省工农检查委员会
给泉上、清流二县检委会的指示信

根据你们过去的工作报告，对你们目前工作有以下的指示：

闽赣的环境是处在战争比较前面的区域，苏维埃的战斗任务也更加重大，但是我们要使苏维埃政府及地方部队能负担目前的战斗任务起见：

（一）首先是你们县一级本身的检举要及时在敌人的进攻前面，那些只看敌人力量发展的悲观的分子及那【些】在工作紧张中不能吃苦耐劳细心教育干部的官僚主义，特别在【其】中表示不负责的消极怠工、贪污腐化分子，这里就是在你们县一级本年的开展检举是有重大意义的。① 的检举外，还须加强游击队独立营中的检举，在这方面的检举应当在行动上，如消灭刀团匪去注意干部的考查，这是地方武装中的重要任务，行动上是否坚决执行阶级路线，是否有动摇的行为，并且要提高地方武装中的政治军事教育，尤其是要消灭其中逃跑反水的恶果。进行地方武装的临时检举，你们首先须合〔协〕同游击队司令部或政治部共同组织突击队，进行各个游击的突击。

（二）苏维埃及地方部队中的检举须特别注意的，我们的检举不仅是揭发坏分子，给坏分子以打击，而主要的是要发扬干部的积极性，团结好的干部，把坏的分子洗刷，在〔把〕斗争中表示坚决

---

① 此处有十余字不清。

努力的干部提拔起来，这是转变我们工作的基本方式。

（三）你们在检举中的工作方式，要防止平均惩办制度，在检举某一个坏分子【时】，应注意犯错误的同志是否偶然还是一贯来的错误，还是新干部或者老干部，是阶级异己分子还是工农分子，这里应有分别的处置，对有〔待〕偶然犯错误及新干部犯错误的同志，应在〔该〕耐烦的细心的去教育和说服他们，并且要帮助那些新干部或工作不懂得的同志的工作，经常与他们接洽，从各方面去与他们谈话，使他们能对错误彻底了解，这方面你们须要多用点功夫。

（四）在检举的基本方面须要彻底的转变，反对过去专找个人对象，不从党与苏维埃每一个号召的决定与命令的检查，这是很少的。特别是清流县检委主席每天吃了饭检查路条，及调查地主富农，这是根本失去我们检举的原则和重要意义① 去领导突击队的工作，消灭刀团匪。军事部怎样组织赤少队和动员赤少队配合红军及消灭刀团匪工作，特别是对于赤色戒严工作，军事部是否按照军委的决定，五里一哨，二哨之间建立游动哨，号炮制度是否建立好。在扩红中是残酷的阶级斗争，豪绅地主富农及反革命分子必然要采取各种办法来破坏我们，但在这方面须检查裁判部对反革命的镇压是积极或者放松的现象。目前粮食的动员（运输保管仓库的建立），应当检查粮食部是否按中粮部关于运输保管仓库工作指示在那里执行，应从这方面去检举，这是我们检举的基本任务。

（五）关于检举运动的结束期〈间〉，你【们】须在月底应做总结，不要无限期的检举运动，在检举结束后应把你们在这运动中有些什么错误和缺点存在〈，〉及得到了些什么工作经验，你们在斗争中工作得到了些什么转变，转变在什么地方，在斗争中对干部的提拔多少，干部积极性提高到如何程度，应当清楚的作总结，应根据总结定出今后的工作方针。

---

① 此处有两行文字不清。

你们本身的组织须在这斗争中全部健全起来□□的工作报告，在这检举运动中限二天做报告一次，使我们更了解你们的实际情形，更能给你们具体的指示。

你们接这一指示后，须立即开会讨论，将讨论的经过报告我们为要。

此致

省检委会

主席　黄政生

1934 年 9 月 24 日

宁化县苏军事部对扩红工作
给各区军事部的指示信

在革命战争紧急关头的前面，对扩红工作动员机关，应集中全部力量，动员广大工农参加革命战争，为争取宁化扩红依期完成而斗争，来粉碎敌人的五次"围剿"，争取革命的完全胜利。

这次扩红工作，由昨日检阅起来，得到了大部的成绩。如丁坑口、南城堡区军事部长，晓得以这一工作是自己的中心任务，就抓得很紧，并且在动员方面，肯从组织上去进行，所以得到很大功绩。然而，在成绩当中，有个别军事部长，特别是县军事部长副部长，发生极大的不好的坏现象。练定横镇区乡代表，贫农团主任，每个要扩大几个，否则要他自己去扩大红军。方田区也在命令新战士集中，石碧区自己的扩红工作做不到，就来向乡主席拼命，甚至扣留了乡主席，以自己的意见，不经过群众来没收地主。横镇区送二个老兵来，在路上故意放他逃跑。这些强迫命令与官僚主义在进行工作中造成了群众逃跑【现象】。这里认为，他不但没有帮助动员，而且阻碍动员实现。这是绝对不可容许的错误。所以，在突击队检查会中，开展严厉的思想斗争，撤销了他的突击队长及军事部长职务。我们为要把这一斗争普遍的开展到下层去，有保证的完成突击工作，因此有如下指示：

（一）县军事部副部长曹永和在工作中强迫命令的错误，应在每个会议中详细讨论。进一步检阅自己的机关中是否有犯这些错误的。

（二）争取群众加入红军，我们第一要反对强迫命令与官僚主义，须用扩大宣传特别（挨户）召开会议，以革命战争的紧张，尤其是刀团匪的抢劫，并以自己得到利益不被敌人夺回等，多多解释，多多说教，实际的深入下去，做到每个群众都了解。

（三）扩大新战士，一定要由组织上去动员。如赤少队中召集军人大会，以区或以乡为单位，加紧几连几排为中心，首先争取几个最积极干部或党员，在连、排、班中起领导作用，尤其在大会中带领报名加入红军，不使到零零碎碎动员不了的不好现象。这是最主要的条件。

（四）报了名的新战士，马上要集中，切不可延长时间。因为防恐阶级异己份〔分〕子的破坏与鼓动，或者有个别老婆或母【亲】等〈的〉亲属来拖尾巴。

（五）集中的时候，立即须进行检举。如果有阶级异己份〔分〕子及太老太小，或者有厉害病的，不必送到县军事部来，免得浪费公家经济〔费〕。尤其是新战士的被、毯、碗、筷、草鞋，老早都说过在本区应该要解决，自该你们要彻底尽力去设法。

（六）报告制度你们须要注意，如扩红工作得到什么成绩与经验，那就可以帮你发扬出去，尤其是可给区学习。如工作有什么缺点与错误，就可指出你们的纠正，所以是十分要紧的条件。这里应指出的方田区如过去不报告一点，所以发生很多不好的问题，都由于报告制度不实行。

除以上指示外，各区或者因联络地方情形要增加新的意见，可取得扩红工作的完满成功者，希努力的用出来为要。

此致

部长　廖焕彩

【1934 年】9 月 24 日

宁化县红军家属代表大会

宁化县红军家属代表大会开幕志盛。

十月十五日上午十点钟，宁化全县红军家属第一次代表大会开幕了。

到会代表共六十一个，另有两个不是正式红属代表，全体红属都兴奋有秩序的坐在会场，其中党团员占三十六个，妇女较男子要多些。

筹备会报告了大会筹备的经过，接着选举了大会名誉主席团——博古、朱德、毛泽东、罗迈、张闻天、王稼蔷、凯丰等七同志，同时又选举了大会正式主席□□□、赖昌作〔祚〕、张荷凤、杨昌椿、张禾秀、张德兰、夏天立、丘口辉等七同志。

大会主席团就职，通过了红属代表大会的日程表、开会的规则。

赖昌作〔祚〕同志的政治报告：

第一是关于目前的政治形势，说明国民党的统治动摇崩溃，苏维埃与红军的巩固扩大，国民党的无耻卖国，红军粉碎了敌人的一、二、三、四次"围剿"以及在五次"围剿"中获得伟大的胜利，同时联系到说明：（一）在地主资产阶级统治下我们的痛苦怎样；（二）现在苏维埃新社会下得到了什么解放和我们各方面的胜利。

第二是关于在五次"围剿"中我们无论如何要争取胜利。【因为】我们有了广大工农群众的热烈拥护，有了共产党的正确领导〈，〉以及我们在五次战役中所获得的胜利，抗日先遣队的出动等。

第三是红军在目前的形势下的任务与响应瑞金红属模范公民的七条件，作了极大的称赞，并鼓励了他们今后工作一定要实现红属模范公民任务：

（一）红属的模范公民要领导着发展群众游击战争，加入赤少队，强大我们的地方武装，彻底消灭刀团匪，粉碎敌人五次"围剿"！

（二）红属要热烈参加生产，加入耕田队、优红委员会，自己管理自己，更进一步改善自己的生活！

（三）在扩大红军的浪潮中，过去发现有个别同志开小差的现象，我们为了强大我们的力量，争取决战的全部胜利，红属要起模范公民的领导作用，加紧归队运动，不准一个开小差分子躲避在家！

（四）红属应要参加苏维埃各种团体，加入优红委员会、反帝拥苏、女工农代表会、工会等。

（五）为兴奋前线红色战士杀敌勇气，全体红属代表一致通过给前方战士一封信，并要做到每月写一个〔封〕信给红色战士。

（六）红属代表大会组织慰劳团去慰劳前方红色战士，多做草鞋慰劳前方战士。

（七）为消灭文盲，提高我们的文化政治水平，红属要加入列小学校、识字组、补习夜学校去读书。

赖昌作〔祚〕同志这一报告，兴奋了全体红属的热忱，于是他的报告完毕后，全体红属的口号声鼓掌闹洋全会场。

（选自闽赣省委机关报《红色闽赣》第四期，1934 年 10 月 15 日出版）

江西纪游（节选）[①]

（1934 年 11 月 6 日）

夜来既与南城道歉意，言明日先往黎川，午后一时再返达南城，遂于二十八日晨五时，自南丰起身，于午前九时即抵黎城，黎川驻军已接行营电知，以军乐队来迎送。予询知此城驻军系近数月自河南调来防守者，无特别访问处，乃赴其司令部拜访，而张肪总指挥又在南城，与其副官略致谢意，遂辞出与黎川李屏山县长出而参观县城，并访问一切。

李屏山县长，福建人，亦一老教育家，曾任中学教员近十年，因习法律，故后为军法官，以铁面无私见称于同事，故陈诚熊式辉特请其任此繁缺。予细询到任经过。李县长云：请以六事奉告：（一）初任。兄弟到任系本年一月，是时匪又来，几入城，幸被打退。秩序至待恢复，兄弟初与城内士绅办公于城外高山，匪退始入城，而公署已被匪拆成空地，遂寄寓人家，开始县政，县政在匪搅乱时，本有一善后委员会，系本城士绅组织，兄弟见其人多而不办事，且意见分歧，徒拥虚名，而耗薪资，乃决意解散之，选其中能办事者数人留署中办公。其时匪将地名〔十二都〕[②]之镇市完全焚毁，而逃亡者聚集城厢，兄弟独负安抚之责，一面又须剿匪，最费力者则为保甲与碉堡二事。（二）保甲。协剿工作，以保甲为第一急务。此县人民不大勤苦，而畏役尤甚，绅士又不大努力，故编练

---

① 本文系节选该文的第六部分"黎川南城"（第 41—45 页），作者李璜。

② 原文如此。

保甲壮丁皆须兄弟亲自各区着手，费三个月之力，始编练出六千余壮丁，可以听用。（三）碉堡。兄弟虽在军队作军法官，而于军事学殊浅，行营以后方筑碉堡及培修责任完全付之兄弟。因此要求有效办法，亦非兄弟亲身研究并亲身监督工作不可。以一月多之奔驰，修筑及培补之碉共三百六十个，皆教壮丁以守法，而一一守之。（四）修路。行营认军事前进之把握，在后方路政之良否，而修路齐集民夫及监督工作皆系县长之责。自南城至黎川之路，并至黎川至光泽之路，一须培修，一须新筑，特别新筑之路，兄弟在六月伏暑为之。每日监工赶造，而行营无限期间，又不须稍行苟且，故时时都非自己监督，令不得懈怠敷衍。路铺筑毕，而兄弟大病矣。体既不支，两次辞职，不获许可，只得继续干活。在路政一端，刻下正从事于两大桥梁之建筑，因为军事上有关系也。（五）恢复农村。匪在黎川，焚杀稍不大，因黎川民性懦怯，无所反抗，惟〔唯〕十二都一处略反抗而被害耳。故黎川农村尚易恢复，且黎川农产物甚富，纸、水烟、烟业〈，〉及米粮均向福建出口，又黎川为江西产物运销福建要道，从前闽赣土货交易多以黎川为中心，故大商甚多，富力甚厚，不过乱后，此辈大商多不可归，故生意乃未能恢复。兄弟在注意整理黎川农产，务使其仍能畅销出口。而元气始能恢复，兄弟办理生产合作社，即为恢复之张本也。（六）教育。黎川教育向来不大发达，乱后则完全停顿。兄弟初来，即认子弟非教不可，而学校经费乃无出，且校地多为匪破坏，完全不能用，乃科土劣以罚矣，专为恢复教育之用，并令商家，每家出几块钱，因陋就简，重行开办。但至今常费无着，随时均须兄弟设法，残破后之创造局面，不但费气力，尚须费脑经〔筋〕时刻自行筹划也。

谭〔谈〕毕，行往参观街市。黎川繁盛处只傍河之南津街一处，街甚窄，尚待改修，惟〔唯〕市甚繁盛，土货如海味、纸张、烟叶、雨伞〈，〉及粮食储货皆甚丰。李县长云：此种店，视之甚小，而旧日皆有数十万进出者。街头多负贩及设小摊者，故拥挤不通。李县长遇小摊设于屋檐外，而妨交通者，辄令其向内设。小贩见其蓝布大衫，又无听差，不知何人，瞠目视之。彼笑云：我是县长，尔认不得，此番说过，再碍交通，使受责矣！予亦笑云：平民县长，一番吩咐，胜于千张告示也，不过今之为县长而如此耐烦无官气如先生者实不多得耳！李笑云：教书匠做官，须不失本来面目，况在匪区，人民受过共匪麻醉，中国旧式之官吏面孔，恐为人民所窃笑而不服也。

时已十一时，因恐再误南城之约，欲行，而李县长坚约参观一保甲训练班。乃过江至训练处，是日正开游艺会，学员皆准备甚忙。予偕其训练队长汤君（四川邛崃人，黄埔学生）至会场略谭〔谈〕，即匆匆赴南城。

车抵南城正一点，尚不失约。而到北路总司令部中，晤副官处长茅猶功，参谋处长卢旭，言顾祝同总司令因事已赴闽，而张昉总指挥，张伯武专员皆因要赴南丰，不及招待为歉，予亦深道昨晚歉意，即用餐，餐后赴第八区行政专员兼南城县长公署，晤毕蔚如秘书，询问一切，毕君略述经过，即将公署新出之工作报告一册交予，予即告辞，毕君湖北人，系保定毕业老军官，而有行政经验者，因与川中老军官多相识者，故对川中匪患甚为关切，而再三言剿匪政治与军事并重，意亦可感也。

查田运动的口号标语 ①

（1）全苏区的工农群众团结起来彻底消灭封建残余势力。

（2）在查田运动中彻底解决土地问题。

（3）在查田运动中健全苏维埃。

（4）在查田运动中肃清反革命活动。

（5）在查田运动中发展贫农团。

（6）在查田运动中整理并扩大赤卫军少先队。

（7）从地主罚款富农捐款去进攻封建半封建势力。

（8）查田运动中坚决执行阶级路线。

（9）依靠雇农贫农、联合中农、坚决进攻地主。

（10）实行联□□□□□□中农的利益。

（11）□□农民群众的大多数为了彻底消灭封建势力而斗争。

（12）只有开展广泛深入的查田阶级运动，才能激发广大群众的积极性。

（13）只有开展广泛深入的查田阶级运动，才能彻底解决土地问题。

（14）只有开展广泛深入的查田阶级运动，才能铁一样的巩固苏维埃。

（15）只有开展广泛深入的查田阶级运动，才能彻底肃清反革命。

（16）只有开展广泛深入的查田阶级运动，才能最广大的扩大赤卫军少先队。

---

① 原件无时间。

（17）只有开展广泛深入的查田阶级运动，才能动员最广大群众参加红军。

（18）只有开展广泛深入的查田阶级运动，才能普遍发展合作社。

（19）只有开展广泛深入的查田阶级运动，才能普遍发展土地生产。

（20）只有开展广泛深入的查田阶级运动，才能普遍发展文化教育。

（21）只有各级政府的各部门一齐动员起来，才能开展查田运动。

（22）从广大的宣传中去开展查田运动。

（23）发动群众大家动手查阶级。

（24）通过阶级要开群众大会。

（25）发动本村本姓的贫苦群众，清查本村本姓的地主富农。

（26）地主阶级的土地财产没收一个干净。

（27）没收富农的土地及多余的耕牛、房屋、农具，分坏田给富农。

（28）没收来的东西，除现款外一概分与群众。

（29）那〔哪〕个村子没收的东西，多发给那个村子的群众。

（30）查田斗争中不要引起姓界斗争。

（31）发展阶级斗争，反对姓界斗争。

（32）发展阶级斗争，反对地方斗争。

（33）一切没收来的山林房屋鱼塘沙坝，迅速分与群众。

（34）一切阻碍查田运动的人要受到严厉的处罚。

（35）反对包庇地主富农。

（36）政府人员那一个对查田运动怠工，他就实际上帮助了地主富农。

（37）反对查田运动中的命令主义与形式主义。

（38）学习先进区域。

（39）学习兴国。

（40）学习瑞金的武阳区。

（41）学习雩都的新陂区。

（42）学习胜利的平安区。

（43）学习博生的黄陂区。

（44）学习长汀的涂坊区。

（45）学习上杭的才溪区。

（46）大家竞赛起来达到兴国一样的成绩。

（47）从罚款捐款进攻地主富农，中央苏区筹款二百万。

（48）公审大会上审判反革命份〔分〕子。

（49）积极动员破获一切反革命团体。

（50）动员群众搜查反革命隐藏的枪支。

（51）在查田运动的胜利中，每县创造红军一万。

（52）在查田运动中加紧秋收秋耕运动。

（53）贫农团是查田运动的重要团体，努力发展各乡的贫农团。

（54）在查田运动中普遍发展合作社。

（55）在查田运动中普遍发展文化教育。

（56）拿查田运动的胜利，反对日本帝国主义占领华北。

（57）拿查田运动的胜利，反对国民党投降帝国主义。

（58）拿查田运动的胜利，反对帝国主义、国民党大举进攻苏区。

（59）拿查田运动的胜利，反对帝国主义进攻苏联。

（60）拿查田运动的胜利，拥护红军打大胜仗。

（61）拿查田运动的胜利，拥护第二次全苏大会。

（62）拿查田运动的胜利，拥护白区的反帝大运动。

（63）共产党万岁。

（64）苏维埃万岁。

（65）查田运动彻底胜利万岁。

二、

回忆录及口述记录

福建事变与第五次反"围剿"的开始

彭德怀

　　福建事变是国民党内部矛盾的表面化，是"一·二八"事变后抗日派和亲日派干着急的继续和发展，是小资产阶级和民族资产阶级反对买办地主阶级的代表蒋介石的斗争。我们应利用这一新形势，打破蒋介石正有准备的第五次"围剿"。根据这个简单的认识，写了一个电报给总政委转中央博古，建议：留五军团保卫中央苏区；集中一、三军团和七、九两个军团，向闽浙赣边区进军，依方志敏、邵式平根据地威胁南京、上海、杭州，支援十九路军的福建事变，推动抗日运动，破坏蒋介石的第五次"围剿"计划。博古批评这个建议，说是脱离中央苏区根据地的冒险主义。此事是路经建宁总政委处转告我的。

　　三军团奉命由福建向江西转移时，就便请示总政委，得知中央还要把赣东北区三千人的红十军南调，到中央苏区集中。红军主力不出闽浙赣边区，不去威胁南京、杭州，不作十九路军的掩护者，福建事变只能成泡影，是不能巩固的。蒋介石有钱进行收买。再加强大的军事压力，十九路军就会完蛋。金钱收买再加军事压力。这是蒋介石的惯技，只有对红军不灵。

　　我们不支持十九路军，中央苏区的一翼失去了依托，政治上拆去抗日民族统一战线的桥梁，福建事变很快失败了，蒋介石准备了一年的第五次"围剿"开始了。像这样天大的事，中央不讨论，前方司令部也不开会讨论。丝毫也不重视粉碎第一、二、三次"围剿"的经验,更不重视战场指挥者的经验。这种主观主义在当时很使人着急。

第五次"围剿"开始后,对他们的军事路线错误也就有了深一层体会。特别是把一、三军团分开作战,使我军不能在运动战中大量消灭敌人。如:保卫黎川的是一个五六百人的独立团,蒋介石以三个师进占黎川。失去黎川,这是必然的,不放弃就会被消灭。结果撤去独立团的领导人的职,开除党籍,公开审判,说他是右倾机会主义者。我当时对这种惩办主义表示愤慨。说,为什么要审判他? 要审判的人还多呢!

在黎川失守后不久,令三军团从福建泰宁向洵口(黎川东北)前进。在洵口与敌一个师遭遇而消灭之(三个团缺一个营)。这个营据守山顶土寨子,坡度很陡,不易爬上去,上面无水,再有半天至一天时间即消灭,这算是第五次反"围剿"中一个意外的序战胜利。领导者李德不待围死之营消灭,强令三军团立即向硝石(黎川、南城之间)进攻,钻进硝石这个死地。当时黎川驻敌三四个师。南城、南丰各约三个师,硝石在这三点之间,各隔三四十里,处在敌军堡垒群之中心。我转入敌堡垒群纵深之中,完全失去机动余地,几乎被敌歼灭。泰宁以北之敌,发现我主力在黎川方面,有向泰宁进攻模样,黎川、南丰、南城之敌,亦有向硝石增兵的消息。我速电反对上述命令,算是得到复电,允三军团撤回洵口。幸免被歼。

团村战斗

彭德怀

不久（约 1933 年九、十月），敌以一个师守黎川，三个师向德胜关（福建江西交界）推进。团村是黎川城与德胜关之间、黎川城东约三十里的一个小盆地。时约十月初，天气凉爽，枫叶初红。某日，正红日东升，朝霞映射着德胜关，秋景宜人之际，敌以两师十二个团进至团村东十余里，离德胜关亦十余里；另以三个团组成的师进至团村以东三至五里，为第二梯队。近午，敌三个师【呈】倒品字儿形摆成。各敌到，即布置做工事，筑堡垒。我军予〔预〕先布置一个师在敌下正面钳制分多组向敌佯动，引敌注意；另以三个师（二、三、四师）隐蔽在敌之第二梯队左侧后约五、六里之处，敌未发觉。亦不注意搜索。敌第一梯队两个师十二个团，各约展开一半兵力；二梯队之一个师（三个团）筹划做碉堡之事。信号一发，我正面之师积极佯攻，埋伏之主力（我三个师）同时猛烈突入敌之第二梯队，手榴弹声、机步枪声、杀声相混杂。敌第二梯队大乱。波及第一梯队两个师亦乱；我正面佯攻之师乘机出击，敌遂全军大混乱，向黎川城乌龟壳内逃窜。敌三个师十五个团共约四万余人，我四个师共约一万余人相混杂。当时尘土漫天，只见敌军狼奔豕突，不见我军混复其间，虽是猛虎突入群羊，可是羊多亦难捉住。我以一万二千人，击溃三万余敌，仗虽采胜，俘虏不及千人，算是打了一个击溃仗，这也算是胜仗吧！但无后方补充的我军，这种击溃仗，实际意义不大，对敌打击意义也不大——"伤其十指，不如断其一指"。如果当时我一军团在，一、三军团靠拢作战，敌三个师十五个团当能全部歼灭；加上洵口歼灭之三个团，就是十八个团；再寻机歼敌二十个团左右，敌第五次"围剿"就可能被粉碎，历史上也就没有二万五千里长征了。

这个战斗，虽实际意义不大，当时人马翻天的景象，却经常使人回忆。我在指挥所打摆子，冷透骨髓，看到当时情景，也就不冷了。因而有感，默念：

"猛虎扑群羊，硝烟弥漫；人海翻腾，杀声冲霄汉。地动山摇天亦惊，疟疾立消遁。狼奔豕突，尘埃冲天；大哥未到，让尔逃生！"

蒋介石发现我主力在团村方面，他即令泰宁方面之敌，向南推进。我方面军总司令部，把一军团调来了，使人高兴；可是在寸土不让的方针和对这一方针的机械执行下，仍然不敢让敌深入。一军团从正面突破敌军，三军团从侧面突不出去。只有一条隘路，深谷悬崖，敌防我侧击，尽将树木伐倒堵塞。足有三四个小时，才把障碍排除，敌已逃回乌龟壳了。如果让敌再前进四十、五十里，那一仗就打好了，敌之助攻方面（福建），就将推动作用，就将影响敌军主攻方面（江西、由北向南）。

敌发现我主力到了泰宁方面时，黎川方面之敌又向德胜关推进。从此以后，敌就采用扯钻战术，从中央苏区的东、西、北三方面作〔做〕向心推进，南由粤军堵防，使我中央苏区逐步缩小，即所谓竭泽而渔；而我方则完全招架战术，完全处于被动地位。敌从东向西进，即调三军团或者一军团去堵一下；以后则以三军团位置于广昌、白水、石城线，同敌七个师正面顶牛，一直顶了五六个月，敌在步、炮火力完全有效的掩护下，一次推进四五华里，堡垒筑成后，再推进，我枪弹只有消耗，得不到补充。红军兵力五万。敌五十万；敌有全国人力、物力，我苏区则二百五十万人，在这样的物资力量对比下，去与敌拼消耗战，又怎样不失败呢？第二次进攻南丰城，我一、三军团和第九军团（约三千人）总共不到三万人；敌五个师集结南丰城，有坚固工事，说什么要把"敌挤出城来打"。蒋军在第五次"围剿"时，技术装备比以往几次有所加强，我们这样去进攻南丰城，是毫无胜利把握的。此役归我指挥，但他们的全般〔盘〕部署、命令已下到各军团，连迫击炮放列的位置都指定了。一、三军团平列在一线上，由西向东攻击，九军团由南向北攻击，战斗一天毫无进展，这样平分兵力的战斗部署，敌人反击哪一点，都有被突破的危险，又无法更改其部署。傍晚敌向我九军团出击，罗炳辉部撤走了，敌约两个师绕至三军团指挥部侧后里许，幸而【我】还控制了一个新兵团未使用，即进行阻击。如果让敌发展，我一军团被截断在隘路口内出不来，有被消灭的危险。这次算是集中了兵力，但不是用在运动战，而是在攻坚战。

到建宁、黎川、泰宁开辟新区，鏖战浒湾

聂荣臻

乐安、宜黄战役以后，我军想乘胜攻取南城，一、三、五军团遂到达南城外围。当时南城守敌有三个师的兵力，而且工事也很坚固。毛泽东同志经过冷静考虑，毅然改变预定计划，命令我们主动撤退，到新占的地区做群众工作。九月上旬敌人派六个师的兵力重新侵占了乐安、宜黄、南丰，因为不明我军虚实，没有再敢前进。我们为虎添翼在中央根据地北部，一面派出小部队游击，寻找战机，一面发动群众，进行休整，搞调查研究，为未来作战作准备。

十月中旬，我们接到命令，敌人正在向中央根据地周围集结兵力，在北面、西面已经集结了二十个师，着手部署第四次"围剿"。我军则决定利用各路敌人还没有准备就绪的时机，到东面敌人兵力比较薄弱的建宁、黎川、泰宁、邵武等地区，去打击敌人，开辟新的根据地，以打破敌人的"围剿"计划。

命令规定，我们一军团为中央纵队，任务是消灭建宁、里心的敌人；红二十二军为右纵队，消灭黎川的敌人。接到命令后，一军团很快集中到广昌西南的头陂，分两路向建宁开进。林彪率领第四军经尖峰、客坊向建宁，我率领第三军和军团部经水南、里心向建宁。当时建（宁）黎（川）泰（宁）地区守敌是刘和鼎的五十六师和周至群的新编第四旅。建宁、里心的敌人是新编第四旅，还有一些地方民团，当然不是我们的对手。周至群知道我们大军东进，十月七日就弃城逃跑，我们消灭了一部分民团，比较顺利地占领了里

心、建宁。随后不久，三军团和二十二军也相继占领了黎川、泰宁。我们就在建宁、里心、客坊、安远这些地方建设新根据地，打土豪，筹集资财，都获得了相当成绩。实践证明，东出建宁、黎川、泰宁的行动是完全正确的，我军以较小的代价取得了较大的胜利，虽然消灭的敌人不多，但开辟了一块大面积的新根据地。

我刚到建宁不久，方面军领导机关也来到建宁，因为他们是随一军团跟进的。我看到方面军领导同志里面没有毛泽东同志。有位同志告诉我，毛泽东同志在前不久开的中央区政治局宁都会议上受了批评，并于十月十二日【被】免去了红一方面军总政委的职务，被排挤出了红军领导岗位。以后又陆续知道，批评毛泽东同志的主要理由是〈，〉说他反对打赣州是反对中央"争取一省数省首先胜利"的总方针；乐安、宜黄战役后放弃打南城，是重犯了分兵筹款的错误；说他提倡诱敌深入、找弱敌打等正确主张是所谓"专去等待敌人进攻的右倾危险"。我听了深感不平和忧虑。我在中央根据地一年十个月的实践，亲身体会到毛泽东同志在指挥上是正确的和有才能的，他在一军团广大指战员中有崇高的威信，撤销他在红军中的领导职务，将不可避免地会对今后的作战行动带来消极后果。

毛泽东同志被免职以后，即由周恩来同志接任红一方面军总政委。

在建黎泰新根据地做群众工作，不断受到敌人小股部队袭扰，我们也进行了回击，一般战斗规模都不大，只有十月底那一次仗打得大一点。十月底，敌人以三个师的兵力向黎川进攻，我三军团主动撤出黎川。十一月一日，敌人第八师的两个团由南丰向黎川进犯，当天黄昏，与我们一军团的第四军和三军团的一部在沧浪附近遭遇，经过激战，敌人被我们击溃，退守筑有堡垒的石沟圩据点。第二天我军再次进攻石沟圩，未能攻克，到傍晚双方各自撤退。十一月三日，我们与三军团一起向黎川开进，敌人看到我们两个主力军团出动，不敢较量，又主动放弃黎川。于是我们与三军团一起重占黎川。以后我们就在黎川附近游击和筹款。这一带比较富，筹款成绩比建宁那里更好一些。

十一月中旬，方面军命令我们继续北上，到资溪、金溪等地区打击敌人，发展新区。十月十七日，一军团的第三军出敌不意攻占资溪，击溃守敌第五师的一个团。十九日三军又乘胜攻占赣东北重镇金溪。引起敌人极大的恐慌，陈诚分别命令南城的二十四师和抚州的二十七师（在乐安、宜黄被歼后重建的）向金溪合击。在南城东北的礼西赵附近，我们一、三军团配合，消灭了许克祥二十四师运动中的一个团。以后没有能再捕捉到有利战机，敌人也没有大举进攻。我们一军团就在金溪附近征集资财，十二月中旬，一、三军团曾经向东到福建进攻邵武，企图消灭十九路军在邵武及其附近的十个团。我们一行动，敌人就集中到邵武城里，坚守不出。彭德怀同志认为我军进攻兵多城坚的邵武是不利的，建议放弃攻邵武。方面军领导同志同意了彭德怀同志的建议。我军就回到黎川附近筹款，打土豪。

我们这次打下了资溪、金溪，没有利用这一有利时机，向东北发展，以勾〔沟〕通赣东北根据地与我们的联系，这是一个比较大的失策。

1932年底，我们接到命令重新北上攻打黄狮渡和金溪。1933年元旦，红一方面军全军在黎川城举行北上誓师大会，经过誓师，士气振奋。

一月五日、六日，三军团和二十二军在黄狮渡首战告捷，消灭守敌第五师的第十三旅大部，俘虏一千多人，旅长周士达被活捉。这时徐彦刚同志已经担任一军团参谋长，他在率领一军团一部分配合三军团作战中，冒充敌人军官搭上电话线与敌人通了电话，得知抚州、浒湾敌人向我金溪、黄狮渡进攻的部署。一月七日方面军与一军团下达了歼灭浒湾之敌的命令。命令指出，敌人在浒湾及其附近有孙连仲的一个师，吴奇伟和周至柔的各两个师共十四个团，其企图是兵分两路，一路攻占金溪，一路攻占琅琚、左坊、黄狮渡。我军决定以三十一师为右翼队，在金溪以西公路北侧引钳制和阻击可能由琅琚、白沿方向来犯的敌人；以一军团、二十二军组成中央队，作为歼灭浒湾出犯之敌的主力。由三军团、五军团和一军团的三军消灭向黄狮渡进犯之敌。浒湾战斗一月八日上午九点半打响。一军团四军由金溪沿公路向西进攻，在金溪通浒湾的公路中间点枫山埠附近与孙连仲、吴奇伟和一个旅共六个团的敌人遭遇，遂在公路两侧展开激战。此时我们令三十一师加入一军团作战，二十二军作预备队。敌人抢先占领了公路北侧制高点有利地形，居高临下，又有飞机大炮助战，猛烈地向我投弹扫射和轰炸，战斗非常激烈。我们在远处看到，在一片地域不大的战场上，硝烟弥漫、震耳欲聋的枪炮声中夹杂着双方厮杀的呐喊声。我军虽然勇猛冲杀，但态势对我很不利，我十一师师长陈光同志，十师师长李锡凡同志都先后负伤，别的指战员伤亡也比较多，部队一度有招架不住之势。在这个关键时刻，我们军团几个主要领导人都急忙赶到前沿阵地直接指挥战斗，振奋了士气，稳住了阵势。我军随之不断发动猛烈的攻击，敌人死伤比我军更惨重，至中午逐渐向西溃退。下午一点多，吴奇伟为了挽救败局，由浒湾增兵两个团，在浒湾附近的唐岗铺会合溃退之敌重新反扑，至下午三点，我们命二十二军投入战斗，猛攻敌人，激战一小时以后敌人再也支撑不住了，开始全线溃退。溃退的敌人经过浒湾，不敢停留，直接向抚州逃窜，可见敌人惨败的狼狈情景。当晚我们军团部即进占浒湾。二十二军追击逃敌一直到抚州城边，途中又歼敌一部。与此同时，徐彦刚同志率领三军，配合三军团击溃了向琅琚、左坊进攻的周至柔六个团的敌人，歼灭一部，余敌也向抚州逃跑。到一月九日凌晨，浒湾战斗全部结束。

浒湾战斗，我军共歼敌两千多人，大部分打死，俘虏一部，缴获武器弹药较多，使孙连仲新组建的二十七师遭到歼灭性打击。我军伤亡也不小，最令人痛惜的是，宁都起义的领导人五军团副总指挥兼十三军军长赵博生同志，为配合黄狮渡和浒湾战斗，率部队阻击南城出犯之敌，在战斗中英勇牺牲。我们党为了纪念这位好同志，1933年一月由毛泽东同志下令，将宁都县改为博生县。

黄狮渡和浒湾两次战斗的胜利，吓得由南城出犯企图配合周至柔夹击我军的李云杰师，和由南丰出犯企图进窥我黎川的毛炳文师，赶紧缩了回去。经过这两战的胜利，给了北线敌人以一次较大的打击。我军士气也更加高涨，为日后粉碎敌人的第四次"围剿"造成了有利条件。

浒湾战斗之后，一军团继续留在浒湾至金溪一带活动，一面待命，一面征集资财，后送伤员、俘虏和战利品，一面北向东乡、余江等地游击侦察。当时周恩来同志建议，我主力红军北上贵溪等地，打通与赣东北红十军的联系，然后待抚州等北线敌人出动增援或进攻我军时，在抚河到信江之间广大地区于运动中消灭敌人。这本来是一个比较好的主张，我们军团领导人是支持的。但遭到中央局别的几位同志的极力反对，理由是我军远离根据地（赣东北也是根据地）作战于我不利，另外又怕我军主力北上后，敌人大举向中央根据地进攻，无法抵御。这种看法是片面的，敌人作战的主要目标始终是针对着我军主力的，这早就为当时的战争实践所证明。在中央局的一再催促下，我军终于在一月底，将红十军接应过信江以后，离开浒湾、金溪地区，经黎川、团村、西城桥等地，在杨林渡渡过盱江，于二月上旬到达南丰前线。

参加第五次反"围剿"

聂荣臻

1933 年秋天开始，蒋介石集结了一百万兵力，以五十万专门对着中央根据地，发动了第五次"围剿"。

"围剿"一开始，敌人的战术变了，即在中央根据地四外修筑碉堡。这是一个战略性的变化。它不长驱直入，而是采取"步步为营"的堡垒战术，一边前进，一边筑碉堡，平均每天只挪动二三里，但步步朝着我中心区和主力所在地进遁。它要求，军事行动紧密配合政治需要，就是蒋介石所说的"三分军事，七分政治"。配合"步步为营"战术，政治上推行清乡、保甲制、连坐法、政治怀柔等反动政策，再加上经济封锁。其总的目的用北路军司令陈诚的话来说，就是要从军事、政治、经济各个方面"抽干塘里的水，捉塘里的鱼"，消灭红军，消灭根据地。

面对着这种形势，当时如果我们党的领导仍然像第一、二、三、四次反"围剿"一样，不犯错误，是可以有办法克敌制胜的。但是党内情况不是这样。王明"左"倾冒险主义已经发展到居统治的地位，使我们对敌人的这种战略性变化，不能采取正确有效的对策，而采取了先是冒险进攻，后是消极防御的错误的战略方针，导致了中央根据地的丢失，红军不得不作战略转移。

1933 年初，临时中央迁入中央根据地。临时中央的负责人博古、洛甫等同志先后到达瑞金。第三国际派来的军事顾问、德国人李德也于 1933 年九月到达瑞金。中央和这些同志的到来，使王明

"左"倾冒险主义在中央根据地及邻近根据地得以进一步贯彻。而1934年一月召开的党的六届五中全会，又使王明"左"倾冒险主义发展到顶点。他们对形势作了极端错误的估计，说什么中国已经存在"直接革命形势"，第五次反"围剿"即是争取中国革命完全胜利的斗争，在对敌斗争中，采取了完全错误的指导方针。这些都直接造成第五次反"围剿"的失败。

第五次反"围剿"开始，博古、李德等实行的是进攻中的冒险主义方针。这个方针是这么来的：九月二十八日，敌人占领黎川。"左"倾冒险主义者不采取过去行之有效的"诱敌深入、聚而歼之"的方针，却命令红军北上就敌，企图恢复黎川，保住"国门"。这时，我们的三军团在黎川东北的洵口，与敌人吴奇伟的第六师十八旅三个团打了一个遭遇战。我们先敌开火，先敌展开，占领阵地，冲垮敌人以后，又紧接着追击，把敌人高级军官到前方视察坐的小汽车都缴到了。这一仗共消灭敌人两个多团，俘虏一个旅长，仗是打得不错的。这本来是出敌不意，打了敌人一个措手不及，在当时敌人兵力超过我们多少倍，强敌压境的总形势下，是带有一定的偶然性的。可是，"左"倾冒险主义者却不这样看，硬是夸大它有普遍意义，并引以为据，主张普遍陈兵根据地边缘，实行"御敌于国门之外"的作战方针。到了十月中旬至十一月中旬，"左"倾冒险主义者甚至命令红军主力进攻白区有敌人重兵扼守的硝石、资溪桥、浒湾等据点，结果，都遭到了失败。失败了也不从主观指导思想上找原因，还把失败归罪于方面军领导同志干预了他们的正确决心和各个军团执行他们的指示不坚决。为此，还在十一月二十日以军委名义下达了一封致师以上首长的信，批评我们。

这时，一军团已奉命于十月初由永丰地区赶到南丰附近，钳制敌人东进，以保障三军团和五军团在东面作战。以后中央军委想恢复黎川，我们又赶到黎川附近配合三军团作战，一直到十一月中旬，辗转在敌人堡垒与重兵之间寻求作战。但是敌人不轻易离开其堡垒地带，我们又缠住敌人死拼死打。仗一般的都打得不好，反而疲惫和消耗了自己的兵力。

十一月中旬，我一、九军团又奉命在棠阴附近突破敌人封锁线，北上袭击敌人。在十一月十七日至十九日之间，我们打了云盖山、大雄关战斗，战斗打得十分艰苦。先是吴奇伟发现我军突进到封锁线以北，就企图用五个师的兵力，从东从南两个方面合围歼击我军。我军紧急退到云盖山、大雄关地区，与敌人三个师展开激战。我们用九军团十四师从神岗正面吸引敌人，以一、二两师从两面包抄，但当我二师先锋第五团抵达党口附近山岭时，发现敌人已先我占领大雄关东南木鱼嵊附近的险要制高点。在我们攻击这个制高点时，受到敌人的飞机猛烈轰炸和地面交叉火力的射击。二师政委胡阿林牺牲。胡阿林同志原是上海的一个工人，为加强红军中的工人骨干，由党培养起来作政委，在部队中威信很高，这次英勇牺牲了。四团团长肖桃明也在这次战斗中牺牲。此外，我一、二两师师长都负伤，最后，我们撤退，敌人也撤退了。

这次战斗前，我正在发疟疾，没有突过封锁线。部队由封锁线外回来时，我要程子华同志率十四师掩护部队撤回。以后，我们经过天演山、神岗、党口，到达汤坊。在天演山，看到敌人飞机顺着山谷低飞扫射，从上面看去，像一溜汽车似的。在汤坊，我们指挥了大雄关战斗。

从大雄关向西南转移时，在军峰山附近，要通过敌毛炳文第八师的堡垒地带，我们遭到毛炳文部队的射击，搞得军团部都很危险。那一天，刚越过敌人的碉堡线，敌人就冲到军团部跟前来了，不仅军团部受到直接威胁，殿后的二师也有被敌人切断在隘路口内出不来的危险。我看到敌上来了，真是急了。我说："凡是有战斗力的，不管是炊事员，饲养员，都上阵！"有的炊事员说"毛炳文是我们的手下败将，不怕他，上！"我们一面组织就地抵抗，一面往后传："四团赶紧上来！"直到四团上来，才化险为夷！

十一月下旬，发生了一起震撼蒋家王朝的大事件，就是蔡廷锴的十九路军，联合了一部分反蒋势力，发动了"福建事变"。迫使蒋介石不得不从其"围剿"红军的北路军中，抽调一部分兵力前去镇压福建人民政府。这是转变根据地反"围剿"形势的关键。当时党中央倒是从政治上把握住了这一关键，同十九路军秘密签订了停战协定。

可奇怪的是，"左"倾冒险主义者只知道从政治上把握这一关键而根本不了解，只有从政治上军事上同时利用福建事变，才能帮助我们粉碎五次"围剿"。

据我当时知道的，福建人民政府曾经派吴明（即陈公培）为代表先到根据地谈判。吴明原也是参加过法国勤工俭学的，并且是黄埔二期毕业生，他在大革命失败后参加了第三党，是李济深派他来的。人们都说，我们和他谈判的人把他骂了一顿，打发他走了。

当时有上述这样一种说法也不奇怪。因为，在"左"倾冒险主义的笼罩之下，在我们的人中间，有时还不是一般人，确是流行着一种空谈式的教条主义的说教。说什么第三势力可以迷惑一部分人，因此，比蒋介石还要坏。还有人说，蒋介石是大军阀，福建人民政府是小军阀，我们去给小军阀当挡箭牌干什么！

当福建人民政府第二次派代表徐名鸿到瑞金谈判时，中央考虑到为了推动十九路军反蒋抗日，倒是和他们订立了反蒋抗日同盟，签订了停战协定。

但是，当时"左"倾冒险主义者，仍然不知道如何从军事上利用福建事变去粉碎敌人的第五次"围剿"。

十二月初，当蒋介石抽调北线"围剿"的部队去镇压福建人民政府时，它的第三、第九两个师由蒋鼎文率领从南丰以南向闽西开进，而我们一军团当时刚打完大雄关战斗，就在附近休整。我们正处在敌人的侧面。敌人移动时，我们看得很清楚，一路一路地移，正好打。大家都说，这个时候不打什么时候打，再不打机会就没有了。可是上面就是不叫打，说打是等于帮助了小军阀。他们硬是把敌人放过去了。以后，又把红军主力拆开，把三军团放在福建，把一军团放在中央根据地北线，说是"两个拳头张开打敌人"。他们也不采纳毛泽东同志的建议：断然将红军主力突进到以浙江为中心的苏浙皖赣地区，从根本上摆脱蒋介石制造的封锁囚笼，将战略防御转变为战略进攻，迫使敌人回援其基本地区，借以粉碎其向中央根据地的进攻。

在福建事变期间，我们一军团被西调至中央根据地北线的永丰地区作战，企图在那里突破敌人的堡垒封锁线。在战术上，李德强调要以堡垒对堡垒，实行"短促突击"，为此，军委于十一月下旬专门下达了命令，要部队用这种战术作战。这个战术，就是敌人碉堡，我们也修碉堡，待敌人进至距我碉堡二三百米，我们即用短促突击去消灭敌人。采用这种战术，我军消耗很大，又打不出什么结果。1933年十二月二十五日开始在永丰南面打的丁毛山战斗，就是和宋子文的两个美械装备的税警团及唐云山的第九十三师打。面对着他们修筑的堡垒线，我们也修筑堡垒与之对抗，打了一个多星期，结果完全是得不偿失的消耗战。敌人又有飞机，又有大炮。国民党军队从德国买了几门普伏式山炮、野炮，还有几门一〇二口径的重迫击炮，数量并不多，但调动很灵活，侦察到我主力到了哪里，他们就把它调来了。我们部队打得很英勇，但伤亡很大。当时一军团同敌人对阵的主要是红一师，师长为李聚奎同志，政委为谭政同志。二师则负责向永丰、江口警戒。此外还有警卫师和独立十三团参加，统一归我和林彪指挥。一师由东北面向南进攻敌人的碉堡群，有的得而复失，失而复得。我当时也到阵地上。只见阵地上硝烟弥漫。三团共有九个连队，却阵亡了十三名连级干部。当时就有人听到三团一个当排长的瑞金老表〔俵〕发牢骚说："不知捣啥鬼呵！我们一夜不困觉做了一个堡垒，人家一炮就打翻了；而人家的堡垒，我们只有用牙齿去咬！我们没有重火器，天天同人家比堡垒，搞什么鬼啊！"以后遵义会议作总结时，把这次战斗归入"拼命主义"战斗之列。

我到今印象还很深，在丁毛山地区，我们的斗争很艰苦，军务工作也很繁忙，可是军团却没有一个好参谋长。军团原先有一个好参谋长徐彦刚同志。徐彦刚和黄公略同志一起工作过，二师缺师长，军委就又命令他到二师任师长。徐彦刚同志这个人，他在二师当师长也很出色。第五次反"围剿"刚开始，他被调到了湘鄂赣任司令员。以后我们长征走了，徐彦刚同志就在湘鄂赣牺牲了。到了年底，军委派左权同志来当军团参谋长，我们准备了一顿淡薄的年饭，而这顿年饭也被国民党的飞机炸掉了，年饭也没有吃成。

由于我们对福建事变坐失良机，蒋介石将福建事变镇压下去以后，转过来又重新开始对中央根据地进攻。即由中央军从东西北三面向我中心区作向心推进，粤军则从南面防堵。

这时"左"倾冒险主义者仍然不肯实行积极防御方针，而是由进攻中的冒险主义一变而为防御中的保守主义，处处设防，大力推行以碉堡对碉堡和"短促突击"。他们将红军的几个主力军团调来调去，我们一军团则于1934年一月底被东调到了建宁以北地区。这时各军团从战斗部队到直属机关、分队，都被分配担任修筑堡垒任务，企图依托堡垒，实行"短促突击"。他们甚至将五军团以连排为单位分散去守堡垒，由于他们采取这种战法，从1934年一月下旬到三月底，红军所进行的一系列战役、战斗，其结果，不是打成顶牛，就是中途撤退。一军团这时期打了凤翔峰、三岬嶂、乾昌桥等战斗。凤翔峰消灭敌樊嵩甫七十九师一个营，三岬嶂是我钳制部队坚决抗击和击溃数倍敌人的英武〔勇〕战斗，受到军团表扬。

三岬嶂，在黎川西南。从二月二十五日开始，一军团和友邻部队在保卫建宁的过程中，在这一带同敌人几个师展开了三天激战。敌人派出九十四师全力猛扑我军团侧翼的制高点三岬嶂。负责守三岬嶂的是我一师红一团。红一团团长为杨得志，政委为符竹庭。在主阵地上踞守的为一团的二营，营长为陈正湘。这个营打垮了敌人九十四师多次多路进攻。敌人飞机大炮轰炸之声震动得整个山谷轰鸣，我二营打得只剩一百多个【人】，但阵地岿然未动，最后一团协同我突击部队将敌人进攻的一师部队全线击溃，保障了我军团侧翼的安全。为了表扬这次战斗，我写了一篇《把第一团顽强抗战的精神继续发扬起来》的社论，发表在第三十一期《红星报》上。

个别战斗的胜利，挽救不了整个第五次反"围剿"作战的被动局面。为了从战术上另找出路，二月十四日，我们军团由我和林彪署名，曾经向军委提了一项"关于用运动战消灭敌人的建议"，陈述了一军团当时在建宁西北的守备阵地，纵横有数十里，防线太宽，兵力薄弱，弹药缺乏，工事不坚固；处处设防，处处薄弱，突破之后，工事往往反被敌人利用，建议今后不要处处修工事，力求在运动战中消灭敌人，如若修工事，也只是在预定的战线上，有重点地修。这项建议，在我们今天看起来，自然有很大的历史局限性，但是，即使这有局限的建议，军委也没有接受。军委复电，只承认我们在原则上是对的，同时告诫我们要坚决服从军委命令，找种种理由，根本不承认自己在战术指导上有错误，更不会承认是战略方针错误。

三月中旬，一、三军团在南丰的三溪、三坑作战时，由于敌人的堡垒工事已构筑坚固，失去了击敌于立足未稳的时机。三军团向驻马寨进攻，碰了一个大钉子，伤亡两千多人。我们是从西南面向南丰进攻，因为地形不利，部队还没有展开，就接到彭德怀同志要我们支援的电报，当时一、三军团相距三十里，已傍晚，天下着雨，路又窄又滑，很不好走。我们顾不得这些，就紧急率领司令部摸黑向三军团靠拢，部队随后开进，前往驰援。赶到离三军团原先的阵地约十里地时，已经是黑夜，看到阵地上到处都是手电筒的亮光，我们判断敌人已经占领了三军团原先的阵地，命令部队停止前进，没有误入敌人群中。果然，不久就看到三军团的电台和部队三三两两地撤下来了，我们就在那里收容掩护他们后撤。三月二十五日在泰宁以北的新桥之战，也由于敌人钻进了五军团以前修的碉堡工事，我们啃不动，没有打好。

四月中旬，敌人集中了十一个师的兵力沿甘竹河分左右两路进攻广昌。保卫广昌的政治命令，是1934年四月二十一日以中国共产党中央委员会博古、军委主席朱德、代总政治部主任顾作霖联合署名下达的。命令中强调的仍是李德那一套："我支点之守备队，是我战斗序列之支柱，他们应毫不动摇的在敌人炮火与空中轰炸之下支持着，以便用有纪律之火力射击及勇猛的反突击，消灭敌人的有生力量。"完全是单纯的阵地战，李德一度亲自到前方指挥。博古也亲临前方为他撑腰，但仍然固守他们消极防御的那一套。他们调集了红军主力一、三、九军团的九个师同敌人决战，从四月十日到四月二十八日，打了十八天，部队遭受极大损失。最后广昌还是失守了。

一军团在保卫广昌时打的一些战斗，如甘竹战斗等，伤亡消耗都比较大，从甘竹到广昌，不过二十多里，敌人越接近根据地腹地，越是更加谨慎小心，每天只前进半里到一里，每进一步，边修公路边筑碉堡。我们在"死守广昌""寸土必争"的错误口号下，打了十八天所谓"守备战"。这就是说，我们在敌人飞机大炮轮番轰炸下仍死守阵地。如果我们搞"短促突击"，就是等敌人刚从工事里出来，推进到离我们的工事几十或上百米时，我们就像猛虎一样扑上去打击敌人。可是等敌人一缩回碉堡，我们又得暴露在敌人飞机大炮的火网下战斗。最典型的是六月五日一、三军团在宁都西面打的古龙岗战斗。我们本来是想集中主力，伏击薛岳纵队四个师的一部分。但是由于执行的是"短促突击"战术，不诱敌深入，敌人离开其碉堡线才五里地，我们的部队就出击了，暴露了红军的主力，使敌人立即退回堡垒据点。结果是本来可以取得大胜利的战斗，仅仅以消灭了敌人一个营而告结束。我们自己的伤亡也不少。

七月，敌人开始了新的进攻。这时，"左"倾冒险主义者又命令红军实行"六路分兵"，"全面抵御"。使红军在一系列防御中继续受到损失。一军团转战福建建宁、泰宁一带，又打了不少消耗战。只有九月初的温坊战斗打得比较好。

温坊现名文坊，在长汀东南。这次战斗，包括九月一日和九月三日连续打的两次战斗，是违背"短促突出"的原则，采取运动战的战术打的。我军参加战斗的主要是一军团，独立二十四师，九军团也参加了战斗，统一都归一军团指挥。战斗经过是这样的：八月底，我军即已侦知敌李延集结了第三、第九、第八十三、第三十六等四个师于朋口、营溪、壁州、洋坊尾一线，有向汀州前进模样。这时我独立二十四师师长周建屏、政委杨英已率领该师在敌人前进方向之朱鬃岭、桥下、肖坊一线构筑工事，一面吸引敌人，一面等待着一军团到来。三十一日，一军团和急行军赶到该地，第二天一时许，敌人李玉堂第三师第八旅两个团已由其构筑的封锁线出动，至正午时分，就进抵十多里以外的温坊。他们一面构筑工事，一面向我二师占领之制高点松毛岭阵地派出侦察警戒。其实我军团指挥位置也设在松毛岭上，敌人并未发觉。这时，我们已命令二十四师派出两个营先隐蔽地迂回到洋坊尾、马古头之间截断敌人后路去了。因为我们看到这确是消灭敌人的极好机会。我们早就认为，敌人的进攻，并非在所有的地方每次只半〔前〕进二三里，而是看情况决定的。我主力迫近他们跟前，他们的确是每次只前进二三里，构筑碉堡。但当敌人发现我主力远离时，他们也是跃进或急进较远的，我们并非完全没有打运动战的机会。所以这次我们急令二十四师师长周建屏率领该师主力负责攻击温坊东北敌人的右侧翼，我们率一军团由西向东突击敌人。我们把九团放在曹坊，钳制在那一带活动的团匪，防止敌人增援。这次作战是夜间战斗，部队动作静肃、秘密、沉着。从一日下午九时战至二日拂晓以前，敌人大部分已被消灭，只有少数残敌尚固守杨背附近堡垒和温坊南面的八角楼。于是我五团、六团配合独立二十四师消灭固守杨背的敌人，四团负责消灭如四团消灭温坊村内两营敌人的战斗，一营是攻击温坊的主力营。我们在整个战斗过程中，只消耗子弹四百发，轻重机枪完全未用，主要靠刺刀手榴弹解决战斗，自己只负伤三人。战斗结束，仅一军团即俘敌一千六百多人。敌第八旅两个团被消灭了。

三日早晨，敌第三师和第九师由朋口集结三个团又向我进犯，其先头部队为第九师的一个团，八时许由洋坊尾向温坊前进。我们决心消灭这个先头团。命令一师负责截断其先头团的归路，由二师从八前亭，二十四师从马古头两个方向向敌突击。二师四团一营连续冲锋六次，占领八个山头和三座半截子碉堡，三营连续冲锋占领敌人六个阵地，成为坚决英勇的连续冲锋的模范。其他部队也都很英勇。二团团长李苗保头一天因堵截敌人退路不力被撤职，第二天追击敌人时，奋勇当先，英勇牺牲了。

整个温坊战斗，共歼敌四千多人。打死打伤两千多人，俘虏两千四百多人。

这次战斗结束之后，敌人第八旅旅长许永相只身逃回，被蒋介石枪毙。第三师师长李玉堂由中将降为上校。

但是，个别战斗的胜利，补救不了整个战略指导方针的错误。何况第五次反"围剿"所取得的个别战斗的胜利，不能像四次反"围剿"一样，很快发展灰飞烟灭一个战役的胜利，因为"左"倾冒险主义者，经常将一、三军团分开，各堵一面作战。以致使前面提到三军团打的洵口，团村战斗〈，〉和这次一军团打的温坊战斗，都不能发展为更大的胜利。

在此期间，我的心情是很苦闷的。在一军团，林彪执行"短促突击"特别积极。上边四月份提出"保卫广昌"，五月份又提出"保卫建宁"，七月中旬提出"保卫长汀"，明天又在那里突一突，把自己的力量都突光了。我认为这样打在战役上不能解决问题。在战术上也不能解决问题，只是徒然消耗药和兵力而已。这些话，我只有和左权同志讲，林彪那时忽然在六月十七日发表《论短促突击》的文章，正受到重视，我是不放心对林彪讲这些话的。

对林彪发表这篇文章，我开始感到突然，仔细想想，也不奇怪。第五次反"围剿"开始以后，大约在1934年二月上旬，李德到一军团来过一次，在干部会上大讲一通阵地战。干部们都听不懂。林彪说："你们不懂，这种打法我也不懂，但不懂就学嘛！"突然发表《论短促突击》这篇文章，自然不仅是谈战术，实际上是他这时的一个政治的表态。

到了十月，中央根据地日益缩小，红军日益陷于被动，"左"

倾冒险主义者采取的单纯防御的方针遭到彻底破产。他们总不愿意让红军大踏步前进、大跑步后退，实行机动作战，而提出"以碉堡对碉堡"、死守根据地每块"国土"、"寸土必争"、"御敌于国门之外"。结果，"国土"还是丢了。红军被迫不能不作战略转移——走长征这条路了。

总之，第五次反"围剿"的失败，不是偶然的，而是战略错误，路线错误。是王明"左"倾分子在中央排挤了毛泽东同志正确路线领导的必然结果，是否定了一至四次反"围剿"致胜的积极防御方针，执行单纯防御方针的必然结果。以碉堡对碉堡。实行"短促突击"，光在内线顶牛、拼消耗、不集中兵力，所谓两个拳头打人，六路分兵；既不敢诱敌深入，寻机歼敌，又不接受毛泽东同志将红军突入到闽浙赣外线去调动敌人回援的建议，导致了第五次反"围剿"的失败和中央根据地的丧失，铸成了这次历史性错误。但是只要革命的火种不灭，中国革命仍然是会胜利的。

回忆在闽赣苏区的部分战斗

黄克诚

因为我没有保存什么资料，且时间已经五十来年了，只能是大体上记得一些。

我第一次到黎川是1931年五月底至六月间，红军打过建宁以后（那时毛主席、朱总司令在建宁），我们从樟村到黎川县城〈的〉。这个时间，因为国民党在黎川没有什么正规军队，只有些民团，我们没有打什么仗，在黎川的主要任务是搞土改，把地主的财产分给农民。就在这个时候，蒋介石派了个大特务黄梅庄到黎川，劝说红军投降，后来给我们杀了。红军在黎川有一个多月的时间，我们离开时，有很多农民参加了红军。当时有个叫黄国山的也参加了红军，不知现在什么地方，很久没有听到他的消息了（江舢现场插话：黄国山同志现在沈阳，担任辽宁【省】军区副政委）。

红军第二次进黎川，是在第二次反"围剿"后，第四次反"围剿"前。当时红军总司令部也在黎川。这时，毛主席已不在总部。朱总司令、周总理在。总司令部在黎川开了一个会，一、三、五军团都来了，朱总司令做了报告。这以后，我们在金溪的黄狮渡打了一仗，把敌人打得退回抚州去了。过了些日子，我们在上清宫与方志敏的部队汇合。不久，邵式平同志也到了黎川担任省苏维埃主席，顾作霖同志是省委书记，他是政治局委员，团村战役后，我见过顾作霖同志一面。

洵口战役是三军团打的，三军团全部参战了。部队是从闽西转回黎川，经过洵口遭遇敌人，就发生战斗。战斗打得很激烈，歼灭敌人一个旅，一个都没有跑掉，还活捉了敌旅长葛钟山。

打了洵口后，还打了硝石，因为硝石不好打，就放弃了，这一仗，红三军团和红七军团都有伤亡。后，我们把部队开到金溪的浒湾，去打顾祝同的部队，没有打好，我们的兵力也不够。浒湾战斗，彭雪枫〈现场〉负伤了，我接他的手担任红四师政治委员。我们从浒湾撤回到黎川，部队驻扎在农村，离县城大约五十华里。我们在那里住了二十来天，部队进行了整顿，也搞了一个文体活动，开运动会。这时，黎川县城已经失守。为了夺回黎川，我们向团村进发，和陈诚的部队打上了。

团村战斗打得非常激烈，我们第四师是主攻部队，那时张锡龙同志是师长，我是政委。我们把指挥所设在前沿阵地，张锡龙和我都上阵指挥。打得敌人狼奔豕突，消灭了大量敌人，只剩下一个寨子没有攻下来。敌人大部分兵力被我军击溃击散，逃回县城。以后经过调整，集中更多的兵力，还出动飞机，向我反扑，战斗相当激烈，我们损失也很大，主要是兵力不集中，如果一军团也协同作战，敌人的十几【个】团就可被全部消灭。这时候，毛主席不指挥了，由共产国际派来的顾问李德指挥，他是用正规的办法作战，是两个拳头打，没有集中优势兵力。李德不懂得中国的特点，所以失败了。浒湾战斗同样也没有集中兵力。

值得怀念的是，在团村战役中，我们四师的张锡龙师长壮烈牺牲了。在指挥战斗时，我和他并列站在前沿指挥，敌人一颗子弹打中了张锡龙同志，从他的头部太阳穴左边穿进去，他就光荣牺牲了。我戴的眼镜在这次战斗中被敌人的子弹打掉。如果张锡龙同志活着，现在大概是七十五岁了。他是一个好同志，肯学习，工作非常认真负责，就是仗打的较少，缺乏战场经验，我们把指挥所设得太【靠】前沿了，我又不好说他。张锡龙同志是四川南部古宋人，中学毕业，在苏联学习过，回来后担任四师师长。他当过瑞金训练学校校长等职，可能有许多人知道，问四川的同志可能知道。你们可向在四川工作过的杨勇、王平同志了解；杨尚昆、伍修权和张锡龙一起在莫斯科学习，知道一些情况；张凯同志洵口、团村战役都参加了，还写过一篇文章；李志民、李井泉（当时任四师政治部主任）、韦国清（由红七军团编到三军团）、钟伟等同志可能知道他的历史和情况，张锡龙同志的牺牲，确实是损失了一个好同志。

1933 年，我们部队在黎川进行过整编，把军改为师，由军团直辖师。在黎川开过一次大会，记不清是谁主持。那时部队生活艰苦，会后部队吃了一次回锅肉，在脑子里记得很深。我们还在将乐开了一次会，王稼祥同志做了报告。将乐开会后，部队撤回宁化、瑞金。

阅兵大会在黎川召开，说有十万人参加，那是有点吹，算一算总的不过七万人左右，如果说五六万人就更确切些。

黎川事件的真相

——访肖劲光同志

李泽才　张　炜

肖劲光同志在中央苏区第五次反"围剿"开始时，就遭受以王明为代表的"左"倾冒险主义错误领导的迫害，被公审、判刑，到1935年六月才彻底平反。这段历史，不少书刊、教材、革命回忆录均有记述和披露，但多与事实有出入。为弄清这一事件的真相，我们最近访问了肖劲光同志。肖老说："这段历史我从未对人谈过，但是，为立准党史资料，我可以提供一些历史材料，供编写党史军史参考。最近，有的老同志让我写个追忆，我也感到有责任把历史的经验教训和事件的真相说清楚。"

黎川是怎样失守的

我们向肖老提到，李德（奥托·布劳思）在《中国纪事》一书中作了这样的记载，说是在敌第五次"围剿"面前，"肖劲光在黎川城不战而弃，带领他的独立部队听任命运的摆布"。当时中央苏区有报纸还作了完全歪曲事实真相的报道，说什么肖劲光"反赤色的黎川城〈，〉以及红军用血肉换来的一部分军用品送给敌人，做了敌人的内应。"对此肖老以翔实的史料作了有力的说明。

1933年九月，当蒋介石发动对中央苏区革命根据地第五次"围剿"时，瑞金是当时的临时中共中央、中华苏维埃政府所在地。黎川位于瑞金的东北，东与福建毗邻。第五次"围剿"，敌人接受第四次"围剿""长驱直入"遭到失败的教训，采纳了德国顾问建议的"堡垒主义"作战方针。敌堡垒体系北部队从赣江延伸到永丰，直到黎川；西部的堡垒线沿赣江延伸到赣州，继续向南，到信丰以北和会昌以南，直至福建边界；东部，在我根据地军民的打击下，堡垒体系没有构筑完成；东北部的堡垒线也未构成；敞开一个大缺口，敌人准备拿下黎川后，继续构筑，以封住这个缺口，形成对瑞金的包围圈，再"稳扎稳打"，歼灭红军。

当时，闽赣军区司令部设在黎川城，肖劲光同志是个军区的司令员兼政委。这个军区是由建（宁）黎（川）泰（宁）警备区发展起来的。第五次反"围剿"一开始，肖劲光同志根据敌人进攻的态势，估计敌极可能要进犯黎川，就给前总发电，建议红军主力及早集结于黎川东北的光泽、资溪一带，从侧面歼灭进犯这敌，不应死守黎川。当毛泽东同志也认为应该放弃黎川，诱敌深入到建宁、泰宁一带，集中红军主力在运动中消灭敌人。这些正确意见，均遭"左"倾冒险主义者的否定。他们不顾敌强我弱的现实，执意坚持"御敌于国门之外"，分散兵力，拼消耗，处处防守，与敌人争一城一地的得失；他们实行"短促突击"，两个拳头打人，使主力部队疲于奔命，被动应付。肖劲光同志说："我的主力部队已随三军团到福建去了，剩下一个独立师，在敌人进攻前的一个星期又调往硝石，归前总直接指挥。当时我手上只有一个七十人的教导队和一些地方游击队守黎川。""在敌人进攻的前几天，中央又命令闽赣省委和省政府撤出黎川城。随即，顾作霖（省委书记）、邵式平（省政府主席）两同志率党政机关撤出了，为不致引起群众恐慌，只留一个合作社没撤。"这期间，肖劲光同志正带领部队在城外围和敌人周旋，当他回到城里时，黎川已是一座空城了。

进攻黎川的敌人是蒋介石的周浑元军三个师。敌先头部队占领了黎川外围阵地，又派别动队插到黎川的后面。在敌我力量〈异常〉悬殊，右路将全部切断的情况下，肖劲光同志才带着七十余人的教导队撤出，退到城外六十里的溪口，避免了遭敌包围消灭的命运。关于黎川失守的时间，有不同说法，肖劲光同志认为《中共党史大事年表》所载1933年九月二十八日的说法较为准确。

浒湾战斗后被解职

关于肖劲光同志因何故被解职，有些书上说是因黎川失守。肖劲光同志说："情况并不完全是这样的，那是把因果关系搞错了。撤职的'"因"不对，'果'是对的。黎川失守后并没有撤我的职，也没有追究我的责任，而且还让我负责组建红七军团。"根据中央关于把小团小师整编成大团大师的决定，肖劲光同志奉命以原赣东北的红十军、闽北独立师和他领导的闽赣军区的部队为基础，组建了红军第七军团。七军团共有三个师，即十九师、二十师、二十一师。二十师师长是粟裕。二十一师是原闽北独立师，师长是黄立贵。肖劲光同志当时是闽赣军区司令员兼红七军团的军团长兼政委。有的材料记载，红七军团的组建是1933年10月28日军委正式命令成立的，以寻淮洲为军团长，肖劲光为政委，指挥十九、二十、三十四个师和十军南下独立团。肖劲光同志说："我被撤职是浒湾战斗失利之后。"

浒湾，位于黎川西北，抚州东南。黎川失守后，肖劲光同志率部配合红三军团在此打了一仗。时间是1933年十一月十一日至十三日。战略意图是先攻克黎川外围的敌据点，再"收复赤色黎川"，御敌于中央苏区之外。当时，红七军团的主力十九师，由彭德怀同志带到福建打仗去了，肖劲光同志那个时候手里掌握的只有二千多兵力，当前总获悉敌一个主力师要到浒湾时，即命令肖劲光同志带部队阻止敌人进浒湾，等待三军团主力赶到，以便对敌发起主攻，歼灭敌人这个师。肖劲光同志接到命令后，即部署粟裕率二十师在浒湾南十多华里的地方建立阵地，他率几百人在另一面构筑阵地阻击敌人。部队在这一地区（八角亭）展开后，即与敌激战，坚守阵地一天一夜，将敌阻止在一个森林地带。在战斗过程中，粟裕的部队还主动出击敌人，缴获了机枪等战利品。第二天傍晚，彭德怀同志率三军团赶到。这时敌人已在森林里做了工事。彭德怀同志感冒了，由彭雪枫同志指挥战斗。三军团当即对敌发起猛烈突击，没有成功，伤亡七百余人，由于部队伤亡大，无力再突击了，三军团这次回来以及向敌人发起突击，肖劲光同志都没有得到通知，只是听到枪声激烈，他和粟裕同志估计是我主力部队赶到，即主动对敌发起攻击。经过战斗，敌人又缩回森林地带固守。第三天，敌人派十二架飞机，轮番轰炸。到了晚间，守卫浒湾的敌人在一辆装甲车的〈排〉掩护下出来接应，对我阻击阵地形成前后夹击。我阻击部队也伤亡了三百多人。粟裕一个师摆了个"长蛇阵"，横跨十余里，被敌突破，敌终于打通了去浒湾的道路。肖劲光同志说："浒湾失利后，博古同志他们想整彭德怀同志，但不敢动他，就把战斗失利的罪名强加在我的头上。他们下令撤了我啊，调往前总审查。"

公审、判刑，"罪责"易为黎川失守

浒湾战斗失利，彭德怀同志向前总说明情况，说责任不在肖劲光。可是肖劲光同志已被撤职，抓起来了。怎么办呢？"左"倾冒险主义者就追查黎川失守的责任。他们为什么这么做呢？李德的一段话颇能说明问题。李德说，黎川失守要问罪肖劲光，"博古警告我，不要在革命军事委员会谈及这个问题。毛泽东对这个问题反应敏感，因为从根本上说，他同罗明和肖劲光执行的同一条路线。"李德还说："博古和洛甫把这种情况称之为过时了的游击战方法的回潮……"不难看出，他们为什么对肖劲光同志在浒湾失利无因的情况下，又找出黎川失守的问题作文章，其目的是抓一批人，加以处罚，证明他们路线的"正确"，好在党内斗争中亮出"法〔砝〕码"，攻击以毛泽东同志为代表的正确路线。

肖劲光同志说："问题不是我个人，不是一件孤立的事件，问题是从罗明路线引起的。"罗明同志，福建龙岩人。1931年肖劲光和罗明曾在闽赣苏区一道工作过，肖劲光任闽赣军区参谋长，罗后

来任粤赣省委书记。1933 年初，临时中央在上海呆不下去了，就迁到中央苏区来。博古、洛甫、凯丰三同志路过福建永定时，检查了闽西的工作。他们是带着"尚方宝剑"来的，并要用他们的那套办法改造军队，指导战争，从根本上否定毛泽东同志的军事路线。他们到了闽西，看到罗明把战场布置在苏区内地，坚持诱敌深入，打游击战，而不是御敌于国门之外，很不满意。博古等一到瑞金就抓住这件事，说这是"退却逃跑"，是"右倾机会主义"，路线斗争，称之为"罗明路线"。实际上他们的矛头是对着毛泽东同志的。但慑于毛泽东同志的威望。不敢公开提毛泽东的名字，而提罗明。于是，1933 年二月，他们就在地方和军队里展开反"罗明路线"的斗争，撤销了罗明的领导职务。同年五月，他们又开展反邓（小平）、毛（泽覃）、谢（唯俊）、古（柏）为代表的路线，说他们的路线是"罗明路线"在江西的翻版。邓小平同志当时是江西会（昌）、寻（乌）、安（远）三县中心县委书记。邓与毛、谢、古三同志在江西党内是坚决执行以毛泽东同志为代表的正确路线的。1931 年十一月苏区党代表大会前后，"左"倾教条主义者胡说什么"山沟里没有马克思主义"时，邓、毛、谢、古等就针锋相对地说"大城市里产生了立三路线，我们苏区的山上全都是马克思主义"。"左"倾教条主义者反"罗明路线"时，还把当时军队中的政治委员撤换了一大批，如罗荣桓、滕代远等。教条主义者撤换、打击、迫害一大批同志，都是为了反对以毛泽东为代表的正确路线，在各个方面贯彻他们的错误路线。

肖劲光同志说："我到建宁后，前总一位负责同志接见了我，给我一本杂志，叫《铁拳》。这是前总办的一个刊物，我注目一看，是《反肖劲光机会主义专号》，上面刊载顾作霖等三位同志的文章。阅后，心里不是个滋味。事情还没有搞清楚，问题却定性了，批评的文章也出来了，而且快得惊人。这不是早已准备好了的吗？"肖劲光同志向这位负责同志讲了浒湾战斗的经过，进行了申辩。这位负责同志说："虽然事实有出入，但是党已决定在军队中开展反对以你【为】代表的右倾机会主义路线的斗争，以教育全党。你应该服从党的决定。"肖劲光同志说："如果不讲事实，如果是这样的说法，我还有什么话可讲呢？！"接着他就被关了起来。

不久，肖劲光同志被送到瑞金，于1934年1月6日上午，在最高临时军事裁判法庭召开的公审大会上受审。参加公审的有红军各部队、中央一级及各后方机关的代表。主席宣布开庭后，由书记读控告书只讲撤离黎川的事，而《铁拳》上刊载的文章讲的却全是浒湾的事，不知怎么回事，变了。主席最后问肖劲光同志有什么意见，肖答辩说："我手上的兵都被调走了，敌人是一个军三个师，我怎么能守住黎川呢？再说上级也没有让我死守黎川。我到差不多被敌人包围的严重情况下，才带领七十余人的教导队撤出，这有什么错呢？"原告问肖："为什么不发动群众？"肖说："省委、省政府都撤走了，我靠什么发动群众；群众发动起来赤手空拳怎么对付得了那么多武装的敌人？"肖劲光说明了情况，会上喊口号的群众也没有原来那个劲头了。就这样宣布公审结束，肖被判五年监禁徒刑，开除党籍、军籍。

遵义会议后彻底平反

公审判决后，肖被关押起来。毛泽东同志派贺子珍同志前往探视。贺子珍同志传达了毛泽东同志的话，大意是黎川失守是"左"倾军事路线错误造成的，你应该撤退，做得对。肖劲光同志说，当时毛主席坚决不同意处罚我，王稼祥同志也几次拒绝签字。我被关了一个月。二月初，一位负责同志突然找肖谈话，让他到红大当战术教员。

肖劲光同志说："我得以释放，能活到今天是毛主席同'左'倾机会主义者坚决斗争的结果。"

肖劲光同志到红大后，教战术和政治两门课。后来当政治队长（又叫科长）。准备长征时，把红军大学缩编成上干队，肖劲光同志任队长，下辖三个科，即政治、军事和地方工作科。肖劲光同志说

"为什么要我到红大当教员，我也不清楚。可能因为在苏联学过军事。学员反映很好，很满意。"他说："我这个上干队长还是个'犯人'哩，党籍、军籍都没有恢复。"当时，宋时轮、成仿吾、徐特立、苏静、周士第都是红大的教员。

1935 年 1 月，党中央在遵义召开了政治局扩大会议。这时，肖劲光同志带领上干队从桐梓到遵义去。罗炳辉同志带一个连和电台也随后去遵义。当途经娄山关脚下时，敌贵州教导师一下子插了过来。罗炳辉同志在后面大喊："上干队的同志们，顶住敌人！"肖劲光同志指挥部队展开、顶住了敌人，把罗炳辉同志接了过来。这股敌人若过了娄山关，会危及遵义安全。肖劲光同志向罗炳辉同志要了一个连，坚守娄山关，将敌阻击在山前，守了一个夜晚，使敌人偷袭的企图未能得逞。第二天，周恩来同志派五军团的一个营来接防，肖劲光同志即带部队进遵义。当天晚上，周恩来同志接见了肖劲光同志，首先说："你这主动坚守娄山关，为遵义会议顺利进行做出了贡献，是有功的。"接着又说，"你的问题过去搞错了，处分都不算数，恢复党籍、军籍。"方强同志立即召开总支会议，并代表组织和肖谈了话。肖劲光同志的冤案彻底平反了。1935 年 8 月，到毛儿盖时，肖劲光同志离开上干队到三军团任参谋长。肖劲光同志说，1942 年延安整风时，博古在一次会议，突然问他"黎川失守撤退时，丢了伤员没有？"肖当即回答"没有，一个也没丢！"那时黎川没有伤员，伤员都在离黎川六十里的溪口医院里。浒湾战斗时有三百多名伤员，突围时，肖劲光同志派一个营的兵力掩护，通过敌人封锁线送到苏区，清点人数时，发现少了三四个掉队的伤员。

肖劲光同志说："周总理是个好人，大大的好人。"当时李德、博古主张杀肖劲光。公审以前周恩来同志征求毛泽东同志的意见，毛泽东同志坚决不同意，说这件事不能怪肖劲光。那时毛主席虽然没有权，但威望很高，影响很大。肖老说："如果没有中央这些领导同志的保护，在红军离开中央苏区长征时，根本不会留下我这个

'罪犯'，很可能杀掉了。"

访问将结束时，肖劲光同志说："我个人没有什么好谈的，王明'左'倾路线迫害的好人太多了，对他们搞的那一套方针政策，我认为不符合当时的国情，是错误的，这是第一。第二，至于对我的迫害，我深信他们所依据的材料不符合事实，是为了'斗争'的需要，强加于我的。我藐视王明路线。第三，毛主席、王稼祥等中央领导同志是支持我的保护我的，而且有许多正直的同志像彭德怀、伍修权等，多次为我申辩，说明事实真相，这都给我以极大的鼓励和战胜困难的勇气。第四，我从十七岁参加革命，在党的关怀教育下入了团、入了党，党就如同我的父母。党组织有怎样的错误，我都没有不满意的地方。博古、李德他们以为我会消极、动摇、会跑到敌人那里去，长征时，还派学员监视我，实际上我心安理得，工作得很好，我负责上干队，在长征那么艰苦的环境下，没有掉队的，圆满地完成各项任务，就是一个明证。"

"少共国际师"战斗在闽赣边区

肖 华

广昌集训刚结束，蒋介石的第五次反革命"围剿"布置就绪，开始了对我中央革命根据地大规模的军事进攻。"少共国际师"奉命配合三军团和五军团，在东方战线投入战斗，抗击敌人。我们打的第一仗，是在闽北的拿口与白军周志群部的遭遇战。战斗规模不大，但打得很激烈。发现敌情后，我们立即分兵迂回，扎成一个口袋，将敌人团团围住。枪声一响，战士们一个个像猛虎下山岗，冲入敌阵，同敌人刺刀见红，展开肉搏战。直杀得敌人尸首遍地，鬼哭狼嚎，活着的赶紧跪地求饶。我师以一营的兵力，不到两个钟头干净利索地全歼匪军一个连，扫清了增援东方前线的邵武要道。随即挥师渡过闽江，又击溃闽匪二百多人，还在莲花山歼敌一个排哨，前后共歼灭敌人三百多，缴获了不少枪支弹药。初次遇敌，就打了这么一个漂亮仗，士气更加高昂。第一方面军总指挥朱德同志、总政治委员周恩来同志和总政治部主任杨尚昆同志，特地打电报给我们，称誉"少共国际师"的这次战斗为"铁拳初试"，勉励我们在胜利中，更要百倍提高军事技术，迎接更加艰巨的战斗，争取更大的光荣。当我们将这封电报向全师传达时，整个部队一片欢腾。决心书、请战书象〔像〕雪片似的向师、团领导递交上来，大家决心以血和火的战斗，回答总部首长的嘉奖，让"少共国际师"的旗帜更加鲜艳夺目。

在第五次"围剿"中，国民党军队改变过去的作战方法，采取碉堡政策，以在数量和装备上占绝对优势的兵力，依靠坚固的碉堡、工事，加上飞机、大炮、稳扎稳打，步步为营，从四面八方向我进攻。红军当时在王明"左"倾机会主义路线的影响下，实行单纯防御，以堡垒对堡垒，和敌人拼消耗，处于被动挨打的地位。战争打得很艰苦，但部队的斗志仍然很旺盛，充满着有我无敌、一往无前的革命英雄主义精神。1934 春天，北路蒋军以三个师的兵力向建宁推进。"少共国际师"配合五军团十三师在黎川附近的将军殿一带扼守隘口。敌人的步兵，在飞机大炮的密切配合下，向我阵地作集团推进。面对优势敌人，我军奋起反抗。敌人每前进一步，都遭到我们顽强的打击，好几天也挪动不了几公里。邱家隘一役，敌人以七倍于我的兵力，向我师警备连和兄弟部队三营的阵地冲锋。阵地上，炮火纷飞，子弹呼啸，山头上的树木着火了，泥土被翻了过来。敌机疯狂府冲扫射，整个大地都好像摇晃起来了。但我们的战士沉着应战，敌机来了，我们钻进了掩体，敌机走了，我们又上阵地。敌人不到射程之内，〔我们〕坚决不开枪，而一当敌人扑近了，就瞄准射击，把一颗颗喷着仇恨火焰的子弹射向敌人，把一束束麻尾手榴弹扔向敌群，把一堆堆石头猛砸白匪军。敌人一次次冲锋，都被英雄的战士打垮了，上千具死尸像烂木头似的堆满在山前，污血把山上的黄土染成了红色，可是我们的阵地却巍然屹立。邱家隘，成一座打不垮、攻不下的钢铁堡垒，有力地牵制了敌人的兵力，接应了兄弟部队的侧翼进攻，迫使进占将军殿的敌十一师、七十九师，星夜溃逃，给了进犯建宁之敌以沉重一击。

1934 年四月的团村战役，是我永远不能忘怀的一次战斗。当时，我五军团十三师在德胜关抗击着从北面进犯的敌人，三军团的主力从敌人的右翼，"少共国际师"和三师一部从敌人的左侧，形成左右两个拳头，向敌人钳击。在兵力上，敌人比我们多好几倍，武器比我们精良，还有飞机大炮助战，气焰是非常嚣张的。战斗从早晨七八点钟打响，双方争夺十分激烈。开始，敌人借助优势的炮火，轮番向我阵地组织集团冲锋。战场上烟尘滚滚，土崩石飞。我们的年青〔轻〕战士，这时已是经过沙场考验"老兵"了，他们同仇敌忾，互相鼓励说："人在阵地在，决不让白匪军从我们身边前进一步。"在猛烈的炮火袭击下，有一个汀州籍的战士，腹部受伤，血流如注，肠子都进了出来，他忍住剧痛，硬是用手将肠子塞了回去，继续反击敌人。有的战士头部重创，从昏迷中醒过来，立即拿起武器，跳将起来狠揍敌人。在我军的顽强回击下，敌人抱头鼠窜，狼狈溃逃。英勇的"少共国际师"的战士们，端起刺刀，跃出战壕，乘胜追击敌人，霎时间杀声震天，红旗飞舞，我军像潮水般向敌军阵地涌去。各级指挥员更是身先士卒，奋勇冲刺。我们的师长吴高群同志也冒着敌人密集的火网，深入前沿指挥。往往是哪里最危险，他就出现在哪里；哪里打得最艰苦，他就往哪里冲。有一次，他在炮弹不断爆炸的山坡上往前沿阵地奔跑，警卫员把他按倒在地，一声巨响过后，他抖抖身上的泥土，又往前奔去。警卫员批评他太不注意安全了，他抹抹脸上混合着污泥的汗水，冲着警卫员说："我又不是〈人〉泥菩萨一打就散架，你以为我想死啦！我还想一直活到社会主义、共产主义哩！"我们的吴高群同志，就是这第一个充满理想、勇敢机智、性格粗犷的人。这一天，经过多次反复冲杀，我们将敌人三个主力师全部打垮，歼灭敌军一部，缴获了不少的胜〔战〕利品，但敌人依仗黎川城的险要地形，构筑了多层集团工事，并在城外挖有水壕，设置暗堡，敷设地雷和铁丝，作为外围屏障。我们当时还缺乏攻坚火力，敌人一缩回乌龟壳，我们就有点无能为力了。当战斗将结束时，夕阳已落到山沿，恼羞成怒的敌人又派出飞机向我军阵地轰击，敌机围绕在我们师部指挥所的山头上反复俯冲轰炸、扫射。它们是那样的猖狂，俯冲上来时，机翼擦着树梢，把地下的沙子都煽起来了。炸弹在空中、地上爆炸、撕扯着空气，发出怪啸声，尘土、石头、弹片四处飞溅，天空升起一团团黑烟。当时，我和吴高群同志正在一颗〔棵〕大树的两侧观察敌人的动静，一颗重型炸弹在我们的附近炸开了。一阵烟雾过去，我看到吴高群同志倒在地上，赶紧跳了过去，把他抱在怀里，只见他头部和腰部有七八处挂了重花。鲜血像泉水般涌了出来。我命令警卫员立即去叫担架，但他坚持不肯下火线。当我们把他抬到绑带所时，已经无法救治了。他那钢铁一般的手紧紧地握着我的手，使尽最后的气力继继〔断断〕续续地说："亲爱的战友，我大概不行了，共产主义事业要靠同志们完成，请同志们为我们少共国际师争光！为我报仇！"这位跟随着毛主席坚持井冈山斗争的山鹰一样勇敢的青年指挥员，说完了最后这句话，就闭上他那坚毅的眼睛，和我们永别了。但是他的英勇榜样，却永远活在我们的心里。吴高群同志和其他战友的壮烈牺牲，在全师激起了更加昂奋的歼灭敌人的热潮。7月21日在大脑寨战斗中，敌人集中了六个团的兵力向我师前沿阵地猛扑，火力比团村战役更加猛烈。我们的战士高喊着"为吴师长报仇"、"为牺牲的战友报仇"、"为了新中国，冲啊！"等口号，固守阵地、反复冲杀，挫败了敌人。以后在十几次防御作战中，"少共国际师"也都打得勇猛顽强，和其他红军老大哥部队一样发扬了良好的战斗作风。解放后，我回江西，重访了红军时代同敌人鏖战的故地，缅怀革命先烈，写下了悼念吴高群同志的一首诗：

> 青年友师战团村，出奇制胜创敌军。
> 恼羞成怒蒋飞贼，夺我战友吴高群，
> 智勇双全好战将，赤胆忠心为革命。
> 壮烈青春献大业，英雄形象高山鹰。

回顾东方军的英勇战斗和深刻教训

李志民

在我们党的历史上，发生过"左"倾冒险主义和右倾投降主义的错误。过去，人们往往以为"左"比右好，"左"是方法问题，右是立场问题。其实"左"和右的倾向都是错误的，都给我们党和军队造成过很大危害与损失。尤其是"左"倾冒险主义，拉起革命的大旗，喊着革命的口号，带有更大的煽动性和迷惑性，因而对全党的统治时间更长，对革命事业的危害更大。土地革命战争时期，东方军的经验教训就是有力的证明。

东方军的组成及其历史背景

1930 年 12 月至 1931 年 9 月，我们红一方面军在总前委和中央革命军事委员会（简称中革军委）主席毛泽东同志的正确领导与指挥下，连续取得了第一、二、三次反"围剿"的伟大胜利，1931年底，红军又英勇出击攻克了许多城镇，缴获敌人大批武器弹药来补充、壮大自己，巩固、扩大了中央苏区，通过三次反"围剿"作战，毛泽东同志在总结我军（包括各地红军）的经验的基础上，已基本形成了一套革命的战略战术原则。

但是，当时王明"左"倾冒险主义错误占统治地位的党中央，并未重视毛泽东同志的战略战术原则。他们不了解中国半封建半殖民地社会的特点，无视敌强我弱、革命不可能很快取得胜利的客观现实，错误地估计了国内外形势，主观地认为当时苏区已经巩固，红军与游击队的发展已经"造成了包围南昌、吉安、武汉等重要的与次要的大城市的形势"。从而否定毛泽东同志关于"围剿"和反"围剿"是中国内战的主要形式，反对关于"诱敌深入"、"集中兵力打歼灭战"等正确的作战原则，提出要利用目前顺利的政治与军事的条件，占取一二个重要的中心城市，以开始革命在一省数省的首先胜利……（1932年1月9日党的临时中央《关于争取革命在一省与数省首先胜利的决议》）在这种"速胜论"错误思想的指导下，1932年6月27日苏区中央局根据临时中央6月5日的军事训令，做出了《关于争取和完成江西及其邻近省区革命首先胜利的决议》，要求"中央苏区红军，应迅速地求得赣江流域的连续胜利，以夺取赣州、吉安、樟树、南昌、九江等城市为目的"；并要求闽西苏区"应以主力向闽北发展，造成广大的苏区，与赣东北苏区打通，成为争取江西首先胜利的东方一翼"。由于决议通过后不久，第四次反"围剿"已经开始，红军主力未能入闽去争取江西"东方一翼"的胜利，直到1933年7月才组成"东方军"入闽。

同"左"倾冒险主义的领导者不同，毛泽东同志根据1931年九一八事变和1932年一·二八事迹〔变〕后全国掀起抗日救亡热潮的新形势，积极提出红一方面军主力应当开向闽浙赣边区，通过援助上海十九路军抗战来组织抗日力量，开展政治攻势，揭露蒋介石的卖国阴谋，以推动全国抗日高潮的发展；同时打通中央苏区和闽浙赣边区的联系，扩大苏区，扩大红军，不仅不采纳毛泽东同志的意见，反而错误地给他加上"反对中央的进攻路线""游击主义""右倾保守主义"等大帽子，不断排挤毛泽东同志对党和红军的正确领导。他们借口政府工作的需要，让他到苏维埃中央政府工作，1931年11月撤销他的苏区中央政治局书记的职务，免除了他的中革军委主席的职务，只安排他为中革军委十五名委员中的第十二名委员；1932年10月又免去他红一方面军总政委的职务。

1932年6月，蒋介石亲任"剿共总司令"，出动了五六十万兵力，对我进行第四次反革命"围剿"。开始时，敌人对我中央苏区采取守势，首先围攻鄂豫皖、洪湖两根据地，以解除我红军对武汉的威胁。接着，1933 年 2 月，蒋介石亲自到南昌督战，集中兵力分三路进攻中央苏区。当时毛泽东同志虽然已离开了红军，但由于作为全党军事经验的总结的毛泽东军事思想和战略方针早已深入人心，王明"左"倾冒险主义错误在红军中还不占主导地位，在周恩来总政委和朱德总司令指挥下，每次战斗仍按照毛泽东军事思想的战略战术原则进行，所以连战皆捷，至 3 月 21 日就歼灭国民党"进剿"军三个师大部，活捉李明，陈时骥两个师长，歼敌二万八千人，纳枪万余，胜利地粉碎了敌人的第四次"围剿"。红一方面军在战斗中发展到十万人之众。

1933 年 1 月，以博古为首的临时党中央在白区难以立足，被迫撤到中央苏区。5 月 12 日，中革军委增加博古、项英为军委委员，接着，又以军委主席朱德同志率第一方面军在前方指挥作战为由，委任项英代理中革军委主席达八个月之久，指挥全国红军，使"左"倾冒险主义错误更直接地在苏区和红军中得以推行。

"左"倾冒险主义的领导者被第四次反"围剿"的胜利冲昏了头脑，尽管每个胜利都是周恩来、朱德同志坚决抵制中央的"左"倾错误指挥的情况下取得的，但这些阿 Q 却还是盲目地鼓吹这次胜利是执行他们的"正确的布尔什维克的政治路线和实际工作"的结果，从而更助长其主观主义、教条主义的错误，使"左"倾冒险主义在红军中泛滥成灾。王明、博古和项英等人本来没有实际工作经验，特别是没有指挥作战的经验，又丝毫不吸收粉碎一、二、三次"围剿"的丰富经验，更不重视战场指挥者的实际经验，不调查研究中央苏区和中央红军的具体情况，盲目地主观地提出许多"左"的口号，确定了许多不能实现的紧急任务：什么"筹款百万，赤化千里"，"创造百万铁的红军"，"打正规战"，"全线出击"，"两个拳打人"等等，生硬照搬苏联的一套经验。博古等人还竭力依靠、抬高共产国际派来的军事顾问李德（德国人，原名奥托·布劳恩），尤其是 1933 年 10 月李德从上海来到中央苏区之后，博古、项英更是放手让他掌握红军的实际指挥权，使他成为包揽军委一切工作的"太上总司令"，从而实际上剥夺了周恩来同志、朱德同志的军事指挥权。

他们提出的所谓"两个拳头打人"，就是把一方面军的红一军团、红三军团两个主力部队分开作战，企图在两个战略方向同时求胜。本来从 1930 年以来，一、三军团在毛泽东、朱德等同志的领导、指挥下，从来没有分开过，并肩作战，拧成一股绳，所向披靡，已形成一个无坚不摧的拳头。但是，在"左"倾冒险主义领导者"两个拳头张开打人"的错误决策，两个主力部队被分割，打击敌人的力量被分散。1933 年夏，他们害怕根据地的坛坛罐罐被敌人打烂，以一军团为主的中央红军，于江西的宜黄、乐安、南丰一线，正面牵扯崇仁、金溪之敌，看守中央苏区的北大门，使它失去机动灵活歼敌的机会，未能发挥应有的作用（1933 年 12 月第五次反"围剿"期间，又一度以一军团为主改组为"西方军"节节阻击"围剿"中央苏区之敌，同样失去机动作战的机会）。同时，于1933 年 7 月 1 日下令，以三军团（暂缺红六师）为主，包括福建的红十九师组成东方军，任命彭德怀同志为司令员，滕代远同志为政委。为配合作战，还命令红三十四师及闽赣军区部分分区的地方武装亦统归彭、滕就近指挥。东方军组成后，7 月 2 日三军团即率红四、红五师由江西广昌的头陂地区出发，分两路经新安、丹溪和驿前、石城向福建进军，于 7 月 5 日到过宁化以西地区集结，去执行收复闽西沦陷的连城、新泉苏区和开辟闽北新苏区的战斗任务。实际上由于当时中央的"左"倾错误的决策，又没有一军团的协同配合，东方军虽奋力苦战，仍未有取得可能取得的最大胜利，这是一个深刻的历史教训。

东方军的历史功绩永垂青史

东方军虽然是"左"倾冒险主义的产物，但在红一方面军周恩来总政委、朱德总司令的正确领导下，在东方军彭德怀、滕代远和杨尚昆（滕于1933年12月因病调离后，杨接任政委）等同志的正确指挥下，全体指战员英勇作战，艰苦奋斗，在敌众我寡的形势下，仍然打了很多胜利仗，歼灭了大量敌人，打开了一些城镇，扩大了政治影响，扩充了红军，筹集了大量物资，部分地解决了中央苏区和红军的穿衣，吃盐等等困难。东方军的历史功绩是不可磨灭的。

1933年7月2日，东方军向福建进军之后，几乎每战都是经过周、朱、彭、滕（杨）诸同志与"左"倾错误的中央领导者，在往返电报中反复争论，甚至激烈斗争才取的。入闽第一仗是拔除宁化县的泉上土堡。泉上位于宁化县东北、地处宁化、清流、归化（今明溪）、建宁数县毗邻之处，是宁化到归化的交通要道，地理位置十分重要。这个土堡墙高约二丈五尺，厚二丈余，相当坚固。驻有国民党军阀卢兴邦师第三〇七团，并有宁化、清流、石城、长汀四个县的残余地主武装四百多人。储有大粮食、食盐等物资，是周围数县逃亡地主负偶〔隅〕顽抗的反动堡垒，威胁着附近苏区的安全，也是东方军向东运动，扩大苏区的极大障碍。所以东方军决定首先拔掉这个钉子。

但是，"左"倾冒险主义的中央领导者当时心目中只有中心城市，即使一时打不了大城市也要打县城，完全不把小小的泉上土堡放在眼中。所以，他们不顾实际情况，下令东方军首先攻打清流县城。

当时的争论，给东方军作战造成极大困难。7月4日，彭、滕电请第一方面军朱德总司令和周恩来总政委转中革军委项英代主席，提出："清流、泉上、嵩市仍为卢逆，共四团无变化。首先消灭泉上之敌，后再同时攻击嵩口、清流之敌。此举我有集结主力随时打击增援敌之便。"同时说明，清流城堡坚固，敌人利用天险加修工事，袭击万一不克，要廷〔延〕误时间，再从火线撤下打增援之敌，将影响士气。这些从实际出发所做的战斗部署，完全符合毛泽东同志的战术原则，很快取得朱、周同意。7月5日。朱、周回电指出："如敌情无变化，三军团应首袭泉上、归化之敌。即转移北上，绝无可能打击连城援敌""泉上、归化均属城围，工事虽较清流易攻坚，则我意仍以清流为攻击目标，坚决消灭三团人，连城敌有增援可能，若消灭援敌对东南、西南战线有大影响"。

正当周、朱、彭、滕与项英争论之际，7月9日，卢兴邦部的旅长张兴隆率第三〇九团从清流增援泉上。彭德怀、滕代远同志根据原定"围点打援"的战术原则，除令红四师在离泉上三十余里的延祥设伏，准备歼灭援敌。

泉上通延祥的小道上，两旁均为高山峻岭，中间是一狭长洼地，正是打伏击的理想地点。这一天，敌三〇九团刚进入伏击圈，红四师张锡龙师长、彭雪枫政委立即发出攻击命令。红军战士先是从两侧山上居高临征以火力杀伤敌人，然后以猛虎下山之势冲入敌阵，展开白刃格斗，只一小时激战，就干净利索地全歼了敌人这个团。接着，红四师乘胜追击，进占清流东北的嵩溪；独立红七师进占清流西北岭下、田背一线、红三十四师进占清流西南的雾阁地区，从而切断了清流与泉上联系，进一步孤立了泉上敌人。同时，红五师第十三团也乘胜东进，歼灭归化守敌一个营，解放了归化城。

延祥伏击战的胜利，为攻克泉上创造了有利条件，也证明"围点打援"战术的正确。但"左"倾冒险主义的领导者却急于要进攻清流和连城守敌，7月10日又电令东方军"只留一团围攻泉上，并由该团抽出一连为基干，领导归化东北游击队，巩固归化"，同时命令主力部队大部分立刻转移到清流南面，准备消灭清流撤退之敌，或配合三十四师打击连城增援清流之敌。

在此情况下，7月11日，朱总司令、周总政委不得不给项英连发两封电报：一封指出先袭泉上后逼清流才易打击敌人增援部队，不能采取积极进攻清流城的办法。并指出以三军团主力过清流河及令红十九师渡将乐河南下都是不妥当的，因目前多雨，山水时涨，闽省各河流急水深，大兵团运动不便，加以天热多病，三军团沿途已留下五百多病员，请项英"决定部队行动稍稍顾及此点"。

同时，在另一封电报中转达了彭、滕的意见，力言即刻移兵清流南岸，"围攻泉上巩固归化留一团兵力万万不足，因泉上敌之兵力超过八连人。我主力南移，边（城）敌如不动，清流敌可北向，解泉上围，我成隔岸观火，迂回过河须三天行程，现三军团每日搜山征发，只吃两餐稀饭尤不利这样行动"。并明确表示已复电令彭、滕依预定计划有步骤的争取胜利。要求项英："请勿急，尤请勿直接命令彭滕，使他们无所适从、时时请令，反束缚其不能机断专行。"次日，彭、滕又将围攻泉上、清流、连城的意见电告项英，强调指出："泉上土围攻敌八个步兵连，机、炮各一连，地主武装百余人（注：后查明有四百余人），一团围一团是不够的。况反动童子军大刀会在外面扰乱，因此再无力顾及归化。"在周、朱、彭、滕据理力争下，项英等人才缓和口气，回电朱、周并转彭、滕解释说："我迭电你们不是命令，而是提出某一阶段中作战意图……"但仍软中带硬，固执地坚持己见。

7月14日，在东方军围攻泉上土堡，并接连取得延祥、归化战斗胜利的有利形势下，红三十四师在清流与连城之间的安乐、雾阁一带也积极开展游击战，配合主力切断清流、连城之间的联系。盘踞清流的卢兴邦主力三个团慑于我军的威力，弃城向永安撤退，红三十四师经安乐向秋口截击未获，于雾阁与马屋附近击溃从连城增援清流的敌十九路军第七十八师一个团，乘胜占领了上堡。红四师第十团、十一团和独立七师乘胜进占了清流城，红四师第十二团亦向嵩口坪、秋口推进，牵制连城守敌。

此时，敌七十八师还有两个团在雾阁附近的四堡。项英获知这一情况，并得悉连城敌人还可能派出三四个团增援四堡的情报，没有通盘考虑整个战局，7月16日便匆忙以"十万火急"电令东方军放弃泉上，立即南下配合三十四师歼灭四堡敌人这两个团，并准备歼灭连城援敌三四个团，同时严令"部署中应注意不使该两团撤回连城固守，而成相持之势。"

周恩来总政委接到项英这"十万火急"的电令后实在感到为

难，马上复电提出意见：“泉敌不应放走，围攻至少要两个团（两团无外围敌有突围可能），立刻以四团兵力配合三十四师袭击四堡（四堡有工事），打增援队则火力不足。”“调十九师接围泉上，以三军团全部南移则须延迟三天，泉上到四堡三天又恐四堡之敌情有变化。”但周总政委在提出意见的同时，为了执行军委项英的“十万火急”电令，还是尽最大努力，命令在将乐县白莲地区的红十九师迅即南下，两天以后赶到泉上去接替三军团围攻泉上的任务，以便三军团腾出手来，集中兵力全部南下，同时，命令三军团除留足兵力继续围攻泉上，等待下九师来接外围，其余主力部队立即集中清流，经安乐、雾阁之西，秘密运动，配合三十四师袭击四堡。事实证明，不待我三军团南下，四堡两团敌人早已撤回连城，项英“十万火急”电令只是主观臆想而已。

7月19日拂晓，围攻泉上土堡的红五师第十五团完成了坑道作业，把土硝装在棺材内，推进坑道炸开土堡围墙，趁硝烟弥漫之际，勇猛冲入堡内，在兄弟部队配合下，一举全歼守敌一个团。至此，延祥和泉上两战共毙敌四百余人，其中团长一人；俘敌一千二百余人，其中旅、团长各一人，营长三人。缴获步枪一千一百余支，迫击炮两门，机关枪七挺，驳壳枪六十支。此外俘虏宁化新旧县长二人，宁化、清流、归化等县逃亡地主恶霸及地主武装三百余人，缴获大批现款、粮食、食盐等物资。

东方军首战告捷，拔除了泉上土堡，解放了清流、归化两县大片土地，军威大振。为了总结入闽以来几次战斗的经验教训，周恩来总政委于7月20日特地就“关于打泉上战略部署的争论问题”致项英一封电报，批评项英等人不顾实际情况和可能，连日频频来报，喋喋不休地催促部队攻打清流及南下打连城之不当，并严肃指出：“我们争论并非意图不同，更非不认识主要突击方向或总攻下泉上即应北上与东向”；“我们不同，乃在我们判断连（城）敌援不是如你所料，不主张三军团主力立刻过清流河及南下……而你主张分兵南下，这是战略实施在战术上的问题，须估计到当时当地敌情、地形与我兵力、给养条件等，我坚持执行已定步骤（每一步骤是有前后接应的）达到胜利"。周恩来同志这些言简意赅的话语，对"左"倾冒险主义领导者主义的指挥方式是有力的批评。这些事实也足以说明周恩来同志军事指挥的正确和英明，足以说明他不愧是一个伟大的无产阶级军事家。

东方军军事上的胜利，确为开辟新苏区创造了良好的条件，但"左"倾冒主义的领导者却盲目要求扩大战果。他们早在1932年6月27日通过的《苏区中央局关于争取和完成江西邻近省区革命首先胜利的决议》中就提出："要努力做到解除红军主力'分散'筹款、'分散'做地方工作的任务……使红军用全力于决战方面，到白色统治域去开展胜利的进攻，连续的战胜敌人，消灭敌人武力。"把古田会议确定的红军三大任务缩小成只有打仗一项。所以解放这些地方后，不待部队深入发动群众，巩固新区，便匆忙命令部队去进攻连城限时限刻到达，并指定必须由北向南进攻，他们坐在江西瑞金，不了解福建连城的实际情况，不接受攻打泉上作战部署争论的教训，仍在那里瞎指挥。

连城、新泉原为我闽西苏区，1933年四、五月间被十九路军侵占。所以，当我东方军围攻泉上土堡时，红三十四师及红四师一部分兵力已先后奉命进至连城周围，准备待机收复。

当时十九路军的六十师沈光汉部驻在龙岩至新泉一线；七十八师区寿年部驻在边城及四堡周围；而六十一师毛维寿部驻扎闽中的泉州、永春一带作为机动。区寿年师是这次进犯我闽西苏区的先头主力师，辖两旅六团，师部还配有炮、工、辎重、特务等直属分队，总兵力约万余人，该师全系德式装备，武器精良，训练有素，在国民党军队中是数第一流的军队，战斗力较强，又据守着连城强固的野战工事，确是容守难攻。但项英全然不顾这些实际情况，命令东方军当即攻取连城，并按地图所示的位置，给东方军划定了由北向南时攻的路线。

那时正值七八月天气，闽西天热如焚。彭德怀同志为弄清敌情，亲自带领侦察排到第一线侦察了一天，发现按项英的规定，由北向南时攻连城，我军完全处于仰攻地位，地形对我十分不利，连攻击点也找不到，实在无法完成任务。根据当时的实际情况，距离连城东南约七十里的营溪，驻有区寿年师丁荣光的四六七团大部，另以该团之黄康营驻守离营溪西北二十里的朋口，守卫龙岩至连城和龙岩至长汀两条大路的交叉口道，作为丁荣光团的前哨营。如果我军选择朋口作为突破口，必然可以调动营溪及连城之敌出援，在运动中消灭它。但当时"左"倾冒险主义的领导者不给前线指挥员一点机动权，谁也不允许改变他们的作战计划。面对这种情况，彭德怀、滕代远同志以革命利益为重，还是实事求是地将情况电告朱、周转报项英，要求改变作战方案，经过反复争论，才获得批准。

7月28日，我东方军红四师和红十九师分别包围朋口、营溪守敌，先后发动进攻。红五师和红三十四师则在外围担负牵制连城敌人、打击增援部队的任务。区寿年闻讯马上从连城派出四六六团钟经瑞部火速增援营溪、朋口。我红五师第十三团早于29日清晨就抢占了朋口东侧的高山，控制制高点，敌钟经瑞部也企图争夺这个制高点。红十三团立即以一营迂回敌后，猛烈夹击，将援敌钟经瑞团全部歼灭。接着，全力围歼朋口。营溪之敌，将敌四六七团丁荣光部和所属黄康营全部歼灭。

8月1日，东方军所属红四师、五师、十九师、三十四师于连城东面的下堡胜利会师，欢庆建军六周年。在庆祝大会上，彭德怀司令员和政治部袁国平主任都讲了话，鼓励全军指战员继续英勇作战，争取更大的胜利。当晚还举行庆祝晚会，三军团和各师宣传队演出文艺节目，锣鼓喧天，歌声飞扬，全军上下一片欢腾。

区寿年得悉其四六六、四六七两团全部被歼，急电请示漳州十九路军总部，十九路军总部恐区被我全歼，8月2日即电令区师放弃连城撤至永安，并令驻闽中之六十一师毛维寿部派一个旅赶到大田、永安，掩护区师撤退。但8月3日区师尚存的四个团及师直部队刚撤至连城县的姑田镇时，我东方军红四师、十九师、三十四师追击部队已经赶到，一阵猛打猛冲，区师顿时大乱，纷纷丢弃枪械、行李、辎重，夺路而逃。我军直假定以小陶，再歼区师一个团，打得敌人惊慌失措，草木皆兵，一昼夜狂奔一百七十里逃至永安。

敌六十师沈光汉部闻讯，恐被我歼灭，迅即从新泉一线缩回龙岩；六十一师毛维寿部驻的泉州、永春一带，也不也轻举妄动。这一仗，我东方军共消灭敌七十八师区寿年部一个旅三个团，俘敌官兵二千余人，其中旅长一人，团长二人，缴获各种枪支二千余支，军粮一千五百担，对国民党十九路军震动极大。这是十九路军参加反共内战史上受到的最大的一次打击。从而使该军认识到反共只有自取灭亡，也是以后该军政治上从"反蒋反共抗日"转变为"联共反蒋抗日"方针的一个重要因素。

不出所料，我东方军攻下朋口后，不费一枪一弹，就收复了连城、新泉苏区，并乘胜追击，开辟了泉上、清流、归化纵横数百里的新苏区，完成了第一阶段的闽西的作战任务。东方军利用这个时机在连城进行十天整训，补充兵员，准备执行第二阶段向闽北进军的战斗任务。但因"左"倾冒险主义的领导者只让部分地方部队开展一些宣传活动，仍不让主力部队分散做群众工作，巩固胜利成果，8月13日即电令主力部队立即北上进攻洋口、延平（今南平）。所以在闽西占领的地区虽然不小，已有八九个县，但都似猴子摘苞米，摘一个丢一个，一个也没有巩固下来。

8月16日，东方军除留红三十四师驻守连城外，其余部队〈发邓〉奉命北上，开始第二阶段的作战。我们从连城出发，经清流、归化到沙县境内，解放了夏茂、高桥等广大乡镇，于8月下旬攻占了闽江上游的两个主要商埠——顺昌县的洋口和延平的峡阳。击溃蒋军五十六师刘和鼎部三个团，缴获机枪四挺，火轮三艘，食盐十五万斤，其他军用品无数。接着，东方军的红四师、五师、十九师又将顺昌、延平隔断并围攻两城。红六师（原兴国模范师）及红二十一师第六十一团也从江西黎川及福建泰宁南下，包围将乐县城。此时，第一方面军指挥部已从江西东移，经建宁抵达泰宁县城组织指挥。至此，刘和鼎之五十六师即被我分割包围如惊弓之鸟，在延平一面拼命加固工事，一面不断向十九路军发出呼援急电。

8月27日，彭德怀司令员亲临顺昌城外观察地形，了解到顺昌城三面环水，只有北面可以进攻，而北面炮楼却很坚固，砖厚楼高，不易接近，且城外二三十里房屋极少，不便进行坑道作业接近爆破。同时，据侦察员报告，将乐县城也是三面环水，西北面又有高山可以凭险扼守；延平这座山城素有"铁延平"之称，城寺〔墙〕高大坚固，易守难攻。根据这三座县城的地形和敌我态势，彭德怀、滕代远等同志决定仍坚持采用"围城打援"的方针，加紧佯攻延平，把水口、沙县的十九路军诱出增援，而后歼灭之。

可是，当时十九路军蔡廷锴与蒋介石的矛盾已日益尖锐，蔡廷锴为保存实力，不愿积极增援平刘和鼎部。我东方军在洋口、峡阳等地多次欲诱敌深入，歼灭其增援部队均未能实现；我围攻将乐、顺昌的部队又久攻不克，所以整个战局自八月中旬开始就一直处于僵持状态。8月底，蔡廷锴在蒋介石的压力下，才开始部署增援延平的兵力：令第六十师沈光汉部由龙岩进至永安，第六十一师毛维寿部由泉州经大田县向沙县集中，他亲率补充师谭启秀部进至水口、龙溪口两岸地区，小心翼翼地向延平方向接近。9月3日，我东方军一部沿闽江北岸直奔水口方向，准备截击援敌。行至夏道镇北岸时，俘敌前卫排，从审俘中得知敌人分乘数艘汽轮，拖着十几条木船刚到夏道码头，有的上岸做饭，有的还在船上。彭德怀、滕代远同志听汇报后即令红四师第十团从上游渡江，红五师第十三团一部就地渡江配合击敌人。渡江部队迅速抢占对岸山头，然后两岸部队以机枪、迫击炮猛烈夹击，消灭敌人一个营，余部向水口奔逃；我红四师乘胜追击到神话北四十里之水口，双击溃敌两营。这一仗我缴获重机枪三挺，步枪百余支，汽车二辆，汽轮八艘，子弹四轮船，食盐七万斤。

9 月中旬，东方军又转到延平的西芹，待机歼灭来自沙县的援敌。当时敌十九路军最精锐的六十一师毛维寿部已经进驻沙县，企图以部分兵力先占西芹，掩护主力继续增援延平。我东方军闻讯即令红五师第十三团连夜出发，截击来敌。9 月 18 日晨，与敌六址一师第三六六团郑为辑部及七十八师一个营、五十二师一个营共五个营在木芹山遭遇。木芹山是茅草丛生的大荒山，为抢占制高点。红十三团战士不顾一夜行军疲劳，奋勇抢占了木芹山主峰。敌人也拼命争夺主峰，战斗十分激烈，最后在山巅上展开肉搏战。在我红色战士勇猛冲杀下，敌人溃不成军，一批缴枪投降，我军乘胜直追数十里。号称十九路军中最有战斗力、从未打过败仗的"铁军"三六六团，这一仗就被我东方军红十三团全部消灭。我军创造了一个团的兵力在运动中歼敌一个团的新记〔纪〕录。东方军全体指战员士气十分高昂，热烈欢庆胜利；苏区群众听到捷报，个个喜气洋洋。

"左"倾错误领导严重削弱东方军的战斗力

1933 年秋，正当东方军频繁作战、连续取胜的时候，犯"左"倾错误的中央领导者不仅在军事上继续推行一套"左"倾冒险主义的战略战术，而且在组织上也竭力推行极"左"政策。他们在干部路线上大搞唯成分论，不恰当地过分强调红军领导骨干必须是无产阶级成分，无产阶级分子。向各地区各部队派遣大批"钦差大臣"，去进行所谓"改造和充实各领导机关"，搞乱了干部队伍。当时部队绝大多数同志是农民出身，而他们却只提拔工人出身的人。不问其是否具备干部条件，只要是无产阶级成分的就提拔。除了长沙、安源的一些矿工外，连手工业工人也照样提拔起来，而且一下就提为团、师政委，担任高级领导职务，这样，就大大削弱了部队的作战指挥和政治工作。同时，他们还大搞查田查阶级运动，查到谁是地主出身，不问是否属实，表现如何，斗争历史多久，就说谁是阶级异己分子，将他们开除出红军，摧残了许多有用之才。

〈上〉他们刚进行过"肃反"运动，又以反"右倾机会主义"、"游击主义"、"富农路线"、"罗明路线"、"调和主义"、"两面派"等各种罪名，大搞宗派主义，惩办主义，对不坚决执行他们的错误主张、而拥护毛泽东同志正确领导的好干部则进行"残酷斗争，无情打击"大批地进行处罚和撤换，随意提拔同他们气味相投、只知随声附和的人，严重地破坏了党的民主集中制和批评与自我批评的好作风。家长制横行，一言堂成风。尤其是在闽西和红军中反对所谓"罗明路线"，打击面更宽，影响更坏，危害也更大。

事实真相是：1933 年，罗明同志担任中共福建省委代理书记，并组织"中共前敌委员会"以指导前线的工作。他根据前线实际情况大胆地向党中央提出了几点建议。其中谈到要积极坚持岩（龙岩）永（永定）杭（上杭）地区的游击战争，这个边沿地区条件比较困难，"赤化千里，筹款百万"应因地制宜，所有土地税款等收入不能完全集中到国库，应留一部分作为地方的机动费用，否则脱离生产的游击队等人员无法维持生活。还谈到"创造百万铁的红军"也应从闽西的实际情况出发，除动员一部分兵员补充主力红军外，还应动员一部分兵员补充地方武装，以锻炼提高地方武装的战斗力，更好地保卫和发展革命根据地。在"扩军"工作中，也要量力而行。因为在苏区地方不大，人口不多，向〔几〕年来动员再动员，扩大再扩大，空间要动员、扩大到什么程度，需要有个限度，不能无止境地扩大。如上杭县才溪乡，共有二千余人口，在一次一次的扩军突击后，乡里只剩下壮丁七人，还要进行突击，这当然不现实。罗明同志虽然一再写信给省委转告党中央，说明前线这些实际情况，但"左"倾错误的领导者根本不予考虑，仍坚持要边沿游击区上缴一切税款和扩大百万红军，并认为罗明是右倾机会主义者，是对革命悲观失望的、机会主义的、取消主义的逃跑退却路线，是反对党中央的"布尔什维克的进攻路线"，于是在组织上普遍开展反罗明路线的斗争，并错误地认为在红军党内开展反罗明路线的斗争尤为重要。这样就把地方上反"罗明路线"的斗争扩大到红军中来，引起东方军内部的严重混乱。当时，不少同志不明真相，被"左"倾空喊的口号所蒙蔽，认为罗明路线是"反革命"，更有认为罗明就是"反革命者"的议论纷纷，莫衷一是。甚至罗明同志从前线回来，连炊事员也不给他做饭吃。他去理发店理发，刚坐下，理发师付〔傅〕听说他是罗明，马上把他撵走，不给理发。罗明同志被撤了职，还有很多好同志、中高级干部也受到诬害、牵连。如保卫黎川的是我们闽赣军区一个五〈、〉六百人的独立团，蒋介石以三个师进攻黎川，在敌我力量如此悬殊的情况下，我们放弃黎川，以保存有生力量是必然的。但"左"倾冒险主义者根本不体察实情，硬是给前线指挥员加上退却逃跑、违抗命令、右倾机会主义等罪名，撤销职务，开除党籍，并拘捕交军事检察所公开审判。他们大搞惩办主义，以对罪犯和敌人做斗争的方式来进行党内斗争。在福建开展反"罗明路线"斗争的同时，在江西也开展反邓（邓小平）、毛（毛泽覃）、谢（谢唯俊）、古（古柏）等同志的所谓有"江西的罗明路线"，使许多地方干部和部队干部均受到打击，搞得人人自危，党内军内恐惧心理和社会不安现象十分严重，大大削弱了东方军的战斗力。这场斗争的实质就是为了反对毛泽东同志的正确领导，进一步推行其"左"倾冒险主义错误的，因而造成了极为严重的恶果。

1933年9月25日，蒋介石调动了五十万大军，分四路向苏区中央根据地进行第五次反革命"围剿"其北线部队已自临川、南城、贵溪等地向我进攻，侵占我黎川，形势十分紧张。中央即令东方军撤回江西企图恢复黎川。

此时，国民党十九军和我军进行了谈判，准备联共反蒋，闽北军阀刘和鼎、卢兴邦等部失去十九路军支持，顿时陷于孤立。在这个对革命十分有利的新形势下，彭德怀同志发了电报给中央，建议留红五军团保卫中央苏区，集中一、三、七、九军团撤出苏区，向闽浙赣地区进军，威胁南京、上海、杭州、支援十九路军的福建事变，推动抗日运动并打破蒋介石的第五次"围剿"计划。但这个意见未被犯"左"倾错误的中央领导者采纳。博古还批评这个建议是"脱离中央苏区根据地的冒险主义"。其实彭德怀同志这个建议是完全符合毛泽东军事思想的。毛泽东同志在《中国革命战争的战略问题》一文中就明确指出:"第五次反'围剿'进行两个月之后,当福建事变出现之时,红军主力无疑地是该突进到以浙江为中心的苏浙皖赣地区去,纵横驰骋于杭州、苏州、南京、芜湖、南昌、福州之间,将战略防御转变为战略进攻,威胁敌人之根本重地,向广大无堡垒地点寻求作战。用这种方法,就能迫使进攻江西南部福建西部地区之敌回援其根本重地,粉碎其向江西根据地的进攻,并援助福建人民政府——这种方法是必然确定地援助它的,此计不用,第五次'围剿'就不能打破,福建人民政府也只好倒台。"

彭德怀同志的正确建议未被采纳,而"左"倾冒险主义的领导者坚持实行其"御敌于国门之外"、"不失寸土"的错误方针。他们震惊于 9 月 28 日黎川一城之失守,而不考虑当时东方军在闽北正是消灭孤力〔立〕无援的刘和鼎敌军,在敌人堡垒地区之外发展苏区、粉碎敌人"围剿"计划的大好时机,命令东方军立即返回北线,企图收复黎川。

在"左"倾错误领导者的压力下,10 月初,作为东方军主力的三军团只好从延平、将乐、顺昌前线撤回泰宁集中,然后转向黎川方向前进。10 月 7 日,当三军团行军到达江西洵口时,不期与敌遭遇,经过三天激战,消灭了敌军赵观涛第六师第十八旅(三个团缺一个营)生俘旅长葛仲山。当时敌十八旅残存的一个营据守在山顶土寨子,虽然山很陡,不易爬上去,但山上无水,我们再围困它半天,即可迫使该营就歼。这算是第五次反"围剿"中的一个意外的序战胜利。但"左"倾错误的领导者不待困死之营被消灭,便命令立即向黎川以北白区敌人的巩固阵地硝石进攻。当时黎川驻敌三四个师,南城、南丰各约三个师,硝石正在这三点之间,各隔三四十里,处在敌军堡垒群中心。当我军奉命进入硝石时,发现已钻入敌堡垒群纵深之中,完全失去机动余地;而且泰宁以北之敌,发现我主力在黎川方面，将向我泰宁进攻；黎川、南丰、南城之敌，亦将向硝石夹击我军。在这危急关头，彭德怀同志当机立断，连电陈词反对上述命令，最后总算电复允许三军团撤出硝石返回洵口、莲塘一线，才避免遭受严重损失。

12月12日，敌以一个师守黎川，三个师向福建、江西交界的德胜关推进。我三军团预先在半路埋伏好，当敌进至团村我伏击圈时，一声号令，我主力部队同时猛烈突入敌阵，敌军大乱，向黎川城内逃窜。我方四个师共约一万二千余人，击溃敌三个师十五个团共约四万余人。仗虽打胜，但俘虏不及千人，算是打了一个"击溃仗"。这一仗，从战略上看，"伤其十指，不如断其一指"，实际意义并不大，据彭德怀同志以后回忆："如果当时一军团在，我一、三军因靠拢作战，敌三个师十五个团当能全部歼灭；加上洵口歼灭之三个团，就是十八个团；再寻机歼敌二十个团左右，敌第五次'围剿'就可能被粉碎，历史上也没有二万五千里长征了。"

"左"倾错误领导造成东方军功败垂成

1933年十月初，三军团奉调返回江西之后，东方军没有主力支撑，在福建发挥不了作用，而三军团在"左"倾错误领导者的指挥下，虽奋力苦战于黎川周围的硝石、团村地区，并一度转战于浒湾、琅琚、珀干一线，但打的大多是消耗战，未能机动自如地打击敌人。而正在此时，李济深、陈铭枢和十九路军蒋光鼐、蔡廷锴等人正主动找我军联络，酝酿和发动了反蒋抗日的福建事变，这对于我们粉碎蒋介石的第五次"围剿"、发展抗日民族统一战线极为有利。可惜当时"左"倾错误的领导者在统一战线问题上同样犯了严重的"关门主义"错误，没有积极支援十九路军，坐失了一个打击、消灭蒋介石反动军队、粉碎第五次"围剿"的大好时机。

这里要简单回顾一下我们与十九路军通过斗争求得联合的一些历史情况：

1932年"一·二八"淞沪战争后，蒋介石决心对"违令"抗日的非嫡系部队十九路军加以整肃。他本想把十九路军先调离京沪，然后进行肢解，未达到目的，乃改令十九路军到福建打红军。阴谋以十九路军消灭红军，或假红军之手消灭十九路军，或使两败俱伤，他好一箭双雕，坐收渔人之利。1932年五六月间，十九路军调到福建之后，背靠大海无处可走，面向苏区进退两难。广大士兵要求抗日，不愿打内战，其领导人蒋光鼐、蔡廷锴也知道"剿共"不能取胜，但从保存并发展自己的实力出发，还想排除共产党和红军势力出闽西，在福建搞个"模范省"，统一全闽政权，联络广东、广西新军阀，在福建造成割据偏安之势。所以，他们在漳州、厦门登陆立足后，仍然服从蒋介石的调遣，利用我主力红军在江西进行第四次反"围剿"战斗、闽西武装力量薄弱的时机，不断进犯、蚕食我闽西苏区和闽南游击区，于1933年二三月期侵占我龙岩，四五月间又占我连城、新泉等大片苏区，并积极准备进攻我汀州城。1933年7月，我东方军入闽进攻土著军阀卢肖邦和国民党军刘和鼎等部时，十九路军曾派兵增援，均被我击溃。当时他们虽有反蒋抗日的愿望，但在实际行动上仍然是反共与屈从于蒋介石的。经过我东方军消灭其区、毛、谭师各一部后，铁的事实教育了十九路军领导人，使他们认识到继续反共就有全军覆灭的危险。而要反蒋抗日，只有联合共产党才有可能，遂决定变"反共反蒋抗日"的方针为"联共反蒋抗日"。

东方军进军福建后，连战皆捷，造成了威逼福州的形势，蒋光鼐、蔡廷锴害怕十九路军被消灭，于9月中旬亲自写信并派过去曾是共产党员陈公培为代表到前线找东方军联系，表示愿意和谈，共同抗日，双方先行停止战争行动。陈公培在延平附近的王台见到了东方军彭德怀司令员，陈公培表明他们要反蒋抗日，不反蒋就不能抗日。彭德怀同志开导他们说："对，抗日必须反蒋，因为蒋介石执行的是'攘外必先安内'的卖国政策。只有抗日才能停止内战。"谈完话请他吃了饭，留宿一晚。彭德怀同志又给蒋、蔡写了回信，对十九路军响应我临时中央政府工农红军革命军事委员1933年1

月 17 日宣言，愿和红军合作抗日的态度表示欢迎，对十九路军过去共压迫人民的行动，也作了严肃的批评。并告以反蒋抗日大计，请他们派代表到瑞金，同我们中央正式谈判。陈公培走后，9 月 23 日，彭德怀同志立刻将上述情况电告了中央。

蒋光鼐、蔡廷锴、陈铭枢收到彭德怀同志回信后十分高兴，立即又派陈公培与十九路军秘书长徐名鸿到瑞金正式谈判。陈、徐到瑞金后，毛泽东、周恩来、朱德等中央领导同志接见了他们，晓以抗日救国大义，进一步坚定了他们反蒋抗日的决心。10 月 26 日和我临时中央政府及工农红军签订了《反日反蒋的初步协定》。蔡廷锴、陈铭枢、蒋光鼐与国民党内李济深等一部分反蒋势力，遂于11 月 20 日发动福建事变，宣告成立抗日反蒋的"中华共和国人民革命政府"。

举事后不久，李济深。陈铭枢、蒋光鼐、蔡廷锴等人聚会，感到放弃了国民党，没有个组织，处境不利，于是另行组织了"生产人民党"。原在十九路军中有活动、有发展的"第三党"后来声明解散，很多第三党人也参加了"生产人民党"。

无疑的，福建事变是国民党内部矛盾的表面化，是"一·二八"淞沪抗战后，抗战派和亲日派斗争的继续和发展，是上层小资产阶级和民族资产阶级反对官〈司〉僚买办资产阶级和地主阶级的代表蒋介石的一场斗争。他们的反蒋抗日行动对我们十分有利，我们完全应该利用他们的矛盾，支援十九路军，一面发展抗日力量，一面牵制蒋介石的兵力，粉碎其对我中央苏区的第五次"围剿"。但是"左"倾错误的中央领导却以主观主义、形而上学的观点看待福建事变，错误地认为"第三党"与"生产人民党"和"福建人民革命政府"比国民党、蒋介石还坏、还反动，更带欺骗性。武断地认定："'人民革命政府'存在以来一个月多的事实，证明它的一切空喊与革命的词句，这不过是一部分以前国民党的领袖及政客们的一种欺骗民众的把戏。他们并不是为了要推翻帝国主义和地主资产阶级的统治，而是为了要维持这个统治，为了阻止和妨碍中国民众胜利的反帝国主义的民族解放斗争和向着苏维埃道路的迈进。"（1934 年 1 月 18 日《中共六届五中全会政治决议案》）就这样轻率地否定了福建事变反蒋抗日的进步作用。毛泽东同志、彭德怀同志提出的集中红军主力出苏区，威胁京、沪、杭，掩护福建事变，推动抗日运动和打破蒋介石第五次"围剿"计划的正确建议未被采纳，坐失了有利的战机。

福建事变后，我红军未积极主动支援十九路军。而阴险狡猾的蒋介石却看准了这个时机，对中央苏区暂取守势，由北线抽调八个师的兵力沿光泽、邵武、顺昌一线，并从其他路线进攻十九路军，使刚刚诞生的"福建人民革命政府"面临覆灭的危机。当时获悉，蒋介石的嫡系部队三十六师自抚州出发，到金溪停留两天，准备粮食。因离金溪后一两天就进入我苏区，筹粮困难，还要防备我红军的突然袭击。自金溪到邵武，都是崇山峻岭，坑深路险，敌人行军二十天，天天提心吊胆，对红军十分害怕，但红军始终未拦腰截击。之后，蒋军嫡系第十师、八十三师又沿着三十六师的行进路线到达顺昌，红军也同样未予袭击。这样好的歼敌战机都被"左"倾错误的领导者丧失了。

1933 年底，蒋介石部队逼近延平，并以狂轰滥炸威胁十九路军官兵，用金钱、地位收买十九路军中一些将领，加剧了十九路军的内部分化，有的部队自行溃散，有的部队投降叛变，"福建人民革命政府"已处于十分危险的境地。这时，"左"倾错误的中央领导才开始有了"唇亡齿寒"之感，恐蒋介石消灭十九路军后，会加紧对我进行"围剿"，因此下令再以三军团为主组成东方军第二次入闽，援助十九路军，但为时已晚。

由于"左"倾错误的领导者遇事不是主观武断，就是优柔寡断，而且不给前线指挥员临机应变之权，特别是在第五次反"围剿"开始后，每次战斗都要由坐在瑞金的李德按作战地图进行部署，甚至有时连一门炮、一挺机枪应配置在什么位置上，都要由李德在电话里按地图标定。正因为他对情况不了解，经常朝令夕改，来回折腾，搞得前线指挥员手足无措，经常延误战机。周恩来总政委对此十分气愤，不得不给博古、项英发电，严肃指出："连日电令屡更，迟在深夜始到。……使部队运转增加困难。"并请求"在相当范围给予我们部署命令全权，免致误事失机。"这才为东方军和其他部队争取了一些主动权。

1933 年 12 月 24 日，三军团指挥机关奉命回师福建建宁，红四师、五师、六师亦于 27 日先后到达江西的广昌头陂集结。同时，军委令七军团指挥机关与红十九师指挥机关集中福建泰宁进行整编，合并为七军团，并将红三十四师划归七军团建制，全部拨归东方军指挥。

1934 年 1 月 3 日，东方军二次编组就绪后，彭德怀司令员，杨尚昆政委发布"向东突击动作的命令"，1 月 4 日，三军团由头陂一带出发，经安远、泉上、归化、夏阳，于 1 月 10 日到达沙县的富口地区待机；七军团的红十九师、三十四师也先后从泰宁南下配合行动。1 月 11 日，东方军开始包围沙县城。此时，蒋介石慌忙派其主力第四师由延平前来增援，我东方军红四师马上奔赴青州附近迎击敌人，将该师击溃，毙敌团长二人、营长四人，毙伤敌军二百余人，取得第二次入闽的初战胜利。

打沙县是一次攻坚战，沙县城墙很厚，守敌新编五十二师卢兴邦部两个团的兵力防守严密，火力很强。我军决定爆破攻城。彭德怀司令员、杨尚昆政委和邓萍参谋长亲自部置〔署〕并指挥工兵挖坑道。彭德怀同志亲手教战士们用土硝、硫磺〔黄〕等配制好炸药，又带领战士们潜伏到城墙底下挖好坑道。1 月 25 日拂晓总攻开始，一声巨响，把西门城墙炸垮了一角，我英勇的红军战士趁势冲进城内，勇猛冲杀，到早上七点钟，沙县就被我占领，守敌全部被歼。共消灭敌人两个团及师直属队，俘敌一千三百余人，缴获步、机枪一千四百余支，炮八门，子弹十万八千余发，炮弹二万余发，无线电台一部。我军攻占沙县的当天，马上利用缴获的敌电台和密码，以卢兴邦的名义要蒋军指挥部空投弹药增援，果真第二、第三天蒋军连续派飞机空投了大量弹药、钞票，均为我缴获。同时，我红五师乘胜攻占尤溪县，缴获卢兴邦的兵工厂全部。红军战士们边忙着运送缴获的物资和兵工厂的机器，边兴高采烈地唱起欢庆胜利的行军小调："红军向东行，围攻沙县城，城里驻有两团兵；沙县有个卢兴邦，干净消灭两团兵……"个个手舞足蹈，笑声朗朗。这歌声笑语冲开了萦绕在沙县上空的硝烟，驱散了压抑在人们心头的闷气，使整个沙县城更充满着胜利的欢乐。这次缴获的兵工厂机器搬回瑞金后，为部队修好了不少武器，翻造了大批子弹，在第五次反"围剿"战斗中做出了很大的贡献。

此时，敌人有两个纵队已向我泰宁、建宁方向运动，似有袭取我建、泰的意图，因此，1月25日彭、杨即令红四师以三天半至四天的行程先赶回泰宁，配合一、九军团阻击南进之敌，1月30日，红五师、六师亦撤回归化待机，仅留下七军团的红十九师、三十四师驻守沙县。

1934年2月9日，东方军红六师攻克将乐县城，11日西撤泰宁待机。2月18日，为阻击进犯中央苏区之敌，三军团又返回江西广昌的头陂一心准备投入反"围剿"新的战斗。至此，以三军团为主的东方两次入闽作战，胜利结束了。

但是，东方军第二次入闽作战的胜利，对于粉碎敌人的第五次"围剿"，对于支援十九路军的福建事变，都起不了决定性的作用。蒋介石迅速击败十九路军，"福建人民革命政府"很快失败。1934年3月，蒋介石回过头来，又重新布置了对中央苏区的"围剿"。由于王明"左"倾冒险主义的错误领导，东方军两次入闽的胜利成果不仅未能巩固下来，而且被全部葬送了。但是东方军广大指战员的英勇战斗，周恩来总政委、朱德总司令的正确领导，彭德怀、滕代远和杨尚昆等同志遵照毛泽东同志的作战原则，呕心沥血卓越指挥的功绩，将永远为人民所纪念，东方军的烈士们永垂不朽！

王明"左"倾冒险主义的党中央领导者，不总结一、二、三、四次反"围剿"的胜利经验，更不总结东方军两次入闽作战的经验教训，在第五次反"围剿"的部置〔署〕上又犯了严重错误。不得不于 1934 年 10 月开始战略性的大转移——被迫长征。

今天，回顾东方军两次入闽作战的历史，还可从中吸取很多教益。对东方军广大指战员英勇善战、所向无敌的战斗精神，我们应该很好地继承和发扬，而王明"左"倾冒险主义的错误领导给我们党和军队造成的严重损失和深刻教训，我们也决不能忘记。

1981 年 11 月 6 日

闽赣省的一般状况

邵式平

　　粉碎敌人三次"围剿"后，我们在闽赣之间建立了建黎泰（建宁、黎川、泰宁）根据地，中心县是建宁，中心县委书记余泽鸿，城防司令刘××。这是一块根据地。

　　另一块根据地叫闽北苏维埃，以崇安为中心，包括浦城、建瓯、建阳、光泽、上饶、广丰、铅山。负责人开始是陈耿，后来是黄道、黄立贵（独立师师长）、邹琦、肖韶、杨良生、祝维垣。

　　再一块根据地是以资溪为中心，包括邵武、资溪、金溪、贵南，由我、彭祐和方志纯创立。

　　闽北苏区存在的历史较长，在第二次反"围剿"前就有了。第二次反"围剿"时期，我们和敌人在建宁打了一仗，我们胜利了。敌人第三次"围剿"开始时，我们主动退出了建宁。粉碎敌人的"围剿"后，我们又在黎川、泰宁、邵武和金溪、资溪等地建立起根据地。1933年4月份第四次反"围剿"时，建宁、黎川、泰宁、崇安、金溪、资溪、贵南、邵武、光泽这些根据地相互间已经打通，联成了一片，成立了闽赣省委。省主席由我担任，省委书记顾作霖，组织部长黄道，军区司令肖劲光。这个时候南城、广昌等地都属闽赣省管辖。

　　1932年至1934年间先后到过建宁根据地的有总司令朱德、总政治委员周恩来、总参谋长刘伯承、总政治部主任王稼祥；一军团林彪、政治委员聂荣臻；三军团彭德怀、滕代远；五军团董振堂、刘伯坚、朱××；七军团寻淮洲、肖劲光、参谋长粟裕；九军团罗炳辉、何长工、蔡树藩；少共国际师政治委员冯文彬、师长肖华。还有一些中央同志到过建宁。

1933年七八月间，我们组织了东方军，由彭德怀为司令，到将乐打十九路军蒋光鼐、蔡廷锴部，在沙溪口打福建土匪头卢兴邦部。不久蒋光鼐、蔡廷锴成立了福建人民政府，和我们搞联盟，共同反对蒋介石。这时，蒋介石派兵从资溪、金溪、福建两路进军，十九路军官兵虽英勇奋战，最终还是失败了。接着蒋介石又进行了第五次"围剿"，把闽北根据地又划成三块，根据地间的联络很不方便。最后，资溪、金溪变为游击区，闽赣省只剩下建黎泰根据地了。

1933年10月黎川失守，闽赣省退到建宁。1934年广昌、泰宁失守，一、三、五、七军团都退守到建宁。这时我搞后勤工作，主要是搞粮食。当时，我们在建宁、泰宁之间打了一仗，结果这一仗没有打好，失败了。第五次反"围剿"在建宁打得很久。1934年3月建宁城防由少共国际师肖华、冯文彬负责，那时敌人从泰宁和黎川两路进攻建宁，所以在1934年四五月间退出建宁，到宁化去。当时生活很艰苦，一天只吃一餐饭，朱总司令到建宁时生活很艰苦，什么都没有，我只剩一只小鸭子，杀了请他。

退到宁化，那时县委书记是龙腾云，是个好同志。

曲折的道路

——回忆在闽赣省的艰苦斗争

方志纯

闽赣根据地，是在第三、四两次反"围剿"胜利之后（即 1932、1933 年）逐渐建立起来的。我曾生活和战斗在这里好几年。这里广大的群众曾与敌人进行过艰苦卓绝的斗争。每当回忆起这段坎坷曲折的战斗历程和经历的风风雨雨时，我的心情便久久难以平静……

1932 年底，蒋介石不甘心一连三次"围剿"的失败，又向我中央苏区发动第四次反革命军事"围剿"。这次"围剿"，集中了五十万大军向中央苏区进攻。我中央根据地面临着十分危急的局面。

为了粉碎敌人的猖狂进攻，1933 年初，中央命令红十军迅速离开赣东北根据地，到中央苏区参加反第四次"围剿"的战斗。同时，赣东北党组织和方志敏同志，决定要我和邵式平同志随军行动。

1 月 26 日，部队到达黎川时，正值春节，虽然处于紧张的战争环境，但生活在这红色根据地的军民，仍旧满怀信心，喜气洋洋地为欢度新年奔忙着。红十军在这里受到中央领导、中央苏区军民的热烈欢迎和盛情款待，同志们像在自己家里一样，愉快地过了新春佳节。

在黎川，按照中央的命令，赣东北根据地的红十军，改编为红军第十一军。邵式平同志调出任闽赣省苏维埃主席，以原来红十军周建屏军长为军长，肖劲光同志为政委，粟裕同志为参谋长。我则调到红三十一师（又叫挺进师）任政委，接替原政委王如痴的工作。

三十一师是从红一、三、五军团抽出来的比较优秀的指战员组成的一个师。有三个团，一个特务营，装备强，编制满，枪好弹足，可谓兵精将猛。师部配有电台。红三十一师是由中央军委直接领导指挥的一个师，经常深入到敌后，执行重要的临时性的特殊任务。第四次反"围剿"开始后，在中央军委和闽赣军区双重领导下，主要参与一、三、五军团各次战斗，有时也单独作战。建制归于红十一军。

我一到任，便投入到第四次反"围剿"的紧张战斗中。

到了1933年三四月间，在粉碎敌人"围剿"中，由于这支部队全体将士和苏区人民的浴血奋战，取得了黄陂、东陂两大战役的决定性胜利。敌人元气大伤，节节龟缩，不敢轻举妄动，这样，敌人精心策划的第四次"围剿"，又被我英勇的红军彻底粉碎了。

反"围剿"胜利的消息，伴随和煦的春风，很快传遍了各个红色根据地，苏区人民无不为此兴高采烈，欢欣鼓舞。就在这阳春四月，为了向党中央汇报赣东北工作情况，我随邵式平同志满怀胜利的喜悦，从黎川出发，一路扬鞭策马奔向瑞金。

当时，以博古同志为首的苏区中央局主持中央的工作。我们先向博古汇报，但遭到冷遇。接着，我们又到沙洲坝向毛主席汇报。这是我第一次见到毛主席，心情很激动。毛主席热情接见了我们，耐心地听取了我们的汇报，并给我们作了许多重要指示。

在瑞金期间，中央组织局的李维汉同志找我们谈话，要调动我们的工作。他告诉我们：中央已经决定建立闽赣省，式平同志调闽赣省苏维埃负责，先搞筹备工作；我调黎川县，兼任中心县委书记、黎川军分区司令、政委。

瑞金汇报约有一星期左右，四月下旬，我们就回到黎川。过了没多久，中央又电令邵式平同志去瑞金汇报工作。

1933 年 4 月 26 日，中央人民委员会在瑞金召开第四十次常会。会上，邵式平同志报告了信江以南、抚河以东各根据地的情况，报告了红十一军近期活动等。会议着重讨论了第四次"围剿"胜利后，新开辟的闽赣根据地的工作情况，大家认为：闽赣根据地地处武夷山脉，进可攻，退可守，东可威胁福州、西可威胁南昌，北与赣东北呼应，军事上、政治上、地理上都处重要地位。争取这一广大区域成为巩固的苏区，有着重要意义。况且，粉碎敌人第四次反革命"围剿"后，中央苏区和赣东北苏区已连成一片，切断了敌人东线与北线的联系，直接威胁着敌人反革命中心抚州、南昌。这种形势，为建立闽赣这一巩固的根据地，创造了良好的条件。因此，会议决定把以建宁为中心的建、黎、泰根据地，以资溪为中心的信抚根据地（包括光泽、邵武、资溪、金溪、贵溪）和以崇安为中心的闽北根据地（包括浦城、建瓯、建阳、上饶、广丰、铅山）合并起来，正式成立闽赣省。

闽赣省的领导人，主要来自三个方面：一是由中央派来的顾作霖、毛泽民、肖劲光、钟世斌、曾镜冰等；一是由赣东北根据地调来的邵式平、彭皋、张荷凤、李火凤、吴炳环及我等；再就是闽北调来的黄道、肖韶、薛子正等。我们这些同志集中在资溪召开会议，筹备成立闽赣省革命委员会。根据中央决定：顾作霖、邵式平、余泽鸿、毛泽民、钟世斌、肖劲光等二十五人为委员。邵式平、顾作霖、钟世斌、毛泽民等九人为主席团成员。邵式平为主席。

与此同时，正式成立了闽赣省，省委书记是顾作霖（后为赖昌作〔祚〕、钟循仁）。宣传部长兼秘书长是黄道（后为肖韶），组织部长刘炳龙，妇女部长是张荷凤。另外，还正式宣布建立闽赣省军区，肖劲光为司令员兼政委（后为叶剑英），薛子正为参谋长。此外，还相继成立了团省委、省总工会、省农会等组织。

1933 年五月初，闽赣省革委组织成员在资溪集中筹备后，确定了黎川县城为省会。同月，闽赣省第一次工农兵临时代表大会在黎川县湖坊开幕。参加会议的，有省、县、区代表和红军代表约三百余人。会上正式成立了闽赣省苏维埃委员会，并正式选举邵式平为省苏维埃委员会主席。吴炳环为秘书长、毛泽民为财政部长、钟光来为土地部长、曾昭铭为裁判部长、胡德兰（女）为教育部长、杨良生为政治保卫局长。

至此，闽赣省委、省军区、省苏维埃等省级主要机构，便全部正式成立了。

1933 年下半年，屡遭失败的蒋介石，为了挽回前四次"围剿"的惨败局面，纠集百万大军气势汹汹地扑向我红色根据地，开始了残酷的第五次反革命"围剿"。敌人为了切断我中央根据地与赣东北根据地的联系，一开始便将进攻的矛头指向闽赣根据地，指向黎川。9 月 28 日，黎川城失守。

黎川失守后，闽赣机关迁至德胜关，到 11 月又迁往建宁县（福建属）。黎川县机关则撤至樟村、宏村一带。11 月间，在激烈的第五次反"围剿"的战斗形势下，我在宏村主持召开了黎川县第二次工农兵代表大会，号召全县人民紧急动员起来，为反对敌人的第五次"围剿"而英勇斗争。12 月，闽赣省在建宁县文庙召开了苏维埃第一次工农兵代表大会。会上，中央来的同志先后作了重要讲话，激励我们英勇杀敌，夺取五次反"围剿"的胜利。

但当时是在王明"左"倾机会主义路线的统治下，第五次反"围剿"节节失利，仗越打越糟，我军处处被动挨打。12 月，敌人占领了宏村，于是，黎川县委机关又搬到溪口镇。

在这个过程中，我一方面要负责县委工作，一方面又要参与军事斗争。这期间我率领的部队参加了硝石阻击战、黎川城巷战、资溪桥之战、飞鸢之战、团村之战……在这些大大小小战斗中，我军虽给敌人以沉重的打击，但始终未能摆脱被动挨打的局面。

1934 年三〈、〉四月间，敌军先向建宁方面进犯，想打通黎川、建宁一线。"左"倾机主义者面对当时的困难局势，却又视敌如虎，不知所措，他们既不敢深入敌后，到外线去作战，又不敢大胆放手，诱敌深入，而是错误地提出"不放弃苏维埃根据地一寸土地"，"御敌于国门之外"、"以堡垒对堡垒"等错误口号，命令红军在康都、建宁一带处处设防，节节抵御。此时，我率领的部队，也奉命配合五军团固守建宁的将军殿阵地，将军殿是建宁的一扇大门，上级要我们大筑碉堡，实行"以堡垒对堡垒"的战略，死守阵地。这样，我们丢掉了红军的传统打法，却让部队分守碉堡。结果，敌人的火力很猛，一发炮弹打来，便将我们连人带碉堡全部摧毁。而我们又没有重武器还击，对敌人的碉堡毫无办法，加上敌人在天上还有飞机，使我们既冲不上去，又撤不下来，守的时间越长，困难越多。直到弹尽粮绝，伤员无法安排的境地，上级还是一个劲地命令死守。

当时，我见仗这种打法，越打越糟，根据地越打越小，部队越打越少，心里十分焦急，便讲了几句牢骚话。那时，我还没意识到这关系到什么政治、军事路线问题，只是觉得那些打法跟毛主席原来的不同。没想到这事被人打了小报告，说我散布悲观论调，有退却情绪。为此，他们还要我在大会上作检讨，我说："检讨什么？"就是说了那几句话，他们看我不愿屈从，就撤掉了我所担任的职务，并将我放到建宁县的一个新区——均口区，名之曰去开辟工作，扩大根据地等。

【一九】三四年三月，我带着发给我的仅有的三条枪，来到均口。这一带大刀会很多，斗争情况较复杂，我深入发动群众，积极组织武装力量，很快又发展起一支队伍，打开了工作局面。省委见我工作如此情况，不久又把我调到彭湃县（今福建宁化县安远镇）任县委书记兼城防司令部政委。城防司令员是余泽鸿，县苏主席是祝维垣（后逃跑）。在彭湃，我们依靠群众，加强武装力量，比较长的时间保持着这块红色根据地。

将军殿一战，我军损失惨重，到最后还是没有守住阵地，5月16日，建宁城终于失守了。失守后，闽赣省机关便撤到建宁的都上乡，7月，又迁到彭湃县李坑村。到了9月、10月，由于"左"

倾机会主义者的错误军事指挥，我军愈发处于被动的境地，最后，中央主力红军被迫长征。这么一来，闽赣剩下的几块根据地也逐渐落入敌手。处此险峻局面，闽赣军民只得转入艰苦的游击战争中。

为了坚持南方游击战，中央在长征前，留下项英、陈毅同志为首的部分领导，分别组成中央分局和苏维埃政府中央办事处，负责指挥中央苏区和南方各根据地的游击活动。在此期间，闽赣省的领导人也作了很大调整。邵式平同志调去参加长征后，省委书记由赖昌祚（不久换为钟循仁）担任，省苏主席由杨道明（后去做和尚了）担任，而军区司令员、政治部主任和参谋长，则分别由宋清泉（又叫宋渊泉）、彭祜、徐江汉（现名胥江汉）担任。当时，闽赣省还通过电台，不断与中央和中央分局取得联系。

红军长征以后，敌人紧接着就开始了惨无人道的"围剿"。他们用二十个师的兵力占领苏区的重要城镇，以前逃跑的地主恶霸，〈均〉纷纷随敌军卷土重来，敌人每到一处，便捣毁村庄，枪杀民众。一时间，原来生机勃勃的红色根据地变得横尸遍野，惨不忍睹。在这恶劣的环境里，连家属伤病员一起拖泥带水的行军，既不能打击敌人，也难以开展游击战。部队在敌人的围追堵截下，有时分散，有时集中，也没有组织过一次好的战斗，只是天天躲避敌人，减员甚多，士气十分低落，不仅如此，更令人痛心的是，在外部敌人对我们进行越来越疯狂的"清剿"时，我们内部还继续在不停地搞什么"肃反"斗争，在此期间，闽赣省委的青年妇女部长李火凤、省委宣传部长肖韶、资溪县委书记彭皋同志等人，先后以肃清"AB团"名义，被无辜杀害，而我自己在1934年12月间也被抓起来。和我同时被捕的还有刘炳龙。

当时给我定的所谓"罪状"有四条：一是讲我怀疑中央。因为在第五次反"围剿"中，由于领导上的错误指挥，在多次战役中，仗越打越糟，人越打越少，士气越来越低，干部战士牢骚满腹，议论纷纷。我也意识到那时领导上的错误，于是便在个别场合，以不同方式，把自己的看法正面向领导谈过。按理说，这本来是正常的。哪知这却冒犯了某些心怀叵测的人，他们说我对上级领导有意见，就是对中央不满，对中央领导不满就是反对党中央，就是"AB团"。第二条"罪"是讲我对领导提了不同意见。当形势一天天恶化，在研究闽赣根据地如何坚持，往何处靠拢时，省委内部意见分歧很大。省委书记钟循仁、彭祜主张往闽南运动，提出所谓开辟"新区"，实际是逃跑。我则主张往闽北或闽西靠，因为闽北和闽西是老根据地，又有黄道、邓子恢等老同志还在那里领导游击战，加上群众基础好地形有利，坚持打游击是很有条件的。可是，我的主张不但不采纳，而且给我戴上右倾怕死、悲观失望、不敢开辟新区的帽子。第三条是讲我不顾群众死活。这是从何说起，连我也莫名其妙。后来才知道，我曾建议过要精简省级机关人员。主张将干部家属在根据地安顿隐蔽起来，不要随军行动。因为当时的环境和形势，要求机关部队都应有很强的灵活机动性，家属一多，婆婆妈妈的事多，很难开动，走得快，万万没想到，这些工作上的不同意见和对某些问题认识上的分歧，竟成了"反革命"的罪行。当时，既不调查，也不分析研究，听凭一方面之词，就无限上纲，进行残酷斗争，无情打击。第四条是讲我破坏了苏维埃票证，当时，机关部队食盐十分困难，每元苏票只能买到三钱盐，而每块银圆可以买到四至五斤食盐，为此，我就给机关、部队批了一百块现金（银圆）去购买食盐，结果被扣上了破坏苏票的罪名。

　　我和刘炳龙在被关押期间不断受到审讯，有时还被吊起来拷问，目的是要我们承认那些莫须有的罪名。在这种肉体和精神倍受折磨的情况下，刘炳龙顶不住了。当时他住我隔壁，他隔着木板墙对我说："受不了了，承认了吧！"我说："我们又没错误，承认什么？承认了，又要冤枉死好多人！"后来，我被押送到当时的省委机关所在地——宁化。在那里又被吊打了三天，到了第三天晚上，审讯人员来问我有什么要说的，我知道，这是打算杀我了。我心里很难过，但不惧怕。我对他们说："你们愿意杀就杀，我无法阻拦你们。不过我要再次声明：我决不是'AB团'分子，决不是反革命。另外我有个要求，请给我发两份电报，一份给项英同志，一份给方志敏同志，向他们报告一下你们的判决，他们是知道我的历史情况的。"

当晚，我整整一夜没合眼。我预感到，这是自己生命的最后时刻了，一时不禁思绪翻腾，感慨万端：我出生入死于战场上，一心跟着党干革命，可现在却要戴上反革命分子的帽【子】，被自己的同志杀害……可惜的是，我没有为革命捐躯沙场，却将不明不白死在这里，我还年轻，我还要为革命贡献自己的力量啊！不知他们会不会发电报？不知上级会不会回电报？……正当我辗转反侧，浮想联翩时，东方已渐渐发亮了。几道暖人晨光从窗棂上射进来……这时，保卫局的人进来，把我从梁上放下来，我以为我的生命要完结了，没想到他们的态度变了，好声好气地对我说："这是释放你，你受委屈了，吃早饭去吧！"

后来我才听说，项英同志接到电报后，立即回了电，指出方志纯同志是个好同志，不会是"AB团"，他可作保。要省委立即释放。这样，我才免于一死。如果项英不回电，或迟几个小时回电，我早就身首异处了。以后，我到延安，项英同志还向我讲过这件事呢！

这个问题尽管如此处理了，但最使我想不通的是：当时关我、审讯我、打我的人，都是在一个部队朝夕相处、生死与共的战友、同志，互相之间都非常了解，怎么致于昨天是革命的，是同志；而今天就成了反革命，成了敌人？为什么不能实事求事搞点调查研究，却让自己的同志、战友互相摧残，蒙受不白之冤呢？这种错误的做法，对党和军队的破坏和瓦解，胜似敌人数倍的作用。这就是我们后来经常批评的王明的"残酷斗争、无情打击"的错误路线。这些用鲜血和生命换来的教训，是我们应该牢牢记取的。

我被释放后，脱去了军装，做的是一般的工作，实际上是不信任我。尽管如此，我还是一心向着党，向着红军，照样参加战斗，辗转于深山密林，出入于枪林弹雨之中。

1935年四五月，我们闽赣省委、省苏和省军区以及一些部队，游击到福建尤溪县的坂面一带，不料在革洋村一带和敌五十二师遭遇。由于敌众我寡，两军力量悬殊很大，而我们的人员因昼夜行军，疲惫不堪。更缺乏应有的战斗力，因此这一仗打得相当艰苦。当时那种情形，说难听些就叫"叫花子打狗"，窝囊的很。谁知，就在这次战斗中，我的脚负伤了，弄得只能爬行，不能走动，在此情形下，我仍希望跟着自己的部队一起行动。当政治部主任彭祜经过我的身旁时，我请他派人来背我，但他只丢了一块钱给我，便顾自走了。我躺躲在荒山上，看着迅速远去的同志们，一颗颗热泪不禁夺眶而出。

接着，我就被搜查出来了，当时我穿便衣，敌人不知我的身份，把我送到敌五十二师驻尤溪留守处软禁在这里，我自称是教书的，敌人不明底细，看我身体瘦弱，身着便衣，也糊里糊涂的信以为真。后来把我寄押在尤溪监狱。他们因缺乏抄写员，便叫我帮着干些抄抄写写的事情。

在尤溪监狱那些度日如年的日子里，我是多么想念党，多么想念在战场上的同志们啊！作为一个共产党员，一个革命者，没有任何东西能比离开党、离开集体更痛苦了。

在尤溪监狱中，我交上了许多朋友，在大家帮助下，几经周折、费尽心机，我才终于得到释放。接着，我又辗转到福州，为了生活曾在闽海部〔税〕务局当了贴票员，每月工薪十元，聊以度日。

在闽海税务局当差，每天就是贴贴税票，工作挺轻松。但是，全国已掀起抗日高潮。我党我军在华北第一线与敌鏖战，我哪有闲心在此袖手旁观呢？一有空，我就到福州图书馆去，翻翻报纸，了解形势。同时，也想看看能否从报纸上找到福建党组织的蛛丝马迹。没想到，党没有找到，同志没找到，却看到宋清泉、彭祜在报纸上登的"反共书"，看到这条新闻时，我惊呆了。军区司令员、政治部主任都叛变了，闽赣省的党和军队一定遭到更大的损失。人民一定遭到更大的苦难，当时我心里是多么难过啊。

常言道，无巧不成书。一天，我去福州一家温泉洗澡，刚进去坐下，正要脱衣服时，突然看到彭祜衣冠楚楚地走进来。这时我已经没有办法回避了。他也感到非常意外，问我道："你怎么也在这里？""那年我受伤，你们丢掉我，后来我就一个人流落到这里。"我正说着，叛徒宋清泉也来了。我一看，糟了！这两个叛徒，只要一个人缠住我，一个人报告，或者两个人抓住我，往国民党那里一送，我不就完了吗？于是，我急中生智，向门口望了望，说："怎么搞的，我们两个人相约来洗澡，他为什么还不来呢？"接着，我又回头对他俩说："你们先洗吧，我看看去。"说完，就溜之大吉了。

我和两个叛徒在福州的邂逅相遇，促使我必须迅速离开这里。我把刘麟同志（一起在福州工作的同志）找来研究下一步的行动（早些时候，在福州工作的刘麟同志经我介绍入了党。同时还物色了三四个发展对象。在一个不引人注意的裁缝家里设了联络点，定期接头，研究问题）。

我把彭祜、宋清泉的情况以及我们在福州相遇之事向刘麟谈了。我们商量后，感到两人同时离开此地，没那么多路费怎么办？后来，我用乳名写了封信给我姐姐，请她设法给我寄路费。我姐姐将此信转给我哥哥方远勋。哥哥见信，急得不行，想方设法为我弄钱。结果，卖了几亩青苗，凑了五十块钱给我寄来。可是这还不够两人的路费。我们决定一路上省吃俭用，就是讨饭，也要一起走。

正在这时，也就是1937年，我从报纸上看到成立"八路军驻南京办事处"的消息，办事处主任就是曾在闽赣省军区领导过我们的叶剑英同志，我高兴极了，立即给叶剑英同志去信，简单说了我在福州的情况。叶剑英同志很快回了信，并寄来了五十块钱。我捧着叶剑英同志寄来的信和钱，止不住热泪盈眶，我久久凝视着远方，发自肺腑地呼唤着：党啊，我可找到你们了！

路费解决了，方向明确了，我们向闽海税务局消了差，满怀信心地远走高飞了。

1937年九十月，我们到了南京。在八路军办事处，叶剑英和李克农同志热情地接待了我们。以后，我们经西安到达延安。踏上革命圣地——延安的土地，我的心情格外激动：多少回我在梦中见到她的风姿。而今天真切地站立在她的身旁，却又觉得难以置信了。都说，经历过黑暗的人，最懂得光明的珍贵。确实，我此刻方才深深感到置身于灿烂光明中的无限幸福。

到延安没多久，我就被分配到中央党校学习了。在那里，我以全副精力如饥如渴的吸取各种知识。那时，我只有一个心思，就是要奋力补上这些年的损失，要尽自己的最大力量，为革命事业做出贡献。

在重返革命队伍，回到党的温暖怀抱后，我仍时时惦记着一起在闽赣艰苦斗争的同志和战友。而闽赣省最后的结局究竟怎样，则更是我梦魂萦绕，格外关切的问题。

后来，我逐渐了解到：在我离开闽赣部队一个月以后，闽赣军区的几个主要领导人（包括司令员、政治部主任、参谋长）便硬将队伍拉到仙游一带。接着，他们又不顾省委、省苏领导的劝阻，率队投敌。这样，使闽赣省遭受到惨重的失败。

回想这段时间，闽赣的干部、战士以及根据地的群众，出生入死、风餐露宿，在敌人的疯狂清剿下走过了一条多么艰苦的斗争道路啊！每当忆起那充满艰辛的日日夜夜，想到为革命献出宝贵生命的勇士们，我便禁不住心潮翻滚，潸然泪下。

闽赣根据地是在第三、第四次反"围剿"的胜利炮声中建立起来的。从当时条件看，它本应为发展革命力量，巩固红色政权做出更大贡献，想不到一个新生的革命政权这么快就夭折了，实在令人惋惜。

俗话说，前车之覆，后车之鉴。闽赣省根据地的失败，对于后人具有十分典型的教育意义。当时同样处于艰苦的游击战争环境，同是活动在闽赣的土地上，如闽西、闽北、闽东和江西其他的革命根据地都坚持下来，唯独闽赣——这个原有一定基础的根据地却遭到失败。原团在哪里？它给予我们什么样的启示？

记得在 1949 年 6 月，陈毅同志曾与我认真谈起闽赣失败的教训。陈毅同志问我闽赣是怎么失败的，我回答说："有两条重要的原因：一是路线不对。主力红军长征，中央根据地放弃后，闽赣根据地就显得单薄了，我曾提出，队伍应向闽北或闽西靠拢。闽北有黄道，闽西有邓子恢。这两个地方的群众基础好，地形又复杂，打几年游击是很有利的。但宋清泉、彭祜他们不同意，他们主张开辟新区，向闽南发展，钟循仁又动摇于两者之间。可是闽南没有任何基础，去开辟新区那是十分困难。结果，不仅没能在闽南站住脚，最后连闽赣根据地也丢了。"陈毅听到这里愤怒地说："这就是'左'倾盲动，好大喜功，实际是向那里逃跑，我们党积攒这点本钱就败在这些家伙手中。"我告诉他，到延安后，朱总司令也问过我有关闽赣失败的原因和经过。总司令也是这个意见。总司令说，你们不管是往闽北还是闽西都不会失败。陈毅同志听了后说："是嘛，后来事实也证明，闽北和闽西都没有垮掉，都坚持了三年游击战嘛。"他看了我一眼，继续问道，"第二个原因呢？""第二个原因是没有一个好的领导核心。当时，闽赣省的几位领导人，省委书记是钟循仁，省军区司令是宋清泉，军区政治部主任彭祜……"我话还没有说完，陈毅手一挥急躁地打断我的话说："彭祜我知道，这家伙一不会打仗，二怕死。宋清泉是彭祜的警卫员，也不会打仗，胆小得很！"我接着说："正是这样，【一九】三五年下半年，部队连续遭到失败，宋、彭就叛变投敌了。"陈毅同志一听说叛徒就火冒三丈，并愤慨地说："这些家伙终究会找到的，他们是历史的罪人，逃不出历史的惩罚。"果然如陈毅所料，解放后，宋清泉、彭祜先后被逮捕法办。叛徒终于得到应有的惩罚。

闽赣的斗争道路是坎坷曲折的。它的挫折和失败是令人痛心的，我们今天生活在和平、美好的环境里，不要忘记那些为革命抛头颅洒热血的勇士们，不要忘记那些用鲜血和生命换取的经验教训。

1986 年八一前夕

忆闽赣省苏维埃财政工作若干情况

郑亦胜

1933 年某月，根据中共中央、中华苏维埃政府的决定，由邵式平、顾作霖等同志负责筹建闽赣省苏维埃政府。同年某月，在黎川召开了有建宁、泰宁、黎川、资溪、贵溪等县工农兵代表大会，选举产生了以邵式平同志为主席，祝维垣和另一位同志为副主席，钟赤〔世〕斌、毛泽民、肖劲光及保卫部长为成员的省主席团，宣告闽赣省苏维埃政府正式成立。中国共产党在省苏维埃政府机构中设有党组，邵式平同志任组长，钟赤〔世〕斌、毛泽民、肖劲光及保卫部长为党组成员，在省党委直接领导下进行工作。为巩固老苏区，建设新苏区，支援革命战争，做了大量工作。省苏维埃政府机构设有十个部，其中理财的专门机构是财政部，现将闽赣省苏维埃财政工作的若干情况简要介绍如下：

一、组织机构

组建初期，由部长、秘书、通讯员、会计各一名组成。主席团成员、党组成员毛泽民任部长。毛泽民同志调回中央后，由我先代后任部长，黄某调任副部长，下设会审科、保管科、统收科。按编制，各科有正、副科长各一名，科员二～五名。统辖财政委员会、公债发行委员会、没收征发委员会。这些委员会的经常工作由财政部承担。

正、副部长在省主席团和中央财政部直接领导下进行工作。经常了解政治军事和国民经济的形势，熟悉金融、贸易、物价、货币和人民生产生活的状况，掌管本苏区财物收支，建立健全各级财政组织和贯彻执行财政规章制度与财经经济政策。

每周召开部务会一次，各科负责人参加。学习有关文件，研究解决财政工作中的紧急问题。

秘书在正、副部长领导下进行工作，除"办事细则"所规定的任务外，还要安排本部工作人员的生活，联系外来办事者的工作等事宜。

通讯员在秘书指挥下进行工作。

（一）会审科，有吴科长一名，会计二名。设有副科长、编造、审核本苏区财政收支的预决算，负责将本苏区的一切财物来往，按中央财政部规定，分"款项、目节"分门别类记入日记账、总账和分类账，并保存原始证件。

（二）统收科，有科长一名，科员三名。设有副科长。

根据苏维埃政府法律、法令和财政政策等等，督促检查本苏区一切应统收的财物，按时交入国库。

（三）保管科，科长一名，科员三名，设有副科长。

代表国库在省苏维埃设立分库，专司本苏区一切贵重财物收、存、管、支。按法定保存财物收付证据。

（四）没收征发委员会（政府设在财政部、军队设在政治部）。主任毛泽民同志，副主任由三军团政治部副主任兼，委员七人，由有关各部负责人组成。下设调查研究组，设收征发分配组，保管组。每组三～五人。根据不同情况而定。

1. 调查研究组，调查收集有关土豪劣绅财产、土地和资本的材料，参照其罪恶大小，分别处于全部没收、部分征发、部分没收或暂不没收。

2. 没收征发分配组，负责没收征发土豪劣绅的财物，分配所得财物，大米、白面、油、盐、肉类（猪、羊、鸡、鸭、鹅等）等，交供给部发给部队或地方政府做给养。谷子、衣服等三分之一或一半分给群众，贵重财物，如金银财宝、钞票、西药、布匹等等交财政部收入国库。

3. 保管组，负责清理、登记、包装、保管没收征发所得财物，等待处理。

（财政委员会、公债发行委员会略）

二、财政制度

（一）坚决执行上级指示，在统一方针、政策、法律、法令和财政制度下，想尽一切办法增加收入，保证革命战争和苏区建设的必需开支。

（二）党委理财，按级负责。根据政治、军事、经济、形势，集体讨论决定收支，各级党政军第一把手掌握。

（三）严格、准确掌握党的政策，正确没收征发土豪劣绅的财物。事前确定调查清楚，事后方能达到打击阶级敌人，发动群众、充实财政，建设苏区的目的。

（四）严格执行会计制度，实行收支"五联收据"制（一存根，二交款单位或个人，三给省财政部记账，四给中财部会计局，五解送国库）。无上级支拨令，决不支付任何财物。

（五）严格履行职责，反对一切贪污浪费、偷税漏税的行为、提倡厉行节约，表扬节约先进。明确规定：玩忽职责〔守〕，管理不善，存放不妥，造成损失者，轻者受罚，重者法办，贪污一个银圆者，判处枪毙。

三、财政收入

省苏维埃政府财政方面有六大收入：

（一）建国公粮。采取每人平均年产一百斤干谷收五斤，产二百斤收十四斤，产三百斤收三十斤的累进法征收，年收入基本能供应红军（含党军政工作人员）每人一斤半口粮。

（二）没收征发土豪劣绅的财物。

（三）工业、商业发牌，即营业执照。按坐、行商交纳税金。国营企业交利润。

（四）公产收入，如公田、公山、公房等。

（五）各种合作社、作坊、开矿等，每季核算一次利润。

（六）其他烟酒、印花、邮票及罚款等。

四、财政支出

第一款，军队建设费

（一）红军生活费（含菜金、粮食、零用、草鞋、理发、牙刷等）、衣服、装备、办公费、医疗卫生费、武器、弹药维修和购置，战时埋葬费，战俘遣散费（优待路费）。

（二）地方独立连、营、团的生活、办公、医药、武器弹药修购。

第二款，苏区建设费

党、政、民工作人员生活费（粮、菜金、零用费）、办公费、医药卫生费、武器维修购置费、衣服和装备。

第三款，经济建设投资

开办缝纫厂、武器维修制造厂等的投资，开作坊商店（药店）各种类型合作社的股金（大部分是个人集股）。

第四款，文化教育、卫生事业、办学校、训练班等开支。

第五款，其他。

（一）社会救济，红军残废金，军属优待费，老弱病残，鳏寡孤独，自然灾害等救济。

（二）外宾的招待费，生活补贴费。

（三）各种在押犯人生活费用。

第六款，临时特别开支，即预备费。这项开支不易掌握，各战役抓来的战俘成千上万，每人发一元路费，就得几万元，最易冲破支出预算。

五、财政工作特点

（一）依赖军事形势的发展变化

1933 年，中央红军粉碎了蒋介石匪军第四次"围剿"，红军乘胜向蒋管区进军，一举打下了将乐、洋口、顺昌、沙县，威胁南平、福州，从而巩固了老苏区，开创了新苏区，丰富了财政来源，增加了财政收入。在洋口战斗中缴获敌舰一艘，缴获其全部军需装备，基本解决了红军的夏服，在沙县战斗中歼灭敌人一个师（三个旅），缴获敌兵工厂一座，全部搬到苏区来了，充实了我军兵工厂的设备。

（二）取决于苏区分田查田运动的开展

扩大苏区后，及时的进行分田查田（新区分田，老区查田），直接动摇反动统治三座大山的基础。广大农民有了土地，努力生产，产品增多，收入增加，从而改善了生活，衷心拥护共产党、拥护苏维埃政府，热爱红军，全力参加苏区建设，积极交纳公粮，及时交纳应交税，从各方支援红军作战。

（三）财政队伍思想觉悟高，个个廉洁奉公，从而努力工作，树立了主人翁思想，能充分认识到：完不成任务受处分事小，贻误革命事大。所以，能严格执行财政政策、财政纪律和财政制度，办起事来铁面无私，不讲面子，心里头只有一个公字，从未听到有人谈私事。

（四）指导思想明确，战时为争取战争胜利而集中财力物力，平时注重苏区建设，扩大生产来增加收入。在财经开支中，总是分轻重缓急，遵照厉行节约的原则，量入而出，根本区别于剥削阶级的"量出为入"，不顾劳动人民死活的政策。从而赢得了广大群众的大力支持，财政工作也就好办了。

以上就是闽赣省苏维埃财政工作的情况。

1985 年 3 月 3 日抄

忆在闽赣省军区

马步英

我原是在赣东北红十军工作。1932年底，红十军改为红十一军，开往中央苏区配合中央红军反敌人的第四次"围剿"。

1933年1月间，红十一军在周建屏、邵式平等人的率领下，南渡信江穿过敌人封锁线，到达贵溪的上清宫，在这里与中央红军第三军团胜利会师。会师时大家高兴的很，放爆竹唱歌，朱德总司令，王稼祥主任，彭德怀军团长还给大家讲了话，明确了任务。这时三军团去执行新的任务，我红十一军开入金溪接了红三军团的防。

我们完成接防任务后开往黎川的石峡，这里距黎川城很近，只三四十里路。随后我红十一军奉命在抚河以东的闽赣边区活动，打击敌人，巩固和发展这一块红色区域。我们先后在黎川、金溪、资溪、南城、南丰等地，打击敌人，帮助地方建立巩固党的组织和苏维埃政权，扩大红色区域。这时，闽赣边的资、金、黎、建、泰等县都有了县委，县苏政权。我们在黎川还设了交通站，军需供给处。

为加强红十一军的力量，中央给我们调来一个师，听说是警备师。我们缺干部，又给我们补充了一些干部。粟裕同志调来任参谋长，肖劲光同志调来当政委。部队也进行过整编。不久，我们在硝石与敌二十四师的一个团打了一仗，消灭了敌二个营。这一仗是粟裕同志指挥的，他的两个指头在这次战斗中受了伤。

1933年四月，中央苏区第四次反"围剿"胜利后，闽赣边红色区域扩大成一片，为巩固发展这一区域，中央决定成立闽赣省，指示组建闽赣省军区，调肖劲光到闽赣省军区工作。这样肖劲光带了我，还有姓王、陈的两位参谋，几个警卫人员，十几支驳壳枪二匹骡子，去黎川的牛头岗。军区成立后，肖劲光任司令员兼政委，我在军区司令部任侦察科长。这时条件很差，没有人没有钱，工作较艰苦。过了一段时间，在闽赣省又组建了工农红军第七军团，以闽北独立师和闽赣省地方武装组成，肖劲光兼任军团长、政委。

闽赣省军区成立后，先后驻在湖坊、黎川城、三都、德胜关。记得在牛头岗时，有一次肖司令员派我去资溪参加一个会议，了解情况。我是下午去的，天气很热，晚上就睡在房外的竹床上，但还是很警惕的。果然资溪有人通敌，半夜引敌来袭击，我一听声音异常，连鞋子也来不及穿，便冲了出去，一口气跑回司令部住〔驻〕地，向肖司令报告了情况，他很关心地说：回来了就好！

1933年9月，敌第五次"围剿"开始，首先向黎川进攻。由于我闽赣军区主力和红七军团随红三军团去福建作战，黎川空虚。这样我闽赣军区司令部撤至三都。我派出个侦察员到前面山头侦察，不多久就响起枪声，敌人从黎川城、德胜关方向两头夹攻我们。肖司令员沉着指挥大家撤往湖坊，准备在这里吃午饭，米还没有下锅，枪声又响了，我们又翻过山，转向德胜关。

我们撤到德胜关后，肖司令员就调走了，由邵式平代理肖的职务。同时，红三军团等部队日夜兼程赶回黎川，但迟了，黎川已失守。在德胜关时，敌飞机经常来空袭，飞的很低。我在那里打过两个防空洞，先打一个不牢靠，就又打了个。记得有个战士见飞机飞的很低，打了一枪，飞机上就扔下炸弹，炸了我们一个排。在德胜关我们还打退了从黎川来袭击的敌军，敌人退时，我们一个工人出身的师长，拿望远镜在阵地上观察，被打中牺牲了。那时，我们子弹很少，马尾手榴弹有很多是不能用的，土造子弹打不远，打一枪要擦枪筒。

11月，军区司令部从德胜关撤往建宁城到达建宁时，朱德总司令也住在建宁溪口。闽赣省机关设在城北门口的一座高大房子里，军区司令部在离河边很近的大房屋内，我住在隔壁的桓泰仁杂货店栈房。

在建宁城，召开工农兵代表大会，正式成立了闽赣省苏维埃政府，邵式平任主席。这时，叶剑英同志调来任闽赣省军区司令员兼政委。军区司令部设有三个科，第一科为作战科，第二科为侦察科，第三科为管理科，我仍任侦察科长。司令部搞得很简单，机构不大，是准备打仗的。后来叶司令员调走回中央去，又是邵式平同志兼任司令员。

建宁是进入中央苏区的大门，地势很险要，所以中央红军各个军团经常在这里活动。1934年春天开始，形势越来越紧张，敌军大举进攻建宁。在飞机掩护下，敌人占领了建宁城大桥东面的山头，我们守在城里，东山上敌人的子弹可以打城里来了，邵式平同志还是沉着不慌不忙。他叫我向桥上多派几个侦察员警戒。五月十六日，邵式平和我们还在防空洞里研究工作，敌人已向大桥这边打来，情况很紧急，我说：敌人快过大桥了，邵主席走吧！邵主席沉着地说："不要慌！指挥我们撤出城关，我们与罗炳辉指挥的红九军团部队一起撤往建宁县的都上村。在这里红九军团与我们分开执行任务去了。我们便在都上村按挖工事和防空洞，准备战斗。在都上时，中央派张闻天、毛泽民等人来布置和检查闽赣省的工作，我带了二三十人的驳壳队去接他们，因为这里大刀会匪徒很多。他们来后不久，我们又从都上撤往宁化县的安远司。安远当时是彭湃县，邵式平同志带着军区司令部住在离安远二三里的李坑村。在这里肃反，搞AB团错杀了一些人，如李火凤就给错杀了。我们是1934年七月到安远的，在这里住了一段，就迁往宁化城。

到宁化我们住在城外里把路的一个祠堂里，附近是我们的二个医院，住了很多伤病员，是打顺昌时转来的伤病员。这时期，邵式平仍然担任省主席和军区司令员，党、政、军他一人掌握，工作抓得很紧，干部约有七百来人，加上武装部队共有二千多人。这时省军区下辖有二个军分区，第一军分区在归化，邱尚聪任司令兼政委，编有二个团；第二军分区在泉上，杨明兴当政委兼司令，辖有一、二个团，当时名为团编制，但人数很多。在宁化我们住了很久一段时间，这一带只有敌五十二师及反动大刀会，没有敌主力部队。

1934年天快冷时，我打摆子正在医院住院。中央来了一个命令，令邵式平立即去瑞金，他仓促走了来不及移交，在路上与来接任省军区司令员的宋清泉相遇，谈了军区的情况，宋就这样接任了。宋清泉年轻幼稚得很，什么都不懂，没有经验，对情况不熟悉，无威信。没多久，又派胥江汉来任军区参谋长，他是国民党第二十六路军过来的，老牌子兵，奸猾得很，生活腐化。还有彭祜，他是早在德胜关时就来了，任政治部主任。闽赣军区实际上操纵在胥手里，大大小小的权都被这些人掌握了。军区司令部里老的就存我一个，其他都换过新的。他们人不熟，情况不熟，像瞎子摸鱼〔象〕，打游击没有支撑点，每打一仗要跑走几个人。

由于敌第五十二师进攻了宁化城，我们军区及省机关就撤到泉上，泉上有邱尚聪指挥的第一军分区及二个小团。撤出宁化县时，我们就与中央失去联系，中央分局没有指示，省军区没有电台了。到泉上时，军区有四挺机枪，由于没有子弹，就把它埋在一座房子地下，后来房子被火烧掉，我们找不到机枪，原来是作战参谋王乐天叛变投敌，引敌人来把机枪挖走了。

后来我们从泉上撤到归化，驻在城里，第二军分区部队守在城外，其中吴仁金的一个营驻在城里，一直跟着我们的行动，杨明兴带领的一百多人与我们分开活动。这时省军区还有警卫连、特务队，子弹已很少。随后，敌进攻归化城，我们就撤到城外的大山上，这座山很高。在山上开了个会，议论去闽北，因为一是宁清归都失守了，在归化站不住脚，二是闽北有根据地。所以队伍经夏阳、夏茂、沙县、顺昌一路过去到了王台一带。可是胥江汉又不去闽北了，要往闽南走，部队又返回沙县一带，七八百人的队伍日藏夜走，要过沙溪河没有过去。这时省委省苏已起不了什么作用，乱的很，部队的行动也没有什么计划，反正一路走一路逃，走到那〔哪〕里算那〔哪〕里。

后来，一路上许多好同志被胥、宋、彭一伙陷害、抛弃。方志纯同志在路上脚受伤，不能走动，我们主张抬他走，但叛徒胥江汉说：在这种情况下，自己不能保，怎么能抬，不准抬！谁要再多说一句，就有被毙倒的危险，方志纯就这样被抛在路上，幸好能脱险。

在紫山上，宋、胥、彭策划叛变，煽动说：现在大家没有饭吃，没有供给，我们暂时诈降，先解决目前困难，以后有机会再反过来。接着他公然把队伍拉向仙游投敌。

在宋、胥、彭叛变之前，省委书记钟循仁及机要员等人就没有看见了，以后他们的情况就不清楚了。钟循仁是个好人，很忠厚，但没有魄力，抓不住权，统不起来，省委被孤立了。

我是搞侦察了〔的〕，在他们要叛变之时，发现情况不对头，便穿着便衣跑了出来。我躲在山上几天几夜，下面却〔都〕是敌人。没有吃的只好喝冷水，挖草根吃。后来下山摸到稻田里拨〔拔〕秧苗充饥，这比草根苦涩好吃得多。过后我化装成农民，提着秧苗，溜过敌人的包围圈。走到仙游，身上有两块钱，就坐车到涵江，爬上货船转道到上海找关系。经过许多曲折终于找到党的组织，1938年到新四军工作。

谈闽赣省后期斗争情况

杨道明

1930 年，我参加了农民协会，被选为村代表，组织和领导当地农友们，进行打土豪、分田地、抗债抗税的斗争。同年 7 月，我加入了共产主义青年团，九月当选为乡苏财政委员，并参加了 12 月的第一次反"围剿"。

1931 年，我任乡团支部书记，参加了第二次反"围剿"。1932 年我出席了永丰区苏代表大会，当选为区苏政府主席。同年 4 月就加入了中国共产党。

1933 年，我出席了兴国县苏代表大会，当选为兴国县苏政府主席。1934 年，我又出席了江西省苏代表大会，并当选为省苏政府的内务部长。当时，江西省苏政府主席是曾山同志，省委书记是李富春同志，省军区司令员是陈毅同志。

1934 年五月，我又调中央内务部任副部长。同年八月调任闽赣省苏维埃政府主席。

当我接到调任闽赣省苏政府主席的通知时，我感到有些为难。因为我觉得自己年轻，才二十五岁，斗争经历不长，生怕胜任不了这个重任。我即向中央提出改变对我任职决定的要求。为了这事，毛泽东主席还和我谈了一次话，张闻天同志（当时任中央人民委员会主席）也和我谈了几次，意思都是勉励我不要害怕，要大胆工作，要在斗争中去锻炼提高等。总之，还是叫我要去闽赣省苏政府工作。我觉得，这是中央对我的信任和培养，也就服从了。

1934 年 8 月上旬，我来到闽赣省机关所在地的宁化县城关，向邵式平同志报到。当时邵是中共闽赣省委书记，省苏政府主席，也是省军区司令员。在我到任前不久，宋清泉已把邵式平同志的省军区司令员的职务接去了，赖昌祚也接任了闽赣省委书记的职务。我到后，他便把闽赣省苏政府主席的工作交给了我。交接后，邵式平同志在宁化县城关还呆了些日子才去瑞金。

宁化县城在我的印象中很破烂，一条溪河在城中间穿过，一座拱桥成为城关交通的重要通道。过了桥去中沙的大路边不远处，有一座大民房，这就是闽赣省苏维埃政办公的地点。离省苏不远处是省总工会。闽赣省委却设在河的那一边，也是在一座大民房里，省保卫局设在一座古塔的不远处。

当时的省委书记赖昌祚，江西胜利县（宁都、于都边界几个区组成）人，比我大二三岁，约二十七八岁，农民出身，大概是小学毕业程度，工作能力比钟循仁差。

闽赣省委组织部长刘邦华，籍贯不明，似乎闽西口音，三十出头，有能力也表现好，能团结干部。可能是小学文化程度。

省委宣传部长刘炳龙，赣东北人，四十岁左右，文化程度比我高些，会讲也会写一点，表现也不错。可是不知什么原因，1935年 1 月在我们撤离宁化城关的路上，他被放在政治保卫局，和方志纯同志一道成为监视的对象了。

当省委获悉闽赣省 ×× 团团长王子成同志壮烈牺牲，而急需立即派一位同志去接任团长时，曾呈报刘炳龙为该团团长，可是项英回电称："刘既被监视，怎能派他去任团长？"结果，没有同意。此事被刘知道了，刘深感自己处境的艰险，便乘一次派他去探路侦察之机，向别人借了枪逃跑了。这件事大概发生在宁化县边界上。

妇女工作负责人李火凤，赣东北人，二十多岁，是刘炳龙的妻子，文化程度不高，性格活泼开朗，爱说爱笑，甚至经常学一些领导的口头语，特别是学了彭祜的讲话，因此被认是不尊重领导的表现，甚至被说成是"诽谤""戏弄"领导人，结果被审讯。那时审讯多是搞逼、供、信，把她一吊一打，什么问题都乱供了，结果被杀在宁化城古塔边的山上。

李火凤被杀后，妇女工作似乎未再派人去领导了。因为过不多久，我们就投入了艰苦的游击斗争阶段了。

省政治保卫局局长兼肃反委员会主任陈长青，赣东北人，原是宁化县政治保卫局局长、肃委会主任。他年纪三十左右，工作积极、负责；当他了解了他的前任、原闽赣省政治保卫局局长、肃委会主任王为生因乱杀人被撤职之后，他办事情就慎重些了。因此，在他任职期间乱杀乱捕的现象也就少了。

省肃反委员会是由五位领导成员组成：即省委书记赖昌祚、省苏政府主席杨道明、省军区政治部主任彭祐、省保卫局局长王为生后为陈长青、侦察科长谢××。同时保卫局还有十多位工作人员和一个警卫排。

省保卫局侦察科长谢××，赣东北人。书记员刘子明。刘是女同志，文化程度较高，普通话讲得很流利，听说是【一九】三一年冬随同党中央调来中央苏区的，爱人×××在瑞金工作。保卫局行刑队长×××。

我到宁化后也曾听说前任的领导杀了很多人，尤其是从建宁撤向宁化途中，因押解的犯人走得慢，敌人又跟在后面尾追、骚乱，因此把犯人成批成批的处决掉，一路撤一路杀。不过，被杀的多是地、富、反或嫌疑犯，自己人不多。

在王明路线危害时期，肃反扩大化、乱捕乱杀的情况是十分严重的。

…………

我到闽赣省后，杀人都要由省保卫局把罪犯的"通谍〔牒〕"材料（罪行录），送给省肃委会的每个人看过，并签名盖章批准生效后才允许杀，否则不合手续。当时，宁化监狱中关押的人也少了，才数十人。自我到任后，经正式批准杀的一批也不过一二人或二三人，一批杀几十人的事是不存在的。

省少共书记邱雄盛，上杭或武平人，二十多岁，似乎也是小学程度。

闽赣省苏政府副主席祝维垣，兼土地部长，这个部也只有三、四人。他是赣东北人，五十岁左右，可能小学未毕业。工作作风踏实，也很积极，是个工农干部。

工农检察部长凌政生，籍贯不明，三十多岁，工农出身，认字不多，稍会写些字，但工作有一定能力，性格也较活跃。

内务部长江翠英，内务部好象〔像〕只有她一人。傅喜珠此人我不认识。

文化教育部部长陈恒，这个部也只有一、二人。

财政部部长黄余乾，好象〔像〕是连城人，三十多岁。闽赣省在黎川时期，他就担任这个职务。小学程度，表现好。

国民经济部，因合作社少，只有宁化几个社，所以未单独设部，工作由财政部兼管。

总务处处长×××，总务处人数多一些，有司号员两名，炊事员三、四名，洗衣队员两名，采购一名。

秘书处两人，处长马维祺，文书×××。

军事部未专设，由省军区司令员宋清泉兼任军事部长，所以宋又是省苏政府主席团成员。

裁判部在我到职时已合在肃反委员会内了。

省苏政府原来还有军区派来的一个警卫排，只有三十多人。我到任后把他扩编为五十多人，撤离宁化时再扩大为一个连（由随军家属及建宁、泰宁过来的同志组成），后来也交给军区指挥了。

省军区司令员宋清泉，瑞金人，店员工人出身，二十七岁左右，原是项英的警卫员。后去"红大"学习一年多，便派来闽赣省军区当司令。他没有什么实际工作经验，但能说会道，口才不错，在这方面胜过书记钟循仁。另他来闽赣时间比钟早，似乎更多人听他的，也就是说"威信"比钟书记高些。

省军区参谋长徐汉江，湖北人，不满三十岁，原在国民党军队中任职。宁都起义后参加红军，听说在中央搞过团的工作，后来派来闽赣省军区任参谋长。徐江汉到宁化城关的时间比我早。他当时并不叫"胥江汉"，而是叫"徐江汉"。

徐的军阀作风比较严重，骄横得很。他与我们这些省一级的领导人相遇，从不打招呼，对工农分子更看不起。

省军区政治部主任彭祜，湖南人，四十岁左右，听说是井冈山下来的。他在闽赣省时间较长，听说他是和邵式平同志差不多时间到任的。彭有一定的工作能力，比较会做群众工作。

军区还有卫生科、供给科、侦察科。侦察科有十多个侦察员，科长马步英。

军区还有一个无线电队，由十多位同志组成，配有一架无线电收发报机。这部机子〈先〉要二人扛着走。当我们游击到沙县时，为便于行动，便拆去了机上的一些附件，也不影响收发电报，却省事多了，只有一个人担着走就行了。这架收发报机，直到紫山时还在继续使用。

省总工会委员长×××；组织部长欧阳光，外省人，缝衣工人出身，有一手好手艺，能缝皮大衣，技术很好。宣传部长×××。

我到闽赣时，第五次反"围剿"已节节失利，闽赣省只剩宁化县比较完整了，清流县城、彭湃县（安远）、泉上县都已危在旦夕，随时都有被敌人占领的趋势。就是宁化城关，敌人的地下游击力量也出现了，常在夜里放冷枪，扰乱人心。

由于我们的过左政策，宁化城关很多群众逃跑了。虽然，我们曾以闽赣省苏维埃政府的名义，张贴过不少通告，号召外逃"反水"的群众回来，但作用不大。那时，宁化城区商业萧条，根本无私人营业的商店，全城仅有二、三间公家办的合作社，卖些普通货物。就是这二、三间合作社里，布匹、火柴、煤油、食盐等生活必需品根本无货。

除此以外，还有两间点心店，也是公家开办的。其中一间在城外半街左右，叫"红军第九分社"。

我到闽赣后，宁化似乎已不存在什么中心县委和军分区的建制了。原听说彭湃县是中心县委，但和哪些县共同组成我也闹不清楚，听说早期也有军分区。

我到宁化不久，根据省委决定，曾骑了匹马，带了四、五位同志去泉上县视察，目的也是为闽赣省后撤做些准备。在途中经过湖村时，视察了闽赣省军区的枪支修理厂（兵工厂）。我把我的那支不大好用的六轮手枪交给厂里修理，结果也未修理得很好。

湖村兵工厂有二三十名工作人员，只能修修枪械，翻造子弹。

宁化、彭湃、泉上等县委、县苏领导人姓名，因我和他们接触时间短，距今又数十年，一下都想不起来了。

关于闽赣省埋藏一缸文件问题，省苏是不会有这件事情的。因为省苏政府文件我已整理了两个铁皮箱子，叫人挑着打游击。在泉上因敌特纵火焚烧泉上街，在混乱之中，我即把两箱文件烧掉了。因此，省苏政府文件就不存在埋藏的问题。至于石印机，当时是我们安排埋在闽赣省苏政府驻地背后的山上的，具体地点要实地察看，看看能否找到。

闽赣省撤到宁化未搞过什么经济建设。原因是敌人封锁，采购也不容易。因当时失败的情绪比较严重，根本没有心事去搞建设。经费也缺乏。

闽赣省后期的经济收入主要靠打土豪罚款。当时，我们派部队在附近县打土豪尚可筹得一些款子。沙县、顺昌也抓了些土豪，他们的家属、亲友都会派一些保人，带一些款子前来缴交的。我们所收的光洋，除开支外，尚有不少上交中央使用。筹款工作由省苏政府财政部设置的"没收委员会"专门负责。

闽赣省军区虽有些钱，但也只搞了个被服厂，规模不大，只有三四部缝纫机，一二十个工人（都是外地来的女同志），棉布又缺，也生产不出什么东西来。

省军区设有卫生科，有几个卫生员，未设医院。那时，医疗条件很差，没有什么西药，伤病员多用中草药治疗。

那个年月，斗争残酷，生活也十分艰苦。从省委书记、省苏政府主席一直到一般干部生活待遇都一个样，每人每天一斤大米八分钱菜金，毫无个人特殊。个人零星用钱仅仅从少得可怜的伙食费中去节余，这一点点的余钱便叫"伙食尾子"。为了每月能有几角钱给同志们零用，我总得经常提醒总务人员伙食要量入为出，力争每天节余一二文钱，到月尾才有"伙食尾子"分发给同志们零用。那时，一天只能吃两餐饭。开饭时间是上午八点，下午四点左右，每人一个饭包，吃的菜也没有什么油。当时尽管生活这样艰苦，但大家仍然团结友爱，斗志十分旺盛。

我到闽赣省时，已见不到什么正规红军了。我们面对当时的形势，也做了一些工作。例如开过县、区、乡苏政府主席扩大会；根据中央精神布置了查田运动的扫尾工作，动员了"反水"群众回乡生产；布置搞好秋收冬种的任务；加强了苏区的警戒，防止敌人的袭击措施等各项工作。同时还在光严寺召开过优抚烈军属代表大会，到会的代表有二百多人。此外，也抓了粮食征购，支援前线，动员逃兵归队等工作。在物资紧缺时，还派出游击队到沙县的夏茂、将乐的白莲搞些食盐回来供应群众。

1934年12月底，清流失守，我们立即撤离宁化城关，经店上、湖村到泉上。在泉上遇敌特纵火焚烧，又转水茜到棠地。

我们在撤离宁化的前几天，曾派出祝维垣带了一支由省苏工作人员十多人组成的游击队，布防在中沙一带，目的是打击敌人的地下游击力量，防止他们向宁化城关渗透、破坏。结果祝一去便杳无音讯，直到我们撤离城关时，仍不明白他们的去向。

我们撤出宁化城关，就是我们进入艰难曲折的游击战争阶段了。事前，我们未进行过严密的编队，也未研究过组织、人员的任命调整，原来的一套组织机构依然没有改变，只是把省委、省苏、省总工会的人员编成工作团，由省委直接领导，跟随军区部队一起行动。

由于对敌情侦察不够，我们在棠地被从宁化追来的敌人打了伏击，虽然有一些同志伤亡了，有一些同志被俘了，但损失还不十分严重。记得在棠地被敌俘去两名同志，一是彭祜的前妻×××，另一是刘子明。

棠地战斗后，我们转移到彭湃县（安远）。这里的县苏政府还在，我们在张坊稍微休整了几天，便向瑞金方向出发，在隘前接回新任命的省委书记钟循仁同志。钟循仁同志是由项英同志派了一个营的兵力护送到隘前交给我们的。但这一营护送力量在途中却被敌人冲散了两个连。钟自己也带了数十位同志一起到闽赣省工作。钟到后，赖昌作〔祚〕才调到瑞金。

钟循仁同志也是兴国人，原是赣南省苏主席（当时的赣南省委书记是项英）约二十八九岁，小学程度，但他出身于书香门第，父亲、祖父都是私塾先生。因此，他的文化程度比我高多了。他的口才虽不及宋清泉，但讲故事时绘声绘色，娓娓动听，很能引人入胜。他领导能力虽然不很强，但工作很踏实，肯干。

对于闽赣省的武装力量和部队番号，我是不清楚的，这些属于军事上的情况，要省军区的领导才知道。虽然我是省苏主席、省委委员，但有关军事方面的问题，他们一般是不会和我说的。比如放弃宁化后，游击战争怎样打？具体怎样部署？战略方针怎样执行？……我都没有参加研究过，至于军区几个领导人是否具体研究过，我也不清楚。有一次，我听钟书记讲到原来准备开去打永安，电报请示过项英，他不同意。这次我看到某材料说我们想游击到闽中、闽南去开辟新区，想与闽南特委取得联系，想把敌人引出去再打回来……总之说法不一。但直到现在，我还搞不清楚宋清泉、徐江汉、彭祜他们撤离中央苏区的真实意图。至于说撤离苏区是中央的电报指示等等，我同样也是抱怀疑态度的。

游击方针的制定，省委是不是清楚，也很难说。因为那个时候，省军区在宋、徐、彭的把持下，省委是指挥不了他们的。说得明白一点，他们是不把省委看在眼里的。他们对省委的蔑视态度，大家都是可以看得出来是很不正常的。这种不团结现象，主要反映在掌握军权的为一派，省委、省苏又是另一派。同时，也还有很多不正常的事，例如彭祜的妻子被俘仅十多天，彭祜就写了报告，要我批准他同江翠英（已调政治部）结婚。我想江的丈夫是红军战士，怎么能随随便便就批准他们结婚呢？但他却硬要我批，我不敢批，彭便气冲冲地把报告撕得粉碎。张荷凤还对人说："杨道明不批彭江结婚，主席都要当不成，把他撤了去！"——真是好大的口气。其实，他们根本不受任何组织纪律的约束，也不要批准就自行结合在一起了。接着，宋清泉、徐江汉等人也不要什么批准手续，找了被服厂女工成双成对的结合为"夫妻"了。这哪里是共产党人在艰苦岁月里干的事呢？

当然，闽赣军区也有很多很好的指战员，如××团团长张彪（前几年有外调组来调查"张相彪"事，我认为"张相彪"即张彪），誓不投降、壮烈牺牲的感人事实。另××团团长王子成在宁化边境游击遇敌包围时，沉着应战，指挥战友们坚决抗击敌人。他背着马刀，挥动手枪指挥同志们打退敌人一次次冲锋，自己重伤了还坚守在阵地指挥战斗，直到牺牲前还高呼口号，鼓舞战友们要英勇杀敌，表现得十分英勇顽强。

后来，我们在宁化、建宁与江西边界游击了一个时期便向沙县、尤溪进发了，沿途是边打边撤，夜走日藏，人员损失不少。在沙县、尤溪，我们失散了一支可观的武器〔装〕力量。当时就派人去寻找，但未找到下落。1935年农历四月初，好不容易来到德化、永泰交界的戴云山区。我们从德化的水口经永泰的洑口进入紫山（现祖厝一带的大山）。

紫山，实际上是德化、永泰、仙游三县交界的大山。我们来到这里很快就被敌人包围了。包围我们的敌人主要是仙游和德化的民团。我们这些被包围的省委工作团、省军区的三四百人和二三十位伤病员中，大多数人有枪，就是子弹缺乏。这时，我记得电台还在使用。包围我们的敌人开始对我们施展诱降手段。在这危急关头，钟循仁同志仍一直做大家的思想工作。当钟循仁同志发现省军区他们派杨良生跟仙游派来的一个便衣下山时，更是焦急万分。他立即把我和宋、徐、彭叫到紫山一个山坡上开会，并很严肃地指出派杨良生下山这一行动的危险性和问题的严重性。不过，他还是安慰和鼓励大家要团结一条心，要坚持斗争。可是宋、徐等人投敌的决心已下，并且已背着省委干了一些见不得人的事情。因此他们终于投敌叛变了。在这一事件中，宋、徐是要负完全责任的。

宋清泉、徐江汉等人对中央的指示是不大听从的，对长期坚持艰苦的游击战争在思想上也是没有准备的。有一次钟循仁同志对我说起这样的一件事：钟曾向宋、徐、彭三人说，中央指示我们在主力红军撤离后，要准备打一场时间很长——可能是十年或十五年的、条件更加恶劣的游击战争。徐听了钟的传达后很不高兴的骂了一声："什么长期游击战争……鸡巴毛……"

杨良生下山后的当天傍晚，又回山来了，后面还有抬着大肥猪进山的伪民团，同时还跟来了两个穿中山装的陌生人。因为省军区他们住在村口靠仙游方向的那几座房子里，我们工作团则被安排住在离他们有一段距离的村尾的一座屋内。当天晚上，他们便把队伍拉下山去了。第二天清晨，我们工作团十多人和丢下的个别同志加在一起有二三十人。当时我还注意到彭祜、江翠英和他的两个警卫员都还在。过不久，他们也向仙游方向下山去了。

彭祜、江翠英等第二天早晨才下山的原因，据我个人分析，可能是宋、徐未通知他们，也可能是他还在徘徊，直至第二日才下定决心下山投敌。至于是否有意留下来监视我们的行动，我看可能性不大。

在紫山的最后一个下午，我们还见到钟循仁同志。当省军区他们率部投敌后，钟就去向不明了。钟到底是被他们带走或被杀害或自己逃走？我看被杀害的可能性大。另外，前些年我听说国民党报纸（1935年？）曾刊登"彭祜诱骗钟循仁入山遭杀害"的消息，不知是否有其事？如确实，那彭祜迟下山就有问题了。钟循仁是否被杀害，最好花些时间在紫山开些群众调查会。问题应该会弄明白的。

彭祐、江翠英走后，我们也立即离开紫山，到溪湖用竹排渡过大樟溪。结果在渡河时被堡垒的敌人打散。我和陈长青等九人是一路冲出的，中途又失散了两位同志。到小马路只剩下七人。这七人中有我和黄家法（兴国人，省委机关一般干部）以及陈长青、谢××（科长）等五人（都是省保卫局的）。这时陈长青说要回赣东北去，他们五人都同意了。可是我和黄家法不是赣东北人，表示不去赣东北，于是他们离开我和黄家法去赣东北了。

我和黄家法都是兴国人，往哪走？我是肯定不能回兴国去的，因为兴国我已经没有家了，就是有家，我这个曾担任过共产党那么多"要职"的人，也肯定是躲不过敌人的屠刀的。

闽赣省的这支队伍，由于叛徒的出卖失败了。这个惨痛的教训是十分深刻的！

其实，游击战争的"敌进我退，敌驻我扰，敌疲我打，敌退我追"的十六字诀以及"化整为零，化零为整，集中兵力，各个击破"等战略战术原则我们都有学过，但都不用。省军区那些人总是以"保存实力"为借口，游而不击。本来在士气如此低落的情况下，应该设法打一两个胜仗，以鼓舞大伙的士气是十分重要的。可是他们总是强调这个困难，那个困难，畏敌如虎，不敢寻找战机去歼灭敌人，一味后撤退却。在我的印象中，似乎只在顺昌的元坑打了一个消灭十多个敌人的小胜仗。另外还有一个小胜仗。其他都是被动挨打的，损失极大！

宁化、清流、归化、建宁、泰宁一带森林茂密，土地肥沃，地形好，人民更好。我经过店上时，山上种的地瓜个个都有碗头大。各方面条件都不会比上杭、永定、龙岩差，可是我们的游击战争却没打好。我们省委、省苏的领导人都有罪过。但罪过最大的要数省军区那些不听从省委领导的几个人，特别是宋清泉、徐江汉要负主要责任。他们这些人带〔戴〕叛徒帽子是一点也不过分的。今天党和政府对他们中的一些人还是十分宽大。我想他们应该万分感激党和人民才是！

回忆闽赣省的建立和
闽赣军区抚东军分区的活动情况

郭如岳

（一）闽赣省的建立

1933 年四月中央为了巩固和扩大苏区，使中央苏区与闽北、闽浙赣苏区连成一片，建立了闽赣省。省级机关住黎川城，军区司令部住在湖坊。省委书记顾作霖，省苏维埃政府主席邵式平，省军区司令员兼政委肖劲光，军区政治部主任余泽鸿，保卫局长姓名记不清，黎川县委书记方志纯，资溪群众叫他老方，我是军区司令部参谋长。

省政府和省委的工作，我不明了。现在我只叙述军区和抚东军分区的工作和活动情况。事隔五十年了，现我年老昏聩，在叙述中，遗漏和错误是不可避免的，希望看了的同志们指教和改正，是我的唯一希望。

军区司令部所辖的部队是第五十五团，闽北军分区的一个团，所控制和工作的地区是福建的建宁、泰宁、光泽、邵武，江西的黎川、资溪、金溪及抚河以东靠近南丰、南城、广昌的地区。和我们对峙的敌人是南丰毛炳文第八师、南城李云杰二十三师、广昌许克祥的第二十四师。距离较远的敌人，是贵溪的樊松甫七十九师、邵武周志群的独立第四旅。

军区经常派小部队和侦察员，向南丰、南城、广昌之敌，进行游击、侦察、扰乱，以防对我来袭击；我们也经常捉到他们派来的化装便探，只要捉获，绝不释放，交保卫局处理。在这里〈要〉联系〔想〕到一件事，在当时肃反扩大化的情况下，保卫局把肖韶不知从那〔哪〕里找来，刑讯后以改组派罪名处死。这事没有人知道，历史上会记载肖韶不知下落。所以在写保卫局的工作时，在这里附带说明。

肖司令员对我布置的工作是率第五十五团，不时向多方向游击。最远的一次，是通过资溪的山区，经上清镇拂晓袭击鹰潭，鹰潭半永久性的强固的石筑高大碉堡称为碉楼，因樊松甫七十九师派兵守备，侦察以后，迅速退出战斗，以防敌人派大部队中途截击。对光泽、邵武、将乐、顺昌，也有小部队游击、侦察。

（二）福建事变后蒋介石对闽赣军区的进攻

1933年十一月，国民党第十九路军蒋光鼐、蔡廷锴在福建树起了反蒋旗帜，成立（中华共和国人民革命政府）并与红军签订抗日反蒋协定。蒋介石为要消灭蒋蔡的军政力量，先派周嵒〔喦〕率第六师进攻黎川。周嵒〔喦〕进攻黎川时，我奉肖劲光司令员命令，率第五十五团，在硝石至黎川的道路上侧击、扰乱，延滞敌人前进，但周嵒〔喦〕三天的进攻作战中〔后〕终于占领了黎川城。

周嵒〔喦〕进攻黎川的主要任务，是打开向福建进军的道路，使进攻蒋蔡三大部队，迅速向安全的经建宁、泰宁、将乐、顺昌、延平向福州前进。闽赣军区及所属部队，堵截这一要路口。所以周嵒〔喦〕的进攻目标，就是闽赣军区。他首先派葛钟山率第十八旅向我进攻，在此情况下，省级机关和军区司令部在闽赣交界山区隐蔽，我率第五十五团在洵口杉关之线抵抗。此时成立了抚东军分区，派我担任军分区司令员，黄道任政委。以资溪为基点，向各方向进行游击活动。葛钟山以全部兵力向我进攻，我退守杉关，凭险抵抗。激战正酣时，敌侧后响起了枪声，敌对我取守势，以全力对侧后作战，我乘机进行反攻，激战至黄昏前，战斗结束，敌第十八旅全部被歼，无一漏网。缴获其多，我们派人去联络才知道，彭德怀总指挥率三军团由福建赶来。

次日我率第五十五团、游击队、赤卫队去打扫战场。捉获了打散而潜藏在茅草中敌军官兵和遗弃的枪支弹药等。我把捉获的护〔俘虏〕兵送到俘虏收看所时，俘虏兵们指着一位军官大声的喊"那是我们的旅长葛钟山"，这样才找到了葛钟山的下落。

在这时候黎川集结大部兵力，番号不明，我三军团已离战场。敌人虽然被消灭一个旅，但为了打通福建的道路，错误的认为我凭险守杉关的第五十五团是主力部队所在的方向，派大部兵力向杉关进攻，我由杉关北撤到飞鸢，敌人跟追到飞鸢，激战后我又向北转移到止马。止马东侧是一座馒头形的大高山，我们午后登上高山，山顶宽广平坦，有一座寺庙，我们部队拥挤山顶，故意暴露目标。我们从山顶向南瞭望，距山十多里的一大片村庄住满了部队，炊烟燎燎〔袅袅〕，人声嘈杂，占着周围十多里的面积，这个情况证明敌人兵力超过我们十倍以上。我们估计是周喦〔嵒〕的第六师或者又增加了其他部队。我们研究判断：敌人有这样多的兵力，会从山脚包围后向山顶攻击，并且是拂晓攻击。我们决心半夜下山，避免敌人的包围和拂晓攻击。

我们按决心行动，下山后走了十多里路，正是拂晓的时候，我们远远从曙光中望见敌人从山周围涌上山顶，山顶已挤满了人，后续部队还继续上涌，半山腰还有人群蠕动，这就证明我们的决心和判断是正确的。

（三）向闽北军分区前进

现在的情况是敌人兵力强大。为要掩护大部队向福建进军，他对我们还是继续进攻来达到掩护的任务。我们南进黎川，已经是不可能，没有电台不能和总司令【部】联系、通讯、请示。在此情况下，决心脱离敌人，向闽北军分区前进。

我们脱离了敌人以后，经过邵武城以西到达梅屏。梅屏西十里是司前街，住有伪保安团，我们派小部队去侦察搜索，保安团逃窜，我们研究判断梅屏距邵武四十里，住有周志群的独立第四旅，保安团一定要去报告求援，保安团派人去，邵武部队作出依据，敌来向梅屏攻击，当在明日拂晓或拂晓前。我们决心部队出发要早，部队后尾要在拂晓前离开梅屏。我们按此决心行动，部队出发，登上鸭母关，后尾部队离开梅屏到半山腰时，我们从鸭母关远远望见敌人把部队展开，从四面跑步包围梅屏后，搜索部队进入梅屏街，发生激烈枪声，我们已全部登上鸭母关了。

越过鸭母关后，经过一个上午的行军，过一重山，又一重山，一直在山沟、山坳上上下下，在一个山坳上，有一群人手持梭标〔镖〕、大刀步枪聚集上山头喝问："你们是哪里来的？"我答："是邵武来的。"他又喊："派一个人上来。"我就严肃地喊："国军过境，你们应当迎接，为什么要我派人到你那里来，你派负责人下来，我有要事交代你们。"于是他们派了两个人下来。我们谈了几句话，问了他们，就是大刀会的负责人。我们就向他说明："我们是红军，你们开枪，我们就将这两个人先杀掉，你们不开枪，把我们送到地点就放回来。"于是我们顺利的通过反动武装的干扰区。

（四）经过黄坑产茶区到达闽北苏区的曹墩星村

夜间下了雨，第二天早晨出发，登上去黄坑的大山，武夷山脉山高，到了山顶积了三到五寸厚的雪，可爱的山茶花，一树又一树的在皑皑的白雪凛冽的寒风中，开放着鲜艳的花朵。它能在大城市的公园里，受千百万人的观赏；也能在荒无人迹高山顶白雪寒风中开放，我不禁神住。

通过山坳，沿着小道盘旋曲折下山，到了产茶区黄坑。这个产茶区，有着特殊的风味。这里产茶的山坡，大约四十度左右的斜坡，缓慢倾斜的广阔平坦的石板坡。全山坡的石板，裂成间隔相等直线平行的石缝，从山顶向山脚延伸倾斜，在石缝中栽了茶树，很整齐的排列成行的茶树林，间隔中是采茶人的来往道路。据说，石缝茶树的茶叶，是名贵茶，仅次于武夷山顶石崖下的"滴水金匮名茶"。山沟底修建一座简单而宽大的房屋，屋内安放着几只竹篾编成的长方形大茶篓。我现估计茶篓高约丈余，长二丈余，宽丈余，茶篓的长边搭着一架梯子，是放茶和取茶时用的，每篓可装茶叶两万斤上下，这时各篓都装满了茶叶，这些茶叶是集体的、个人的或茶商收购的，我不知道。部队通过我们派了一名连指导员在门口守着，以防止战士们你一把我一把的去抓茶叶，对群众造成不良印象。这名茶的产地，我印象很深，【有】极详细记述，到现在已过去五十年了，可能一切都改观了吧！

当晚到闽北苏区曹墩星村，这天正逢集日赶集的群众，都来和战士们握手，问寒问暖问辛苦，表达了对红军的友爱。次日到达闽北分区所在地大安街，受到了分区委书记薛子正、分区司令员黄立贵的热情欢迎。

（五）向红军总司令部报告经过并请示行动

我由〔用〕闽北分区电台，向红军总司令部报告经过并请示行动。接奉总司令【部】复电：令我率第五十五团三营（一二营归还闽北第二十师建制）到建宁、泰宁地区，向进军福建的国民党军队进行袭击扰乱，截击敌人的军用物资运输。我立即出发，闽北军分区派部队掩护并派船工，由邵武以东的邵武河渡河，因为是山峡河流，水不大，河不宽，但水深而不能徒涉。渡口仅有容一个人坐的小船，直到天明才渡河完毕，渡河后，继续向南行进，当晚到达禾坪宿营，禾坪住有伪保安队向我出击后，退出了禾坪，我为防止保安队的夜袭或扰乱，我以宿营的姿态划分住房，下门板、找禾草、炊饭等动作来迷惑敌人，入夜后静悄悄的离开禾坪，到禾坪以南十多里的山沟小村宿营。在半夜时禾坪起了激烈的枪声。保安队果然来禾坪袭击扰乱。

又经过两天的行军。经光泽以东，顺昌以西山区，到达了建宁泰宁地区，向福建进军的蒋介石部队，还没有过完，据说是延平的三千八百坎，马驮兵炮，通过困难，迟滞了前进。在此情况下，我们捉获落伍兵、逃兵，缴获了少数枪支弹药；也捉获了排哨军士和到哨所前方的村庄来找门板、禾草以及采买和抢群众东西的士兵。我们对他们是殷勤招待，宣传教育后释放，并指明去的道路和方向。

他们的军队过完了，运行李、粮秣弹药的民伕在部队掩护下，不断通过，我们仔细观察了他们的押运情况，做出截击的办法；派便衣短枪武装，在岔路口等待挑着军用物资的民伕来了，便衣武装就以自己人的口气喊"从这条路去，那条路有土匪，走快些"，把这运输队指引到我们的地区方向，离开了大路。他们押运的办法是每十名民伕，派一个武装兵押着，掩护的主力在队尾跟进。反正民伕走完了，连长率领着连的主力，仍然是跟着民伕走，他并没有发现走错路，到了我们的埋伏圈内，四面出击，猝不及防，部队脱离了掌握，慌张溃乱的向后逃跑，而民伕们听后面的枪声，跑得更快了，到达我们住地把民伕引进一座大祠堂里，押运的士兵放下了枪，挑运的东西排列成行的放下，士兵、民伕，分别安置。拿他们挑运的香烟慰劳他们；拿他们挑的米、面、油、盐，给他们炊饭，住了一夜。第二天就把他们分批的放回去，指明方向和道路，并关心的向他们说，小心些，不要再被抓去，赶快回家里去，家里的父母妻子儿女担心你们安全，日夜望着你们回来啊！有些民伕感动得流了泪。

民伕走完后，把战士们所需要的东西分发给士兵，战士不需要或分不完的按人分配携带，移到十多里外的村庄隐蔽待机，这样的工作做了两次。

在这一任务完成以后，我被调到独立三十三师工作，在南城、南丰、广昌以东地区活动。

邵式平同志口述记录稿 [①]

黎川成立了苏维埃政权，可以算苏区。

闽赣省开始是在湖坊，后来形势好了一点才正式成立，具体时间很难讲，第三次反"围剿"胜利后就开始筹备，第四次反"围剿"结束后才正式成立。在黎川县城的时间长一些。闽赣省包括赣东北、金溪、资溪、余江、贵溪、邵武、光泽、建宁、黎川、泰宁和闽北苏区。蒋介石进攻福建时被割断了，后来又把宁化划归了我们。敌人发动五次"围剿"时闽赣省政府退出黎川县城，搬到德胜关的井水，后又退到建宁，红军长征开始时，闽赣省才撤销。

有没有东方县我不记得了，彭湃县是有的。黎南县不叫什么县，就是黎川县范围小了，实际上是一个地方武装工作队。

1933 年 1 月和八九月间，朱总司令、周总理、彭德怀、林彪、项英、王稼祥等中央领导同志先后都到过黎川。他们在黎川时，都住在省政府，我整天招待他们。但我没见毛主席到黎川。

吴先民没有到过黎川，从 1929 年到 1930 年活动到这边来的是方政委，他到过大小竺，在金溪、资溪、黎川、南城这个圈子里搞地下活动。方志纯同志到过黎川两次，第一次是跑去那边发展游击战争，到处播下种子，扩大苏区，第二次是带军队去的，那时我们的革命是波浪式发展。

你们搞党史，要看一看 1933 年党的总路线那篇文献的前一段。同时一定要把新民主主义革命和社会主义革命这两个界线分清楚。

---

① 原件题为"邵省长口述（1962 年 12 月 18 日于南昌）"。

如果混成一片，那是大错误。这两个阶段以中华人民共和国成立的那天为界，前一个新民主主义革命不消灭阶级，社会主义革命是要消灭阶级。我忘记了是那〔哪〕一县的，书名叫人民革命史，我看就是这两个革命没有搞清楚。

李家怡、章培德^①记录整理

1962 年 12 月 29 日

---

① 20 世纪 60 年代初，两人分别为编写黎川县史志的工作干部和县党史办负责人。

方志纯同志口述记录稿 ①

　　闽赣是新形成的省。当时很多省份都跟闽有关系，都挂上了一个"闽"的头衔，像闽赣、闽浙赣，还有闽粤赣，这些省份都是在两省边区组成的省份（我认为：闽赣这个专题，应该是福建牵头，不应是江西牵头，因为闽赣活动的地区和活动时间主要是在福建）。

　　我去闽赣的时间不长，我原在闽浙赣，即现在的赣东北，是1932年去闽赣的，去的时候，我还在红三十一师任政委，后来叫我当黎川中心县委书记兼黎川军分区司令员，包括南城、南丰。黎川失守（即1933年11月左右）后，省委搬到福建，省委许多会议我都没有参加了。这段时间的很多情况，我就不了解了。此时，正值第五次反"围剿"，王明路线盛行。我当时还没有那个觉悟，不懂得什么路线不路线，我只觉得五次反"围剿"打法不对头，没有一、二、三、四次反围剿打得那么痛快，因为我参加过第四次反"围剿"嘛。我表示了自己的不满。因此，当时就怀疑我是AB团，曾经想把我抓起来，但是没有材料。当时有人说闽赣是个大的反革命集团，在闽赣省内被打成AB团的约有100多人，其中大多数是区委书记以上的干部，而且还有人把彭皋、肖韶、李和凤抓起来，人们把情况反映到毛主席那里，毛主席不大相信，说这个案子有问题。于是便派叶剑英、李克农、胡 ②（李、胡二位都是国家保卫局

---

① 　原件题为"访问方志纯同志录音整理"。时间：1983年11月5日，地点：南昌市展览路2号。

② 　原文此处空一格。

的，李是执行局局长）来审这个案子。该时，彭皋已被杀了。（问：彭是什么罪名被杀的）答：AB团吗。他是一个很好的同志，是我们红军一个很好的团长，也当过政委。他是武汉农民运动讲习所毕业的，这个人很好，把他杀了，我们感到很奇怪。

闽赣用的部队，是我们红十军、红十一军，后来并成七军团。（不知道你们晓得不？我们三十一师不是赣东北的部队，是中央领导的。我们的邵式平省长，原是红十军政委，把他调走后，调来肖劲光，参谋长也调走了，派了粟裕同志来，军长没有调走，是调去学习，团长以下甚至营长都调走了，名义上是叫交流经验，是叫学习，实际上是想把我们红十军吞并了，想把它化了，军队实际上是被改编了。当时我很不满意，有情绪，但是还是服从命令）。

我到闽赣是1932年2月间（过阴历年时）。我当时主要在三十一师打仗，黎川只是挂个名。不是说方志纯兼吗？实际上在那里只是挂个名。反四次"围剿"我去打了，后来又调去参加反五次"围剿"的战斗，将乐、沙县、江西的黎川。所以，建宁、泰宁我很少去，只是建宁的将军庙一带，我在参加五次反"围剿"时去过。

实际上，闽赣的架子很不全，七凑八凑才凑起来的，你们看这表就知道了（指"闽赣省组织系统一览表"）。

（以下是方老对该表的定〔订〕正）

彭皋，没做省委组织部长，因为需要，把他调到资溪任县委书记。

另外，彭皋没当建宁中心县委书记，是余泽鸿担任（余是四川人），余后来到彭湃当城防司令员。（问：有人说彭到建宁继任余的职务？）答：他没有去。当时决定彭去资溪任县委书记，有文字决定，因为资溪是偏僻的县份，需要他去。

刘炳龙，他只是一个省委巡视员，后来叛变了。

黎川县委书记一栏，写了我的名字，实际上我没有到任，是谢惠光到任。我是在成立黎川中心县委后，才到那里的。

在我的记忆里，肖韶是没有当过泰宁县委书记的，他是闽北的，他在闽北的职务很高，黄道到闽赣后，他还担任过闽北分区委书记。另外，我记得，他在黄道离开闽赣后，继任了闽赣省委秘书长一职。

刘炳龙没当过彭湃县委书记，他是省委巡视员，曾到彭湃巡视过。王珍当过彭湃县委书记。

再一个，均口不是特区，而是区，区只相当于现在的一个公社，比特区小。当时叫我当区委书记，这是为了处罚我，因为说我是右倾机会主义，才把我降职到那里。《红色中华》上不是有"反方志纯的右倾投降机会主义"等字样吗？那时，王明路线整人整得很厉害，我当时对这个转折没有体会到这是政治路线、军事路线问题。我在前面讲了嘛！我们当时没有那个觉悟，我们只是觉得那些打法，跟毛主席原来的打法不同，因此提出一些意见。就这样，便说我是右倾，他们还要我在大会上作检讨。我说我没有错误，检讨什么？他们说不检讨就撤职。我说：撤职就撤职。结果撤掉原职后，就把我降到均口任区委书记，同时只发给我三条枪。当时正是热天，到均口后，我靠三条枪，又发展了一支队伍，他们看我干得不错，又调我到彭湃任县委书记。我从军队降职，到黎川当中心县委书记，黎川失守后，不存在中心县委，又把我派到均口，接着又到彭湃，到彭湃后我被抓了起来。这时，我差点被杀头，我到闽赣没有过一天好日子，所以，我不太愿意回忆这段历史。

［继续核对组织系统表（省苏部分）］

祝维垣没当过省苏主席，是当彭湃县苏主席，我当县委书记时，他任该职，余泽鸿当时是彭湃城防司令。祝维垣这个家伙是个叛徒，带了一条枪去投敌，他是在红军长征后叛变的，祝是福建人，是个手工业者，打耳环、戒指、手镯的。

马维祺没当过省苏秘书长，他是个叛徒。1927年就叛变了，不可能到闽赣当秘书长，他的所谓秘书长一职，是指大革命时在江西省农民协会担任的。那时跟方志敏在一块，他在赣东北时叛变了，我们杀他未死，现在他的脖子上还留有刀痕。他是【从】赣东北逃来的，没有到过闽赣任省苏秘书长，他的历史我清清楚楚。

省苏没有妇女部，省委倒是有。杨树兰（表内为省苏妇女部长）根本没有到过闽赣，她现在在贵溪。省委妇女部长曾由张荷凤担任，张后调到泰宁当县委书记，最后又到建宁当县委书记，李和张担任过省青年团妇女部长。

黄富武，根本没有当过团省委书记，他是在闽北。

祝维垣不是闽北分区委书记，是崇安县苏主席，后来调到彭湃县当县苏主席。

（下面核对"闽赣省军区"一栏）

军区政治委员中，在钟循仁之前，少了一个赖昌作〔祚〕政委。"军区政治"一栏中，余泽鸿有担任过政治部主任，他也是后来被撤职的。

"闽赣军区所属分区"一栏里，闽北军分区司令员的先后次序是：吴先喜、黄立贵、李德胜，李后来叛变了，闽北的人员几乎被他搞光了。

军区所属部队有十二、十六、十七、十八团，没有十九团。后来这些团合并成一个团，这是在撤出宁化城后，约1935年1月于宁境内改编的，该团下属三个营。

王子成是十二团团长，他原是黎川县苏军事部长，是个很好的人，肖明星也是很好的人。

（以下是关于他自彭湃被捕后情况的叙述）

1934年12月，红军长征后，我和刘炳龙都被捕了，我们被吊起来拷问，要我们承认错误。当时，刘炳龙就住在我隔壁，刘隔着木板墙说："受不了，承认了吧。"我说："我们又没错误，承认什么？我们应该坚持。"此时（可能是由于我爱人张荷凤，向彭祐之妻张士英求情转告）彭祐到彭湃来看我，问我交代了没有，我说没什么要交代的，后来决定把我杀掉。在要杀的前一天，他们问我有什么话要说的，我说要发两份电报，一份给项英，一份给方志敏，让他们证明我的历史。当晚 12 点项英回电说：方志纯同志没有什么错误，是个好同志，他的历史我很清楚。第二天早上，他们把我从牢房带出来说：中央分局来电说把你释放。

后来，又要我当军区政治部地方工作部长兼宣传部长。好啊，当就当吧，一个共产党员就要服从组织嘛。我这次放出来后，参加了一次省委会，那是 1935 年初在宁化召开的。会议讨论了闽赣省机关、军区及部队的活动方向。彭祐、赖昌作〔祚〕都到了，我原是省委委员，他们也要我参加。会上，他们要我发表意见，我主张，往闽西或闽北靠，往西有闽西根据地，往北有闽北根据地，这是有利的条件。我们闽赣这边，不管是建宁、泰宁都属新区，群众基础没有闽西、闽北好。军区领导不听我意见（刘炳龙同意我的意见），没成功。彭祐提出向闽南活动，这个意见，中央分局有无指示，我不知道。彭祐说：闽西、闽北、闽东都有了革命根据地，我也来搞个闽南根据地。赖昌作〔祚〕也同意彭的意见。（问：有人说向闽南行动是军区主要领导决定的，是否如此？）答：军区没有决定权，就像在我们军区与省委的关系一样，省委书记有全局决定权，况且我们当时开的是省委会。

1935 年 4 月，在尤溪坂面山上与敌人打了一仗，战斗中我受伤了。这个仗啊，窝囊的很，这不叫打仗，叫作"叫花子打狗"。我参加多次战斗，还没有见过这种打仗的。他给了一块钱把我丢下，这是想借敌人杀害我。我化了装，穿着便衣的（因我在彭湃被捕后没军衣，就穿了便衣）。当敌人盘问我时，我就说：我是当小学教员的，跟部队走，后来脚受伤被丢下了。

1936 年我到了福州，进了闽海税务局当贴票员。1937 年我到厦门找党组织没找到，便回到闽海税务局发展党组织。1937 年我到南京，给八路军办事处的叶剑英写信，叶剑英寄了五十块钱给我做路费，我带着刘麟到了延安。记得在福建时，"双十二事变"那阵子，彭、宋放出来了，我看到报纸上登了消息。解放后，宋在江西，我叫公安机关把他抓起来了，彭也是我叫湖南公安机关把他逮捕的，因为他们都叛变了。（宋是在新四军时被枪毙的吧？）答：不对，他是在【一九】四五年或【一九】五〇年被枪毙于赣南的。

（问：你们从宁化撤退以后，都没打过什么胜仗吗？）

答：没有，我不是形容那叫"叫花子打狗"吗？那时是搞不赢就跑。可以说队伍不是被敌人打垮的，是我们自己拖垮的。对此做法，我提过几次意见，有一次在尤溪被敌人包围，敌人伏击我们，我带着一批人员冲出来，把司令员和电台也带了出来。

宋清泉这个人不会打游击，他打大仗，搞大兵团指挥还可以，打游击战根本不行。彭是怕死的，胥参谋长（即徐江汉）是宁都起义过来的，钟是农民出身，很老实，也不会打仗，他虽然有点文化，但没有能力，可以说，他当省委书记兼军区政委，是很不称职的。钟最后〔是〕被宋、彭杀害的，不是牺牲的，在仙游一条河边，宋、彭、徐要投降，就把他杀了。我是王明路线的受害者，被排挤了，根本用不上。

（问：他们的投降活动是否有预谋？何时预谋？）

是预谋的，什么时间不太清楚，不会是宁化撤出时便有的，大概是在后来到处打败仗时才决定投敌的。本来，我们那时的队伍，有时可以集中优势兵力，消灭敌人，消灭敌人以后分散，分散以后如需要，可以再合起来，他们根本不懂这一点。

讲起来，闽赣失败是必然的。我认为，即使没有王明路线的影响，闽赣也照样要失败。因为闽赣领导人很不称职，七零八落的，对地方干部一个也不使用，连我们这些赣东北来的也不敢用，因为我们都是外面的，他们要王明路线执行者派去的人才用。当然啰，从总的情况来说，闽赣失败主要是王明路线实行的结果。但是，没有这一条，按彭、宋的打法，闽赣也是要失败的。〔问：是否说，闽赣失败，除王明路线外，主要的（亦即直接的）原因是彭祜等人的无能〕答：是的，彭是怕死鬼，省委书记钟又不行，司令员是彭的警卫员提起了的，彭怎么讲，他就怎么做，这个情况彭亲自跟我谈过。我曾问彭：对宋你了解不了解？他说：了解啊，他是我的警卫员提起来的呀。

（问：闽赣失败的教训主要有哪些？）

第一点：主要是王明路线的危害，杀人太多；第二是群众没得到实惠，很苦，分田没分彻底或没分。再一个，当时他们不注意根据地建设，也不依靠已有的根据地，东跑西跑，实行的是流寇主义的一套。当时没有很好地打一仗，既不打大仗，也不打小仗，大仗打不了，小仗又不爱打。后来，电台丢了，我们跟中央分局项英他们也失去了联系。我对闽北较熟悉（因为这里曾属于赣东北管辖）。当时，我主张向闽北的光泽、邵武、崇安这边靠。这样，与敌作战会机动些，但彭、宋不同意这样做，结果很被动。

关于十二〈团〉、十七、十八团的情况，我不太清楚，只记得肖明星、王子成两个人，王子成我很熟悉，肖明星同我一起开过会，还有一个邱尚聪。至于军区向闽南去时，肖明星有无跟去，我的印象是没有的。

（问 1935 年初在宁化有无开过庆祝遵义会议召开的大会？）

有，是在宁化城外召开的，因为怕敌人轰炸，有关遵义会议的消息，我们是从电台上收到的。当时听说中央先是打算陈潭秋到闽赣来传达消息，后来，不知为何，他们到闽西去了。

对闽赣的评价说来说去还是那几句话：一是领导人不行，其他苏区能存在，为何闽赣就不行，同样都有王明路线干扰嘛。我认为：其中彭祜起来〔了〕很坏作用；二是群众没有很好发动，只是给他们加重负担，并没有给他们什么实惠；三是领导人不相信闽赣能坚持下去，特别是彭祜害怕得要死；四是杀人太多，肃反扩大化。

三明地区"三年游击战争"专题调查组

吴沁芳、杜元会

1983 年 12 月 6 日整理于三明

聂显书同志口述记录稿

（一）①

1. 1930 年在资黎交界一带成立的中共特别区委是搞秘密工作的，没有什么名称。特别区委设在资溪白干、浒口一带，以资溪为活动中心，受赣东北领导。

2. 皮茶暴动时，九江铺还没有支部，那时有茶山、皮源、乌石等支部。茶山支部书记是谬年仍；皮源支部书记是刘姨婆（临川人，会穿蓑衣）；乌石支部书记是余绍华。总支书记是我。资福桥支部成立于 1932 年春，九江铺支部成立于 1932 年 5 月。

"皮茶暴动"我们只丢了几根来火枪和大刀，没有损失人。暴动后，我们进行了扩大党团组织活动，吸收的党团员大概有 20~30 人，严火明是 1932 年才入党的。我暴动后仍在小竺活动。那时地下活动地区主要在黎川、光泽、资溪、南城一带。主要任务是解释共产党是为穷人的，发动农民起来斗争地主。

3. 红军第一次解放黎川时，我仍在小竺。那时党支部和部队有秘密信件来往。黎川的杨伯清等反动地方武装，在红军来的前一天就逃到建昌去了。

---

① 一共有四份。这份档案原题为"江西省民政厅副厅长聂显书同志口述（1962 年 12 月 12 日上午于省民政厅）"。

黎川第一次解放时没有成立革命委员会，纵使有，也不过是挂个名，没有来得及开展工作。那时部队驻在九江铺，敌人跑，我们就追，只布置了一下工作。那时有农民协会、赤色工会，由部队中的先遣宣传员领导打过土豪。

红军撤走后，杨伯清就回来搞清乡，搞连环保。我们即发展组织，串联群众把谷平仓。"把谷"是不准地主的谷子下河，如果查获，白天没收一半，夜晚全部没收。那时九江铺、资福桥等地都搞了，资福桥就搞到二百几十担。"平仓"是要地主开仓卖粮，实际上开仓后，担的担，挑的挑，只记一行账，不给钱。另外还领导群众抗债（债有秋谷、稻息、月月息等），还打了国民党收酒捐的，国民党搞公路，我们也和他斗了一下。开始是要人，我们不去，他们就说不去就派钱，四元三角钱一个方，我们也不出钱。结果保长把群众的家属押去，我们收工回来后就起来打保长，并且还打了警察局（1932 年 9 月间），赶跑了巡官。

4. 1932 年红军第二次解放黎川后，小竺党组织 1933 年 1 月才公开，我在小竺当苏维埃主席。那时黎川成立了革命委员会，选举后改称苏维埃政府。邵省长 1932 年来湖坊，1933 年 2 月闽赣省搬到黎川县城。

当时游击队主要活动是打土豪、练军队、探听消息、发展组织。我在小竺时，曾把资福桥游击队调到打雕坑等地的国民党地方武装，因为他们有 6 支枪，我们没有。

黎川城失守时，我在乌石当裁判部主任、肃反部长，我当时曾派人一夜连报几信，说敌人准备进攻。

5. 严火明 1933 年当赤卫军模范连连长，带了一连入伍的新兵去瑞金。回来后不知黎川城已经失守，结果碰上敌人问那〔哪〕一个，他说自己人，所以被捕，第二天就〔被〕枪毙了。

6. 县苏召开第二次工农兵代表大会是选举参加瑞金中央苏维埃代表大会的代表。那时我在资溪参加会议，根本没有到黎川来，所带的游击队也是资溪的，因此说黎川县苏决定由我带领游击队一事不合乎史实。

7. 莲源一战是 1933 年 12 月闽赣省退在〔到〕福建去了以后打的。一天我们带了难民、家属隐敝〔蔽〕在山上，上午 10 时左右，武鼎三、杨伯清的反动地方武装就包围了我们，打了个把钟头，难民、家属被押去 400 多人，我们军队没有什么损失。

8. 我 1934 年 2 月从福建学习回来后，带了一支福建邵武禾坪一带的游击队，约有 1000 多人，但黎川人很少，只有邻区的十几个人。黎川游击队那时主要在黎南一带活动。1936 年秋我带了两个中队的游击队 200 多人由福建牛田一带经杉关、樟村、德胜关过建宁，一方面牵制敌人，一方面看看国民党反动派对苏区老百姓的迫害情况。在厚村找到一个人，现已死，名字不详。在樟村也找到一个女的，名字忘记了，是不是党员不清楚，她谈了一些情况。

9. 苏维埃时期黎川有多少党团员，我不晓得，因为不在黎川，方政委可能知道。

10. 1933 年打浒湾之后，朱德、周恩来、林彪等领导人都到团村，我只认得彭德怀、肖劲光。这情况清江荣军疗养院胡书记可能知道，他当时当排长，参加过团村战役，可以介绍你们去。

李家怡、章培德记录整理

1962 年 12 月 29 日

（二）[①]

我是在 1929 年 10 月入党的，是老刘、老熊两同志介绍的，地点是在南城的小竺。在我入党之先，约在 1929 年春季，吴先明同

[①] 原题为《访问江西省民政厅副厅长聂显书记录整理》。

志亲自在黎川皮家源①建立了党支部。当时发展党员有刘姨婆、周成宗等五人，支部书记是刘姨婆和周成宗。刘、周二人是抚州崇仁人。②皮家源党支部五个党员中有三个是外地人，两个本地人，他们是唱三脚班和穿蓑衣的工人。

九江铺支部成立于1931年四五月间，是由红三军团政治部派人帮助建立的。资福桥支部成立于1932年5月间，支部书记是严火明同志。周湖支部当时没有听说过有。1930年2月在资黎交界地区成立了一个特别区委，特别区委成员有老刘、老熊，我担任民运部长。管辖资溪、南城、黎川、金溪等县的边缘地区。

赣东北党组织，曾经派吴先明同志到资溪乡的茶山展开革命活动，并以茶山为中心，在资、黎、南的交界地区发展党的组织，吴先明曾亲自到黎川的皮家源，并帮助建立皮源支部，以后，他派我到黎川的皮源一带活动。1930年5月间，我奉吴先明同志的指示，在黎川召开了黎川的皮源、资溪的桐埠、乌石、茶山、南城的大小竺等十几个支部的党员会，讨论打飞鸢盐卡的问题。吴先明同志没有亲自主持和参加这个会，他在资溪那边帮我们出主意，我亲自参加和主持了这次打飞鸢盐卡的暴动。当时，桐埠、乌石、皮源、茶山、小竺、大竺等支部动员了很多群众参加，群众都装扮成挑盐的，把刀和石头放在箩内。结果把飞鸢盐卡打垮了，还缴到了两支来复枪，群众劲头很高。

当时飞鸢盐卡官不是武子真，是另外的人。盐卡被打后，卡官跑到武子真那里告状。武子真也只得照实说："打盐卡不是打卡，而是你们的盐税抽得太多了。"

江火生是资溪县都溪乡人，是教师爷（教打的），收有几百名徒弟，专门横行乡里，欺压群众，所以群众非常痛恨他。于是就在乌石的横山开党员会，皮源和乌石支部的党员都参加了会议，并分

---

① 亦称"皮源"。
② 前一份档案中介绍，刘姨婆是临川人。待考。

别发动群众，打倒了教师爷江火生。

茶山暴动时，皮源支部的党员没有参加。茶山暴动后，又想搞一个更大的暴动，并且派人装疯子向财主要钱，后来被团总余星初知道了，他就带领保安团来"围剿"。

苏区时期，我是在资溪县那边工作。1933年间敌人第五次"围剿"时，九月尾〔底〕黎川城失守，那时资溪也被白军占去，我们于1933年11月15日被迫登山。12月我到黎川飞鸢开过一次会，参加会议的是各县的县委书记。当时邵主席说，各地干部，各乡归各乡，各县归各县，坚持工作。在飞鸢有难民及独立营共八百多人，据说，后来被地主告密，结果死了很多人。

1933年，黎川在扩大红军运动中，许多党员都带头参军，随部队走了，坚持地方工作的骨干分子就弱了。

1934年1月，我带领一支游击队到过皮源，与民团打了一仗。地主就登报消息，带来了反动军队"围剿"我们。

1935年我带领游击队到过杉关，1936年我带领九十多名游击队【员】，从福建禾坪到黎川的湖坊。部队白天隐敝〔蔽〕在山上，晚上才下山活动。我们向老百姓了解情况，老百姓向我们诉说国民党抓兵之苦。

1933年三四月间，在黎川崩港洲召开六七万人的群众大会，杀了大刀会头目三四人，庆祝第四次反"围剿"胜利。

对于黎川编写革命史我提出两点意见，一是红军未来黎川前的党的组织问题，应当定下来，我们说的是对的。二是黎川游击队问题，我不清楚，要问方政委才清楚。

章培德、黄兴中记录整理

1963年3月30日

（三）①

资溪县党组织的发展，大约是在 1928 年和 1929 年之间，上级派吴先明同志在茶山发展×××党员，乌石发展余绍华为党员（已牺牲），桐埠发展廖文光（牺牲）为党员，余福院等。当时他以茶山为中心地点。

到 1929 年成立了几个支部，乌石支部，支书是余绍华。桐埠支部，支书是廖文光，茶山支部，支书是廖文光兼。1930 年春，党组织发展就更多了。②

1927 年和 1928 年之间，方志纯同志是在茶元山、上山、珀玕、石峡一带发展党的组织和做群众工作。

1930 年，资溪县就成立了党总支，总支书记是我（聂显书），付〔副〕书记胥有高（兼组织干事）……③并成立了临时特别区委，区委书记姓刘××，组织部长熊××（又原始记录是非远），我是民政部长。

1933 年 11 月在黎川皮原〔源〕村，红军主力将要北上，当时邵主席、黄道等同志决定，凡属地方干部，要各【地】回各地，各县回各县，各乡回各乡，坚持后方工作。同年×月在该村打了一仗，资溪带去的地方干部和群众，在这里被包围，牺牲了四百多人。④

茶山暴动是在 1930 年间，由临时特别区委吴先明、廖×元

---

① 原题为"访问聂显书同志记录"，并标注：资溪邓松林记，1959 年 11 月 4 日。
② 后面另起一段，为一行省略号。
③ 原义如此。
④ 后面另起一段，为一行省略号。

等同志领导的。当时茶山（靠滨上去，现在没有人家）是一个造纸的地方，有 200 多工人，帮刘伶保家做纸，因工资太低，工人要讲价，闹增加工资，我党便乘着这个机会，组织工人起来暴动，当时增加了工资，得到了胜利。

这个情况被乌石余家边伪政府团总余星初发觉后，他在外面说："茶山有土匪，我们要去消灭。"我们听到这种情况后，过了五六天，又准备组织起来，要到余家边去捉伪团总余星初，但走漏了消息，未去。过了一段时间，由于党暂时离开了这里，到小竺，有的工人就装疯，装哑巴（又不露），到处向财主要钱，结果被土豪发觉这个组织，不是一般性组织，而是要起来造反，因此，一下子就捉起了十二个，在小竺枪毙三个，乌石枪毙五个，大竺枪毙二个，所以使当时革命组织受到很大损失。

章培德、黄兴中摘录于资溪县

1963 年 3 月 27 日

（四）①

红军没有来黎川前，在黎川有几家封建势力最大的地主，这几家大地主是樟村的杨伯清，城关镇的薛家、吴家，二区的武家都是较有名的大地主。当时杨伯清是做木头生意，薛家是做纸生意，吴家也是做生意。反正这些地主一方面是用土地剥削，一方面是用做生意来剥削劳动人民。当时二区武家有个田厂，雇了很多长工，我父亲就是在他田厂做长工，武家还搞了盐卡官。

那时黎川高利贷的名目很多，如放秋谷月月息，一年三次息等各种剥削，穷人向地主借钱真是很【不】容易，借钱要用好山、好

---

① 原题为《聂厅长口述》。

田做押金，过期没有钱还，所押的山或田就归地主去了。穷人的生活是非常苦的。

在这种封建剥削的社会里，当时黎川有人取过"红江会"，口号是打有钱人，后来垮了。又有张保、孙牛仔等，把枪都搞起来了。

孙中山先生上任后，口号是打倒豪绅地主。当时黎川还打了一个土豪劣绅名叫冯克民。

1927年蒋介石公开叛变，进行清党，1928年国民党又创"剿共"政策，在黎川的杨伯清的国民党也就是这样搞起来的。杨伯清搞军队的目的，一方面是投靠国民党来对付共产党，另一方面是想保存自己的封建势力和封建财产。

我是1929年搞秘密工作的，黎川在1929年就有党的地下组织，当时领导人是吴先明，党的组织在二区皮源、资福〔桥〕一带，共发展有四个支部，每三个党员是一个支部，这四个支部是九江浦〔铺〕支部、资福〔桥〕支部（当时支部书记严火明，红军来黎川后做过乡主席）、皮源支部、周湖支部。茶山（属于资溪县管）廖文广是总书记，当时发展党员有12个人，〈当〉老刘、老熊和我三个是经常在这一带做工作。

1929年在黎川皮源支部成立后，1930年成立了特别区，三月间就暴动，5月间又搞了一个皮源暴动，开始是打飞鸢、杉关、资福【桥】一带的盐卡（因为当时盐要过厘，一石盐要七斤厘税）。在打盐卡的时候我们还搞了几支枪。待后我还打过封建势力的红火仔（都溪人）。在这种情况下，我们党的组织更加深刻巩固和发展。在1930年12月间，我们又搞了茶山暴动，在这次暴动中我们死了七八人，后来我们就暂时转上山工作，那时反动派经常上山来"围剿"我们，为了工作起见，我们便化装了。

1931年我们党的组织转归到黎川的樟村，其目的主要是对付杨伯清。当时杨伯清用民团来打我们。就在这一年，红军第一次解放了黎川。当红军驻在黎川与南城交界的九江浦〔铺〕时，杨伯清听到这个情况，很快就逃到南城去了。

1932年，邵省长来到湖坊，还有毛泽民同志。

1933年2月间，闽赣省搬到黎川县城，在县城的水港州开过群众大会，向群众宣传红军政策，并判处了几个大刀会头子的死刑。

1933年黎川县委书记方志纯，那时开会主要是研究敌人进攻问题和搞粮食问题。当时黎川也已经过田。各种群众组织都有，如妇女会、儿童团、共青团等。

1933年过了中秋节后，敌人进攻黎川，当时我在漳坪（即硝石附近），那时闽赣省由黎川县城搬到德胜关去了，八九月间红军在飞鸢与敌人打了一仗，这仗我们得到了很大胜利。11月间敌人又用飞机炸资福〔桥〕，就在这个时候县委开会研究决定我带一支队伍上山打游击，不久县委传达了省委开会的精神，我们建立碉堡与敌人对抗。

我在皮源打游击时，皮源有个富农向杨伯清请来了民团，我们与民团打了两次仗，是在皮家边。我们上山，敌人就烧山，几乎立脚不住了，后来为了扩大影响，我们决定分开，有时去打土豪，有一次我们还到杨伯清家里打过。

1934年2月我调到福建学习，6月我又带队由独米关到牛田一带大山里，有时还到黎川二区皮源一带和老百姓取得联系，群众对我们很好，但被国民党知道，所以我们在皮源一带没有找到党的地下组织，后来在樟村才找到党的组织。

1933—1934年国民党对共产党实行了斩草除根政策，要苏区干部自首。当过红军的人或者家属都叫土匪，当时国民党还组织了清乡、挨户团。不管敌人怎样毒辣，当时力〔黎〕川还是有我们党的地下组织。

1936年我化装到苦山，还到过樟村去，因那时候苦山有个大刀会被我们掌握了，不再和我们做斗争，都归我们了。

黎川党的厂〔历〕史是从 1929 年就开始了，1930 年就组织了支部，红军未来黎川前，我们做的工作是暗中向群众宣传红军政策，解除顾虑和发展组织，红军初来我们的秘密组织还未公开帮助红军带路，都是用被迫带路的^①，以免让人家知道。

江显成记【录】整【理】

---

① 原文如此。

谭成章同志口述记录稿 ①

1932 年 10 月解放建宁后，红军向东行，打开泰宁下将乐。那时江西省委（省委设在宁都）抽调很多干部到福建开展地方工作，我就在同年 11 月由江西省委抽调到建宁中心县委，经建宁中心县委分配到泰宁大田市工作。当时工作团的人不多，后来从赣东北十九师方志敏部队抽来一批干部到建宁、泰宁开展地方工作。

我们刚刚到大田的时候，开展工作很困难。首先是语言不通，群众对红军政策不够了解，不敢大胆接近我们。还好当地有一些江西人，请他【们】做翻译，工作只是一个个村庄去搞，所以开展得比较慢。后来又找一些表现好的和我们接近的贫苦农民，通过广泛的宣传〈，将〉红军的政策和革命的意义以及怎样打土豪分田地〈……〉等，群众接近我们就逐渐增多，但是开会的时候，还是老年人多，青年人少。不久成立了革命委员会。

在 1933 年三四月间，我们的部队撤离后，泰宁县城就被敌人占领，县委和县苏搬往大田市。在大田市只有机关干部和工作团坚持工作。环境就更加紧张，那里地主武装大刀会、民团很多，加上土匪，所以反动势力很强。虽然有的地主是杀掉了，但是有的还躲在山上。我们白天工作，他们不敢来，晚上地主就下山威胁群众。群众是倾向革命的，也听我们的话，但是又要应付反动派。个别不坚定的人，一面给我们做工作，一面给敌人做工作。虽然是给我们做了一些工作，但是实际上是两面派，这些人不是我们基本群众。

---

① 原件题为"苏州军分区政委谭成章同志口述记录稿"。

开始工作的时候只是利用他们，因为我们是外地来的干部。贫苦农民对我们还不大了解，怕我们走了，他们要吃亏，还不敢出来工作，所以，很不好搞。

政权建立起来，起先是革命委员会，后来召开工农兵代表大会。通过选举将革命委员会改为苏维埃政府。我们就着手培养当地工作能力强的积极分子，吸收当地干部，他们语言通，讲的话群众都能听得清楚。另一方面是宣传工作做得很好，提出"穷人要翻身""红军是为穷人""打土豪分田地"等口号。同时，把没收土豪的谷子、衣物等分给贫苦农民。群众很高兴说："红军讲的话都是真的。"我们说："不但分东西，还要分土地。"不久分了土地，群众更加高兴，我们工作面开展得就更加广泛深入。

1932年成立建宁中心县委，管辖建宁、黎川、泰宁三个县，中心县委书记余泽鸿，他爱人吴庆涛担任妇女部长，后来在离建宁城三十里的地方，被大刀会杀害了。我到泰宁时候，已经成立了中共泰宁县委和县苏，县委书记先后由肖××（赣东北调来的）、邱光珍、肖韶、杨良生、余裴、张荷凤（是方志纯爱人）、肖兴余【担任】。我担任县委副书记兼组织部长。县委的机构设有组织部、宣传部（在一起办公）。少共县委下面设有组织部、宣传部、妇女部、儿童团等，干部很少，也是合并办公。随着工作的开展，全县建立了八个区委会和区革命委员会。泰宁八个区是大田、溪口、城关、梅口、新桥、朱口、棋盘、城东等区。各个区都有区委书记，溪口区委书记钟国楚。大田第一任区委书记是我担任，后调县委去做巡视工作，就由王恩波担任，他是兴国茶官乡人，后来又换赣东北人，最后是于都人，被大刀会杀害。大田区下面有五个支部，即廖坊、八十坵、垒际、上田、小北斗。其中发展党员最多的是廖坊，约有十几人，上田只有几人，垒际也发展了，但是不多。有的支部设有秘密组织和公开组织。我们离开以后，公开组织被敌人破坏了，只留下秘密组织坚持活动。

1933年三四月泰宁县城失守后，敌人分兵从梅口、弋口向县委、县苏所在地大田市进攻。工作团人枪都很少，平均三四个人只有一支枪，所以转向打游击。大刀会经常下山袭击我们的机关或者在中途打我们的埋伏，所以工作团牺牲很大。建立起闽赣苏区也付出很大的代价，泰宁每个区都被袭击过，区委大部牺牲了。朱口区有一次被包围，只剩下二个同志，其他的都牺牲了。溪口区也被包围过几次，大田是通往建宁的交通线，部队来往多，比较好一些。所以我们白天工作，一紧张晚上就上山睡觉，甚至一个晚上都要换几个地方。因为我们〔对〕地方不熟，力量薄弱，团匪、大刀会又多。

那时地方工作很艰巨，任务又重。1933 年三四月间，群众语言又不通，反动势力很强，不像老区好。所以有的工作团不愿意搞地方工作，愿意到部队去。

分配土地方面，大田分过两次，第一次不彻底，明分暗不分，有的隐瞒土地也没有查出来；所以第二次又来重分，分配方法是把田分为上、中、下三等，按人口好坏搭配、地主不分田。当时靠大田东南边的八十垅、垒际、廖坊、上田、小北斗一直到溪口区那边好几个乡分得较好。泰宁全县差不多都分了田，但是有些地区分得不够彻底。建宁分田搞得更好一些，在扩军运动，建宁扩大红军就多。泰宁几次未完成扩军任务，因为靠近前方，敌人来了，家里人会被杀掉，但是有的群众为避免家庭被害，跑到外地参加红军。肃反工作抓得很紧，杀了反革命分子，我们政权才能巩固。但是执行中发生了偏差，错误的肃反，我们牺牲不少的人，大田垒际多。有一个很坚决的积极分子，被坏人搞了他的鬼，也被我们自己杀了。这实际上是 AB 团搞我们的鬼，使苏区损失很大。1934 年，泰宁妇委书记李火凤也是以 AB 团的名义把她杀了，这个错误是"左"倾机会主义造成的。

1933 年开展反"罗明路线"，建宁中心县委反得很厉害。余泽鸿也被反了这个错误，写过三次检讨，都不能通过，召开这个会议我也参加了。那时地方任务很重，刚开展的新区、扩大红军，收购粮食支援前线和发展组织等等，不能完成任务就被说成是机会主义者。泰宁县委书记调换好几个，大部分是这个问题。对干部不是从教育出发的政策，工作任务没完成，不是撤换就是调走。到延安后，执行了毛主席的正确路线，干部政策才稳定下来。

1933 年冬天一个下午，部队打将乐回来，朱总司令在泰宁县委召开了一次团级以上的军事会议。参加会议约有一百多人，有关军事机密，县委会的干部全部出来，让给他们开会。五次反"围剿"我们只注意黎川那边的敌人，但是敌人从将乐这一路来。1934 年 3 月底，泰宁地方工作就不能坚持了。敌人进攻泰宁县城，县委和县苏机关迁到龙安堡，只有俄坑和下坊等区了。我们在龙安堡住了三个月，又被敌人包围了，伤亡几十个人。县主席和一个姓朱的妇女部长也是在这次牺牲，后来县主席就由钟国楚同志代理，县委书记姓肖的，军事部长池义彪（现在西南工作）。我多半是在俄坑工作，泰宁县委、县苏的牌子是挂到 7 月 30 日为止。8 月 1 日地方干部全部编入游击队，把原来泰宁游击队有〔的〕十几个人加上县直机关和各区干部，共有一百五六十人，统编为泰宁游击队。县委书记任游击队的政委，军事部长担任队长。游击队从泰宁到宁化、归化、清流一直到沙县夏茂，碰到大刀会几千人打我们的埋伏。我们只有一个连，大约有一百多人，前卫一个排伤亡很大，排长也牺牲了。敌人打到连部，我和钟国楚同志在连部，拼命地打，枪筒都打热了。我们退到归化，在归化又打了一仗，一天打了好几仗，后来又撤回到宁化地区。大约是 1934 年冬天或 1935 年春，泰宁游击队就编为闽赣军区第十八团第三连，团长邱偿聪。十八团有四个连，第三连是泰宁游击队编成的，连长是池义标，我任指导员。其他的连是清流、宁化、归化、德化等集中编成。还有一个闽赣十七团（原来是起义来的，打了几仗损失很大，环境紧张，团长、团政委都叛变），十七团就没有了。十八团成立以后，地点不固定，只是在宁化、宁洋、德化等地活动。而后到龙岩地区活动（现在溪口公社），那里有红军第九团的一个营在那个地区活动，我们的部队从此就到闽西那边去了。

1936 年 6 月，环境又好转，因广东陈济棠反蒋，蒋介石的部队撤去，到广东打陈济棠。我们利用这个时机，在 8 月就开辟地方工作，又扩大有六个区，但是几个月后又紧张了。我们一个支队有三、四个连，在龙岩、宁洋、德化、连城等地打游击，分散活动。1937 年国共和谈，敌人边和谈边打我们。我们还是天天打仗，到 7 月才是正式〈与〉国共合作，那时我又调闽西南和刘永生同志在一起工作。闽赣军区十八团以后就编入新四军，于 1938 年 2 月间离开苏区北上抗日。

闽西北党史编纂小组整理

1960 年 3 月 28 日

杜明同志口述记录稿

　　我参军不到两天就离开了泰宁，对当时县里的情况懂得不多，由于时间长，有的记不起来了，但有些较深刻的印象，咱们随便聊聊吧。

　　第一次解放泰宁是在1931年5月间，由红军的三军团的先头部队第六师。六师师长郭炳生，政治委员彭雪枫，红军主力还在建宁打。没到泰宁前，城里敌人就跑光了，所以泰宁城没有打。红军一弹未发，顺利由南门、东门、西门进城，群众都到街上欢迎。部队一进城，就问县衙门在那〔哪〕边？立刻由向导带到靠北门石碑〔牌〕坊外的县衙门，立即打开监牢把所有犯人放出来，并打开了附近的积谷仓库（我是跟在队伍后面看热闹见的）。接着红军的宣传队就在大街小巷宣传开了，内容是三大纪律八项注意和红军是谁的队伍，穷人为什么会穷以及号召人民起来革命……当时城隍庙、大南门到处都有开群众大会，除宣传党与红军的政策外，当〔在〕群众会上没收了土豪财产，宰土豪的猪，分肉、粮食、衣服、农具等给到会群众。我记得泰宁城里先由群众检举，经红军调查后，第一个是打了姓李的土豪（官僚地主）。由于党与红军政策的正确，群众很快就发动起来，成立了革命委员会、游击队〈……〉等革命组织，不到几天，经群众大会选举正式成立了苏维埃县政府、反帝拥苏同盟、互济会、巴黎公社、赤卫队、游击队、农会〈……〉等。四乡的区乡政府先后都成立起来了，城内除县苏政权还有一个区苏政权和南、北二个乡苏政权。大街小巷都飘扬着镰刀斧头的红旗，到处展开了轰轰烈烈的打土豪分田地的革命斗争。经过调查进行划分阶级，将土豪的田契债约烧掉，将土豪的田地、众田以及东西分配给穷人……街上各商店开门经营，小贩做点心买卖的很多，红军票和洋银都通用，市场非常繁荣。当时，每个群众大会都有开展扩红运动，到处是敲锣打鼓欢送青壮年参加红军，并出现父送子、妻送夫去当红军的模范事迹，参军的非常多，我就是这时候参军的。你们概况（初稿）上是写有 300 多人参军，恐怕不止这么多，就我所知道的红三军团第七团第一营三四两〔个〕连（当时我编在三连）在泰宁城补充的三百多新兵都是大井头下去那条街的人，还有别的街道和四乡都有参军的呢！我认为这次全县合起来计算起码有一两千人参军。我报名参军，没有让家里知道。一换上新衣军装就住在大东门的一所大屋里。第三天天还不亮就开往朱口，出发时连长指导员都讲了话，内容是三大纪律八项注意和互助友爱〈……〉等。当时我们每人都有 30 多排子弹、一把大刀和被子面盆等共有 80 多斤重的背包。经过南桥水南街往朱口前进，在朱口住一夜就上邵武。到了大埠岗，因邵武有敌人阻拦，部队又折回朱口转向将乐进发，一路上遇到大刀会有发生小战斗。【在】将乐住了一夜，经过归化、宁化到江西会昌大战（挖土道攻入城），后打安远、赣州、广昌、南丰、宜黄、乐安〈……〉等地，消灭敌人几个师。由于经常打仗，牺牲的人很多。就以我那一连来说，从泰宁出发占 50% 的泰宁人到达江西时大部分牺牲了，90% 都是江西人了。以后来了个宁都兵暴，诞生了红五军团。1933 年十九路军又在福建成立了"福建人民政府"。我们在打了广东南雄、水口后到了井冈山。过了一个时期又回江西兴国、于都等地打仗。1932 年我〈们〉就离开部队到瑞金临时中央政府总司令部任电话【队】中队长。我在叶坪时，中央召开工农兵代表大会，泰宁派有代表去参加（建宁也有）。我现在忘了泰宁当时到底有几人到参加，有一个印象最深，是否姓陈的？记不起了，人很胖（住在东门一条巷子里）如在的话，有 60 多岁了。我当时和他谈了很多话并捎〔请〕他带了几块银洋和一封信给我家里。回去访问看，这人如在，一定懂得一些情况。

红军第一次解放泰宁城，为什么老百姓会出来欢迎呢？这有个原因，就是红军未到泰宁前，就有农民协会组织，我也有参加活动。记得小西门到大东门的城墙上，在晚上经常有群众拿着火把游行（有的空手）。当时口号是反对苛捐抓伕，拥护朱毛的意思，具体字句记不起了。至于农民协会什么时候组织的及其领导者，我因年纪小，从没有过问，不懂得。我估计早就有了，大约是大革命失败后，由江西方面来的。我参加活动是红军未来的前些时期，国民党有股北方军队（不懂番号）有很多马，大炮，来泰宁住了几天，好像说朱毛是杀人放火的，不是好人，叫人民防备……〈？〉后开往建宁去了。一天吃完晚饭我坐在小南门乘凉，大伙邀我到城墙上，好像是开会，说了反对国民党军队等话，具体字句记不起，回去问老年人都懂得。希望你们把党史搞好！我们地方很苦，在党与红军的实际行动给群众的革命鼓舞与影响下，广大革命群众在艰苦的环境里与敌人坚持革命斗争到全国解放的精神应该大述特述。收集资料可分段去找，先弄清各段革命活动是秘密还是公开？然后找系统领导，搞清先是谁？后又是谁？上级是谁？下面具体领导者是谁？这样接下去一段一段追查清楚。同时要与邻近各县配合来搞，因为革命不是一个县孤立进行的，只有配合来搞，才能将前后左右的全部情况搞清。你们可通过组织手续到高级党校将党史刊物、党的斗争图片及党的建设等搞一份回去，对写党史是有帮助的。

附：杜明同志对泰宁党史工作的意见

1959 年 8 月 2 日访问记录

（一）历史要真实，才不会失去其伟大意义和力量。你们要收集澄清前后次序的材料，最好是总结性的材料。从大革命、南昌起义到井冈山创造了红军及革命根据地……国民党靠帝国主义向我们进攻，接连对苏区发动了五次"围剿"。第二次"围剿"时，在中国共产党领导下的红军解放了我们泰宁，建立了工农政权……先要有个帽子（概述）来写红军解放泰宁及泰宁人民在党的领导下进行革命斗争。历史资料可找党内刊物——党史，曾出了二年二十几期和党的建设等。至于搜集的战况要加工，另外还可以去新华书店买《中国革命斗争史》参考。

（二）红军当时怎样解放闽西北问题：要强调敌军刘和鼎主力在建宁被我红军一举消灭掉，我军乘胜解放泰宁。以前泰宁属卢兴邦势力范围，至于卢的上级——主要统治者和更前或更后各时期的〈统治时期的〉统治者及其相互关系，人民的痛苦要搞清，接下来红军在什么情况下怎样解决〔放〕泰宁的。在解放后应强调几个观点：（1）国民党依靠帝国主义向人民进攻，红军在共产党和毛主席的领导下，势如破竹地消灭了敌人，取得节节的胜利，顺利地解放了一系列的县城（将、建、泰、邵、光）等县。（2）马克思列宁的革命思想带到泰宁来，党和红军的政策主张、苏维埃政策以及工人阶级领导革命。中国的武装斗争实际是农民斗争，中国的革命实际上是农民运动（彻底解放劳动人民）。为什么红军到那里？为消灭一切旧政权与敌人，成立新政权、各种群众组织。因此广大青壮年热烈参加红军和地方武装——赤卫、游击队等。

由于中国共产党的政策正确，如消灭土豪劣绅，废除苛捐什税、强拉民夫〈……〉等；同时还分东西与土地给穷人，群众热烈拥护及分得胜利果实后的喜悦，经过党的教育宣传与斗争，群众觉悟很快地提高等应强调一下。特别是红军的三大纪律八项注意感召了劳动人民，几小时内使群众解除了给谣言〈行〉引起的顾虑，很快地安定了社会秩序，街上商店及小贩正常营业，人民开始安居乐业的生活。由于红军的政治工作做得好（不但会说而且会做的优良传统），扩大了政治影响，播下革命种子（红军是战斗员又是宣传员、组织员、播种员）一直到各级党政的组织，开辟为根据地。

（三）党史要强调劳苦群众的觉悟，我们地方是很苦（最好找些具体数字说明，如找不到全县的，就找几个典型的也成），正因为苦，群众对豪绅地主作坚决英勇的革命斗争，积极行动起来参加红军、支援红军。因为认识到红军是保护自己的军队，就自愿地踊跃参加红军（这应以国民党抓都抓不去，解放后自觉自动地参加红军来对比更有力说明），红旗越来越多，以发展姿态来写。

（四）牵涉到 1931 年以后的事，怎样与国民党斗争问题（包括每段斗争、各种代表会、参观团、经济建设、坚持革命到底）。重点是二次到五次反"围剿"，我情况不太熟悉，按你们材料主要特点在党的领导下武装斗争与阶级斗争。须要举些例子说明国民党以三光政策来摧残革命，我们怎样坚持斗争等，好人好事不要漏了。

"九一八"事变后我们主要政策是北上抗日。我们与国民党打就是与帝国主义打，因为国民党是帝国主义的根。再下来是解放战争直到全国解放，要顺着各个革命时期的次序来进行编写。

另外，泰宁在 1931 年以前由于革命胜利的影响和推动〈下〉，群众组织了【反对】反动阶级的游行示威，支援革命的农民协会。当时农民协会是受海陆丰那边农民运动的影响而来的。泰宁第一次解放，主要依靠外来干部成立各革命组织。材料缺乏，但一部分老年人是懂得，可找老人家（不管什么人，能找到材料就成）以谈心办法进行了解。

张士英同志口述记录稿

我那时年纪轻，十七八岁的姑娘，只知道蹦蹦跳跳，有些事情很少过问的。记得 1932 年，赣东北与中央苏区联成了一片。邵式平、周建屏等同志也去中央苏区，又在贵溪抽调一批干部。我是后去的，一同去的有十一个同志，女同志有张荷凤、李火凤和我，通过一段游击区，都是晚上摸黑走路。有的地方走时开门浇上水，使门不响悄悄离开驻地。经过铅山，涉水渡过一条宽河才到了崇安。那时黄道同志是闽北分区党委书记。看见我们女同志走路困难，就给我们两匹马，从小路走，经过邵武、光泽才到资溪。

1933 年春，资溪还是特委，下半年在黎川成立了闽赣省，革命委员会主席邵式平同志，省委书记是顾作霖同志。我在黎川住了四个半月后，敌人五次"围剿"开始，黎川打得很利〔厉〕害。十月黎川失守了，闽赣省委和省革命委员会搬往建宁，一到建宁，老百姓都放鞭炮欢迎我们。

我经常和妇女部长张荷凤一起，他〔她〕对同志像亲姐妹一样。我在建宁任省青妇干事兼省俱乐部主任，除搞文艺宣传外，也要深入做苏区工作。白天过对河去发动群众，打土豪分东西和分土地，并培养积极分子，摸清底子，发展党团员。在建宁开过二次工农兵代表大会，一次是在溪口，一次在城内天主堂。建宁中心县委书记先是余泽鸿，后是彭皋，是管辖三县（建宁、黎川、泰宁）的工作，后张荷凤也担任过中共建宁县委书记。

1933 年十一二月，在建宁城召开闽赣省工农兵代表大会，正式成立了闽赣省苏维埃政府，主席是邵式平同志，省苏维埃组织有：财政部（部长毛泽民同志）、文化部（部长胡德兰同志）、内务部、工农检察部、裁判部、教育部、交通部、土地部、粮食部、政治保卫局，还有群众团体组织、省总工会、农民协会、妇女解放委员会、互济会、反帝拥苏大同盟等。闽赣省委书记顾作霖调回中央后，由赖昌作〔祚〕担任书记，组织部长刘炳隆〔龙〕（在宁化肃反中投敌）、宣传部长方志纯、妇女部长张荷凤，团省委书记刘邦华（叛变）、宣传部长曾镜冰、组织部长×××、青妇部长李火凤（宁化肃反错杀）、少先队总队长谭化会（万宁人）、儿童局……闽赣军区政委兼司令员是叶剑英，红十军与中央红军会师（1932年冬）后成立七军团，肖劲光任政委。

1934年敌人进占了泰宁，建宁就成为边境城，形势很紧，敌人大军队强烈的〔地〕进攻，飞机天天飞来溪口、城市等地丢炸弹。四五月间我们退出建宁城，很多地方成为游击区，到下半年（九、十月）闽赣省级机关又搬去宁化，环境越来越紧张，粮食不足，食盐更缺。到宁化我调任青年团区委书记时，又看见建宁县的妇女主席张桂花。十月中央红军就离开中央苏区北上抗日。

1935年1月闽赣省委、省苏在宁化召开大会庆祝遵义会议的胜利。二三月宁化县城又失守了，我们就转向游击战争，这时想打通中央地区。在建宁、宁化打游击期间，是艰苦时期，周围环境复杂，搞粮食有困难，几天吃不上一顿饭。三月间闽赣独立团和党政机关，还有一部分群众跟我们一起走，游击到陈家山，驻〔住〕在一个庙里。有一晚上八点左右，正在吃晚饭，就有人报信，国民党的五十五师包围了陈家山，激战至天亮后，【我们】才突围。军区宋司令员和政治部彭主任带领军事机关与部队走前面，省机关随后，口令与枪响混成一片，机关枪密集，火力从两边山上打下来。司令员命令吹号冲锋，这一仗我们牺牲【了】很多同志。我们本来跟着方志纯同志，在突围时冲散了。我们翻过两个山头，又被保卫团围住了，我就在这一战斗中被俘带到水西，关在一个房子里，后解到宁化县城，从宁化解往龙岩到漳州。监狱里遇到刘志敏同志，他是江北人，留苏学生，在建宁中心县委当过妇女书记，是省保卫局秘书。在监狱里，一天两碗稀饭，人人满身虱子。吃人的牢狱把难友们折磨得蓬垢满面、瘦骨伶仃，但是我们是革命者，还是活得很坚强。刘志敏同志像亲姐姐样照料我们，教育我们："活着就要斗争下去，为革命牺牲是光荣的！"经常给我们讲故事说经历，记得她说："1933 年在建宁中心县委时候，同宣传部长（余泽鸿的爱人）两人去瑞金回来，在黄泥潭与大刀会、保卫团遭遇，抱着牺牲精神，打死一个敌人够本，打死二个就赚钱。两支手枪抵抗了一阵，敌人欺侮我们是女人，他也吃亏不少就是。后因敌众我寡，可恨的是一颗子弹，宣传部长牺牲了。手枪子弹打空了，大刀会冲至我面前，我被砍了二刀，受了重伤，昏迷过去，也不知道敌人怎样走的。后来才知道警卫连赶来把我抬回县城。党多关心我，可惜伤治好了没给党做多少工作又不幸被俘……"又说过苏联留学情况，"苏联人民在布尔塞〔什〕维克党的领导下，过着幸福的生活。苏联的今天就是我们的明天"。

一天，牢狱门开了，进来一群张牙露爪的刽子手，一点刘志敏同志的名字，我心里凉一下，像万把钢刀刺进心窝。我倒在刘志敏同志怀里，悲恨交集，双眼水茫茫看着他〔她〕的面孔，我咽喉崩硬了。他〔她〕给我擦着眼泪，他〔她〕还很乐观，给我整理一下头发，持过他〔她〕的一件夹袄塞在我手里，轻轻告诉我："夹袄给你穿，衣角上缝有二块大洋，你拿去用吧！"又给我说，"活着要斗争下去！"刽子手又推〔催〕叫"快"。他〔她〕站起来对同志们说"同志们，永别了！"他〔她〕给我们招了一下手，就挺起胸膛出了牢门。我扑在铁栅门上才哭出了声音"我的刘姐姐呀！刘姐姐……"这句话不是从口里出来，是从心里崩出来的，他〔她〕就给〔跟〕我们永别了，他〔她〕被反动派杀害了，他〔她〕的英雄形象永远活在我们心里。受难的当何止他〔她〕一个，但是革命者是杀不绝的，一个倒下，千千万万的革命者又站立起来了。

又一次提审后，遇见江翠英，是彭祜的爱人，我就叫他一声：

"江翠英，你怎么也被俘了？"

"是，彭主任也在。"

江翠英、彭祜都是革命的叛徒，我看得不错，他们的待遇比〔与〕我们不同，穿的还可以，还有汽车坐。

后来我又被解往九江了，整整坐了三年牢。到 1937 年国共合作，我们党中央向国民党政府提出释放政治犯的条件，这时我才出狱，没有跟上革命队伍，就回到贵溪。

曹嘉忠、黄茂浩整理
1959 年 2 月 4 日访问

吴品秀同志口述记录稿

1930 年我在闽北分区委工作，分区委书记黄道，组织部长余春才，宣传部长肖韶，我担任妇女部长兼妇女职业学校校长。一次去打崇安城，余春才同志不幸牺牲了，就调邹琦任分区委组织部长。团分区委书记是黄富武，薛子正任军事部长，李克敌任政治部主任，黄立贵任独立师长。闽北苏维埃政府主席徐福元，秘书长徐常，文化部长周兰，其他部记不起了，妇女解放委员会主任是邵春凤。

1932 年冬，赣东北由邵式平、周建屏（军长）、黄怀仁（政治部主任）等率领红十军与中央红军胜利会师，赣东北苏区从此与中央苏区联成一片了。到 1933 年五、六月间，成立了闽赣省，闽北黄道、黄富武等也调闽赣省工作，闽北分区委书记由肖韶担任，吴先喜接任宣传部长。闽赣省革命委员会主席邵式平，省委书记顾作霖，宣传部长黄道、组织部长刘炳隆〔龙〕（【后】叛变）、妇女部长张荷凤，后方志纯担任宣传部长。团省委书记刘邦华（【后】叛变）、黄富武，省工会主任徐良善、互济会主任杨太兰，除以上人外，我与他们熟悉。还有李火凤是团委青妇部长，张士英青妇干事，江翠英内务部卫生科长。我是在六月间由黄富武同志接我去闽赣省（在黎川）任优待红军科科长，去到闽赣省，田早就分好了。这时开展肃反，闽北也开始了，肃反是过"左"，以逼供、受刑、单凭口供的方法，到后来中央发现才纠正了。

1933 年冬敌人五次"围剿"，黎川失守了，闽赣省搬往德胜关，后由德胜关搬往建宁。建宁的工作做得很好，早就成立了区、乡的党委支部和苏维埃政府。我在优待科,还下过里心区工作过,在建宁做优待红军家属工作,主要是推动扩大红军。优红与妇女工作是分不开的,结合进行宣传婚姻自由、男女平等。那时建宁,男的上前方,年纪大的煮饭,妇女三人一队,主要是搞慰劳、抬担架、看护伤病、洗衣服、发动丈夫当红军……慰劳队唱歌欢迎,送猪肉、蔬菜等慰问品慰劳红军,同时分批组织儿童团,打锣鼓,唱歌欢迎红军和欢送新战士,有的家属鼓动亲人参加红军,我们就将事实编歌唱。

闽赣省革命〔政府〕搬建宁,开展苏维埃普选工作,召开了工农兵代表大会,朱德、周恩来等首长在会上做报告,朱总司令的爱人康克清跟我一同参加这次会议。

省委在建宁时,顾作霖同志调回中央了,书记是赖昌祚。张荷凤调泰宁任县委书记,省妇女部长由李火凤担任。

1934 年退出建宁城后,闽赣省就搬彭湃县,不久我下乡工作,路上被敌人包围抓去了,以后情况不了解。万恶的敌人,灭绝人性地残杀革命同志。有一位黄智仁同志是兴国人,原是闽赣少队长,后调彭湃县团委书记,被国民党军队抓去,活活的被敌人用刺刀杀害在彭湃县,当时他才十九岁,是一个革命的好同志。

曹嘉忠、黄茂浩整理
1959 年 1 月 27 日访问

孔学林同志口述记录稿

红军第一次来建宁是 1931 年古历四月十八日，在城里龙堡上、青云岭消灭白军刘和鼎第五十六师。红军由聂景祥带领在溪口塔下附近渡河包围白军，打了一天，白军夹住尾巴逃窜。在青云岭红军像赶鸭子样，赶到河边，白军纷纷跳河抢渡，被红军打死的、水淹死的很多，河内死尸象〔像〕大水溢浮萍，密密麻麻的。刘和鼎这个狗师长化装逃走，差一点被红军捉住了。

红军穿的是灰色军装，有个别是穿青色，左手扎了红布臂章，纪律很好，驻在老百姓家里。下门板、借东西都要老百姓同意，坏了照价赔偿，去时又问群众是否有失掉东西。当时提出的口号："打土豪分田地""打倒蒋介石，活捉何应钦"〈……〉等。我也在杨林乡参加红军当战士，帮助贫苦农民去打土豪，把土豪的东西和猪肉，召开群众大会请群众吃饭，会上又将衣物、猪肉表〔分〕给他们。国民党反动派又大举进攻苏区，红军在建宁开展四十多天苏区工作又要退了。建宁组织的赤卫军帮助红军抬担架等，少年先锋队、游击队跟红军一同撤出去的有八百多人，后来开去打广东陈济棠。回到赣南就进行整编，这时建宁县的地方武装分别编入红军一军团和三军团。

红军退出建宁，反动派独立第四旅周志群部占领建宁城，大批屠杀我革命干部和革命群众。

1932 年古历九月十九日，红军由江西来收复建宁。白军未与红军接触就退，在梅口抓到白军胡廷扬团长的母亲等眷属，押回建宁向他提出用西药交换。

苏维埃政府广泛的恢复了，成立了见头区（后搬巧洋），辖见头、社院下、三坑、半源、枫源、杨林、渠村、萧家湾等乡。群众还组织起来，除组织农会与贫农团外，还有儿童团（八岁到十五岁）、少先先锋队（十五至二十五岁）、赤卫军（二十五至四十五岁）〈，〉和妇女会。杨林乡主席阮步煌，他介绍我和孔士安去县里，分配在城市区革命委员会当交通。中共城市区委书记钟国楚，革命委员会主席聂景祥、秘书徐算子，还有游击队长（名不详）。到了城市区发了一套衣服，那时供给困难，拿了棉衣就不能拿夹衣，天气很冷我领了棉衣。在区里过阳历年，记得还有几个里心人，谢国康也是，王德胜教我唱歌。钟书记还指教我们说："青年人要很好学习政治和文化，将来要担任重要工作。"我们在区里每天供〔伙〕食一角钱，生活过得好，也很愉快。虽然没有工资，但是每五天能分一次伙食尾子作另〔零〕用。

一天，徐秘书叫我去，问我有没文化，我写了"打倒帝国主义"六个字，见我有文化，就介绍给赵尚林（五军团里的政治委员），他带我到红军部队里，分配在建黎泰独立师。师长周振国问我，【对】建宁四隘那〔哪〕一隘熟悉，我答应他是百昌隘，后分派我当侦察员。这时建宁成立了建宁警备司令部，我换便衣带了五个同志出发，独立师长又交给我十九元光洋，好请人帮助，交带〔待〕请人要可靠的，探到消息迅速报告或写信给警备司令部。到了溪枫，我身体不舒服，住在亲戚家里，晚上忽然听说敌人进了百昌隘。我吓得一跳，赶快报告，初次没经验，把谣风报上去。敌人进隘是假的，虽未受到批评，但心里怪自己不去侦察实在。后县军事部长曾美兴再三交代，年关到了侦探要慎重。到第二年三月尾完成了任务，回到县里分配我做仓库押销员。这时家里叔叔非要我回去，余泽鸿批准了又打了条子，到华美楼上领到三十元光洋。

回到家里不久，朱太安来公事，调我去军事部训练。八月调县苏财政科（后财政部，部长张启贤）工作。建宁县苏主席先后有徐增林、李光延、杨长喜、张先发、孔士安等。记得见头区搬上巧洋了，中共书记先后有郭盛德、李喜太、许昌宾、邱来清子；少共书记朱干材，后是朱太标。

我在县苏也有去黄埠、竹筱、罗元等地做苏区工作，情况复杂，环境不好，反动大刀会、团匪经常出没。有一次在萧家湾（杉溪）危险得很，刚到那里地方不熟，夜上外面布好哨就住在屋里。到下半夜保卫团匪来袭击，枪声大响，我们带去三四支枪的武装冲散了，我和朱太标摸黑，打开后门，刚爬上花台，敌人就打入我们住过的地方。

快要下雨，天地漆黑，只是闪电一闪一光，我们走走停停，去渠村报告游击队，翻过山有条小溪，桥被山洪冲走，又听枪声追人。我和朱太标就躲在大树林下，顷刻间倾盆大雨从头上浇下来，又是雷电交加。我心里暗暗地念："雷公，我们是人，不是妖怪！"雨停了想出来继续走，只见敌点火把来追，我二人一动不敢动，只见火把下映出土豪朱元桂，是仇人。我心里恼恨，那次打土豪没把他杀掉，耐着心等团匪过后，一口气到渠村报告。后来打了刘求仿的反动保卫团，才成立了萧家湾乡苏政权。

1933年十月敌人【第】五次"围剿"，我们的黎川失守，闽赣省机关搬来建宁城，省主席邵式平，他住在县府洋楼上。在南门召开过闽赣省工农兵代表大会，刘伯坚、毛泽民也参加了。这次红军在黎川得到胜利，抓到敌军的葛旅长。同年我参加了中国共产党，上过党课是"中国共产党是工人阶级的政党"，当时开会或联系都是秘密的，CP（西皮）是共产党，CY（西外）是共产主义青年团。

我从财政部又调县互济会，同反帝拥苏大同盟一起办公。11月国民党白军打到将军殿，抢走了老百姓很多东西，烧了贫雇农民的房屋。红军击退白军后，我们到将军殿一带发救济，发给群众粮食和衣物，帮助农民恢复生产。在安寅区召开了群众大会，中央互济会主任黄煌盛做了报告，同在开会的有闽赣省互济会主任杨太兰，县互济会主任张棋贤。互济会是互济苏区工农贫苦群众生产、生活困难和帮助被敌人摧残地区恢复生产。

在五次反"围剿"中,我们大力宣传动员扩大红军,组织群众慰劳红军,每个妇女都为红军做布草鞋,其他慰劳品也很多。还有到处集会宣传:"反对法西斯蒂和国民党的白色恐怖!""反对蒋介石屠杀工农群众的毒瓦斯!""打倒压迫白军士兵的长官!""武装起来,保卫赤色建宁,粉碎敌人五次'围剿'!"

建宁警备司令部是华美楼上,也驻建黎泰独立师师部,独立师是建宁扩大补充的,约有万把人。下坊街的福州、浙江、汀州会馆和南门中山堂都是中央红军的兵站,中山堂边(在酒厂)是红军枪械修造厂,红军的无线电台第二次设在青云岭下的杨家屋。

1934年五月驻马寨打得很利〔厉〕害,七军团守在长窝和尧内,五军团守轿顶寨,还有一军团、三军团的一部分。敌人是周浑元纵队的三个师即第五师、第九十八师、第八十九师;还有毛炳文的第八师〈……〉等。敌我相隔一道山坑,敌人的飞机整天飞来飞去地轰炸,大炮声整天不停。在轿顶寨,红军英勇顽强的投入战斗,最后子弹、手榴弹打光了,就用石头、刺刀打冲锋。在驻马寨一带山头,我们越打越激烈,敌人越打越多,不惜代价尽用飞机、大炮。红军顶不住了,迅速撤离驻马寨山头。敌人占领了,驻麻寨敌人的钢炮还在打,一会飞机又来轰炸。白军的飞机、大炮不要本钱的在那里自己打自己,打死几百人。这次战斗敌人伤亡很大,漫山遍野留下成堆成堆的尸体,血像山沟里的水样往下流。敌人第五师没剩下多少了,师长毙命,士兵打得嚎嚎的哭叫。我们红军战士在防守驻马寨与阵地"共存亡"的顽强抵抗中也伤亡很多,某师的指挥所设在枫源村,飞机来轰炸,江师长牺牲在枫源指挥所内。

红军在驻马寨守不住了,成批的往建宁城、见头、里心方向撤退,打过这一仗后,建宁城就被国民党白军占领了。

曹嘉忠整理

1960 年 5 月 17 日于建宁

翟美松同志口述记录稿

红军第一次来芦田是 1931 年古历正月初九日，是由付坊镇分两路进，一路经甘家隘进入水南桥、岩上等地；一路经松子隘进入宁源、芦田。我们正在迎菩萨，听说红军来了，群众非常害怕，把迎神的东西都丢了，乱走乱跑，已经来不及了，红军已到面前，我还想拼命地走。

一个红军在我身上一拍，说："同志，不要怕。"我没答应，又笑笑地问我，"你是不是土豪？"

"问你是不是财主呢？"另一个红军用宁都话说。

"噢……我不是，是老百姓。"我慌忙回答。

"不是就好，坐下来谈。"

"……"心里崩崩地跳，走不了，只好坐下。

红军很和气给我谈共产党的政策和红军的纪律，又谈到家常事情，并解释土豪、劣绅、保卫团都是反动派，压迫穷人剥削穷人。土豪劣绅欺骗群众，散布谣言。迎神保佑，妄想巩固他的反对统治，在事实面前破灭了。红军"纪律严明，待人和气"，这次就在宁源住了一连人，连长姓江，还有一个主任叫彭友，借东西都是他打条子。宁源成立乡苏维埃政府，主席宁茂云，组织了二十多人的游击队，队长是李细阔，进行打土豪分田地。起初我们听到红军打土豪分田地，都认为那〔哪〕有这样的好事，后真的打了压迫农民的黄成才、宁广怀、潘盛芳、翟赵钱几家大土豪，把他们的谷子分给穷人吃，土地又分给穷人种。我们实在高兴，农民踊跃加入农会与贫农团，参加游击队和红军。十多天后红军要退了，潘峰等几个青年跟江连长离开宁源，这时城内刘和鼎白军来了，土豪劣绅报复农民，收回土地倒回粮食、衣物等。干部与游击队武器不好，力量弱被剿散了，队长李细阔被土豪黄成才杀死在路途——鹿山下。

同年古历四月十七日，白军刘和鼎部由里心退下城里，王德舟、黄阿弥子等保卫团匪也跑了，这次中央红军来了很多，在城内消灭了白军刘和鼎一部。红军又回到芦田、宁源，群众是不害怕，就是不敢成立政府，顾虑红军〈是〉会走，走了土豪回来又会报复。头次出去当红军的回来动员，才组织苏维埃政府，主席还是宁茂云，我当赤卫军班长，农会、少先队、儿童团等革命组织也恢复了。土豪虽跑了一些，我们就把土豪东西没收分给农民，是穷人的天下了，就到处宣传"打土豪，杀劣绅，一个不留情！"在群众大会斗争土豪劣绅时，记得写有这样的一副对联：

> 想当初剥削工农利上滚利好是好；
>
> 看今朝捉杀土劣刀上加刀苦不苦。

具体领导我们搞革命的是王副连长，芦田是曹副连长，工作四十多天，我带领赤卫军去康都抬担架，把伤病、军用品由渠村、杨林抬到里心。红军又要撤退了，我们真发愁，游击队的黄宜芳、黄腾昌、黄大曾、黄秋波、邓晓春、邓建阳、何姨婆、何奴奴子等（后没音信）参加了红军，我们只好上山躲避。红军离开建宁，反动派保卫团就回来了，逮捕革命干部和群众，特别是红属，用严刑拷打，勒索光洋偿命。钱是群众和亲戚凑起的，有的卖儿女，只有穷人同情，土豪在一旁发横财，还冷言冷语说："也会死呀！叫你们翻身啊？"

豪绅的好梦不长。1932年古历九月十八日，红军又回到建宁。那天我们正在演戏，红军负责人给我们联系说："同志们走路辛苦了，戏暂停一晚，明天再演。"我们同意了，晚上红军分散各地给群众谈心，第二天热闹一天，看戏的人更多了。上级派来工作团有盛花兴、许长宾、梁尚达、翟海波子来领导群众进行革命，这次是有长期打算了，人人都高兴。后把芦田、宁源并为一乡，乡苏政府设芦田，起初主席是黄其福，后换李国林。不久进行选举就选到邓细老，我担任交通兼赤卫军连长。其他革命组织随之恢复。

一次动员赤卫军去浒湾挑胜利品，乡主席叫我去，到里心苏区报到。区主席余万仁同志说我很好，要我带队，我带了110多个伕子到五军团司令部（南门兴贤祠）。五军团分配我做事务长，带了138名伕子。出发时司令部交给我光洋和票子，交代我老区用票子新区用光洋。每人每天伙食费一角五分。到了黎川的湖坊，离德胜关很近，湖坊成立了闽赣省。省主席是邵式平，闽赣省李德胜团长介绍去浒湾，抬伤员，挑枪支、子弹、迫击炮和无线电等胜〔战〕利品，一个月时间才挑回五军团司令部。

回到乡里苏维埃进行改选，黄伙仔选为主席，我是副主席。这次解放，彻底进行打土豪分田地，记得又打了黄牛子、黄细官、宁永华等几个土豪，并向富农筹款。芦田、宁源共有762户，人口3506人（不包括土豪），分田是按人丁好坏搭配，每人分八担谷田。当时，宣传工作是做得好，我们在每个运动中都提些口号："建设苏维埃，大家来革命！""打倒蒋介石，人人有饭吃！"宣传婚姻法实行男女平等，我们编顺口溜："革命同志不比先，讨个老婆不要钱！"在芦田的工作团先后有盛花兴、许长宾、梁尚达、马腾云、乐有英、欧阳忠、赵尚林、陈言胜、陈木生、王昌益、范亦忠、刘振华等。

在偏僻乡村，残匪和保卫团也会来捣乱。一次下大雪，在芦坑捉到李桂元、曾××二个匪探，召开群众公审会，把他杀掉。工作团陈言胜等化装出发，逢康都圩日，埋伏在隘上，该死的朱元贵保卫团进入了埋伏点，【工作团】把狗队长朱元贵当场打死。

1934年，我们正在领导群众插秧，白军就进口，占领建宁城，又到里心了，工作团刘振华还在芦田坚持，情况实在紧张，乡主席把他藏躲起来。后来黄伙仔主席，翻山带他赶上红军，我趁混乱走出江西亲戚家里躲难。黄伙仔主席胆子很大，还很沉着，我叫他走，他尽说："不怕呢！"一天正在田里和群众在插秧，土豪就带白军把他抓去，解到城里。敌人在大桥下用机关枪成批屠杀我们的革命干部，黄伙仔主席也被杀害了。革命烈士永远活在我们心里，革命烈士万古长青！

曹嘉忠整理

1960 年 5 月 18 日于建宁

邱光珍同志口述记录稿 ①

　　1933 年间，闽赣省成立后，我去工作，时间不长，就由江西省委调到福建去了。当时建、黎、泰三个县已成立中心县委，是直属江西省委领导，中心县委的地址是在建宁，县委书记是余泽洪〔鸿〕，我任组织部长，妇女部长兼宣传部长是吴庆涛（余泽洪〔鸿〕的爱人），还有刘志敏同志，具体做什么工作我不知道。后吴、刘二人去瑞金开会回来，在王妮〔黄泥〕铺吴庆涛被大刀会杀害了，刘志敏身负伤，而假死伏地，直到大刀会走后，才回到县里。建宁的妇委书记则由刘志敏担任。我在建宁工作只有一个月，就被调任泰宁县委书记，同在泰宁工作的有县主席是王春标（邵武人），少共书记院英才（吉安或都是卢宁县人）。县委地址是在大田，地区不大，都是边处交界之地。当时泰宁县有溪口、大田等几个〈等〉区，溪口区区委书记是钟国楚，妇委书记曾广兰（兴国崇贤公社人），后调泰宁县委妇委书记，由蓬玉珠同志继任。大田区区委书记译成章（现在苏州工作），还有一个独立团的部队，团长、团政委是姓王和姓杨的，谁任这职那职是不知道。新桥和梅口等几个区，是时有时无；建宁县是有里心、城市、铺前、均口、安仁、黄泥铺、枝头等区，直属中心县委领导，没有另设建宁县委；黎川县委书记是谢惠光（由赣县抽来的）。我在中心县委工作时，各地都有进行打土豪，分田地是只有个别地区进行，分法是按人口，好坏搭配。那时当地干部和党团员很少，大部分是外地调来的。

---

① 原件题为"兴国县高兴公社邱光珍同志口述"。

　　我在泰宁县工作了一段时间，敌人向我们进攻，泰宁县（大田）失守，不久我们组织反攻大田，又收获了。正在这时，就开始反"罗明路线"。〔因〕大田失守，说我们是"退却逃跑"主义。所以当时在中心县委领导下的干部有百分七八十都是被犯"罗明"路线，反的反掉、调的调走。中心县委书记余泽洪〔鸿〕同志就在这时调走的。我也被调到闽赣省（在黎川）粮食调济〔剂〕局工作去了，泰宁县委书记即换上肖韶，黎川县委书记谢惠光调到省苏当文书。

　　闽赣省是比中心县委较晚成立的，省委书记邵武〔式〕平，省苏维埃政府下还设有军事部、财政部、文化部、国民经济部、土地部、裁判部，另外还有一个政治保卫局。

　　我在粮食调济〔剂〕局工作，主要是搞粮食、买些食盐及其他东西。打土豪，没收来的好东西，是由粮食调济〔剂〕局变价出售，卖的钱是拿来买米买盐，供给部队食用。那时生活较苦，打开了将乐县等县后就好了，把谷子、食盐及其他物品向苏区运，解决了物资供应问题。

　　七军团肖劲光是在黎川，不久黎川失守，闽赣省迁往合村，经德胜关到建宁，在途中的溪口，省委文书谢患〔惠〕光得了热疯病。当时肖劲光同志给省主席邵武〔式〕平写了一封军事机密信，他发疯的说"我就是邵主席"，把信拆开看。到达建宁后，同行的同志全部被扣起来受管制，谢患〔惠〕光身患恶害死在建宁。从此以后，我就没有工作了，对闽赣省的情况就不知道。建宁失守后，省委省府移到宁化，领导上又说我们是 AB 团，罚我去做苦工，红军主力北上抗日，省委省府也随之转移，我没跟上，就回了家。

1960 年 3 月 13 日

李木元同志口述记录稿

（一）①

我自 1933 年 3 月间参加枧源乡做文书工作，经三军团工作组老李、老孙两位同志介绍我加入了中国共产党。

当时乡苏维埃政府有主席、财政、文书、赤卫、军事、粮食、通讯、少先、儿童团等组织。

1933 年 5 月间闽赣省在湖坊成立，我被调到湖坊中心后担任财政工作。当时湖坊中心区管辖有：李家坊、上观、飞鸢、石峡等分区。

我在湖坊搞财政工作时，主要是打土豪分田地。打土豪的时候首先查清那一家是土豪，然后根据他家的情况贴条子，要他出钱。如果是大土豪劣绅，他顽抗不出，我们就用武力对付他，要他把钱交出来。如果是富农，我们就对他说服教育，要他交出钱来。在打土豪的时候，我们是很慎重的，不能乱打一个土豪。有一次我记得在湖坊打错了一家土豪，名叫楼清福，他〈家〉本来是一个做小生意的人。当时我们以为他家里有钱，就把他家叛〔判〕定【为】一个土豪。后来受到省财政部长毛泽民同志的严格批评，结果我们把【从】他家没收来的东西全部归还他家。当时苏区分田是分上中下三等，贫农分好田，中农分中田，富农分下田，土豪没有田分，军

烈属分最好的田，大约还要留百分之十左右的公田。

在苏区的时候，我组织赤卫军是 24 岁到 45 岁的人都列为赤卫军，工作是放哨、担架、不脱产。15 岁到 24 岁的人列为少先队，工作是帮助红军带路、放哨。年龄较大的约 20 岁以上的人可以参加模范营，工作是到敌占区去打游击，同群众宣传红军政策等。7 岁到 15 岁的组织儿童团。那时候我们还有妇女队，慰劳红军、帮助红军洗衣服、做军鞋、打草鞋。

1933 年 6 月间闽赣省由湖坊搬到黎川县城（杨家大屋），8 月间猖狂的敌人发动大批军队向我苏区进攻，黎川县城被敌人占领了。我们的政权只好暂时转到乡下，闽赣省苏维埃政府迁到德胜关。在这个时候我记起这样一回事，事情是这样，那时 8 月 15 日白军就进入湖坊，白狗子一进入湖坊就对苏区干部进行残杀。当时我们一方【面】怕白狗子知道我们，另一方面为了投入到红军队伍中去。因此我们就在湖坊区委书记的领导下，一共三百来人，中午从湖坊出发，下午 6 点钟左右赶到德胜关省苏维埃找邵式平主席。当时邵主席看到我们青天白日带这么多人来，心里有些感到气愤，并批评带骂我们一顿，说我们是犯了军事原则。我们说："白军来会杀头，我们跟红军一道走。"邵主席很坚强地说："白军有什么可怕，你们就不会组织起来和他们进行斗争吗？敌人来的人多你们就上山躲起来，敌人来的少你们就消灭他们。"我们听了邵主席的话，大家都不敢作声，都觉得主席说的话很有道理。当时邵主席还要枪毙区委书记胡伯同志，后来经过大家解释才没有枪毙。待后邵主席要我们吃过饭后回去。于是我们吃过晚饭后便从德胜关赶回湖坊，走到上树天已经黑了，我们在上树住了一晚，睡到半夜併〔听〕到红军便衣队来了。在当时我们吓得要命，认为是白军来了。结果他告诉我们不要害怕，并批评我们这样做是非常危险，要我们提高警惕。第二天我们率军就从上树去到中□，又碰到了五军团政治部一位首长，他告诉我们在洋口打了一仗，要我们赶快回去组织侰子。于是我即〔急〕速回到了里心，又把我们的组织建立起来了。

1933 年 10 月湖坊区形成代表大会，选出代表到省里去开会，当时省苏维埃政府是设在宏村。这次大会上我被选【为】出席〈选〉代表。在这次代表大会由县委书记方志纯同志和闽赣省苏维埃政府主席邵式平同志等其他首长讲了话。首先是谈了国内形势，红军取得的胜利，同时还谈了革命胜利后人民幸福生活，扩大红军一百万等等问题。代表大会上同时选出了 20 来人出席到闽赣省苏维埃政府去开代表大会，那时闽赣省已经搬到福建省建宁去了，这次会上还选出了朱兆祥为县主席，我为县财政部长。

1933 年 12 月间我出席了〔作为〕黎川县苏维埃政府代表到福建省建宁县，参加闽赣省苏维埃政府第一次工农兵代表大会。参加这次大会的首长〈有〉朱总司令和周恩来政委做了重要报告，邵式平主席关于当前政治形势与闽赣省苏维埃政府的任务指导。这次大会规模很大，有一千多人参加，在这次大会上谈到了红军取得胜利和批判了肖劲光的右倾思想。谈到发展干部和扩大红军，肃清一切反革命问题等等。总的来说，这次大会开得很顺利。

1934 年正月间黎南县成立，地处在福建省建宁县与江西黎川县交界的溪口。黎南县管辖五个区，陈岭区、大田市区、新桥区、会岭区①。黎南县有县委书记、主席、少共书记【及】青年团、财政部、裁判部、监察部、肃反部、军事部、游击队、妇女部等组织。起初成立的时候县委书记是方志纯同志，后来方志纯调到彭湃县去了，就调了一位姓何的（军队来的）。【再】后来是周长庭担任县委书记，县主席是朱兆祥，副主席徐开林，肃反部长杨望坤，财政部长李木元，军事部长姓邱，财政部长邓火木，少共书记樊彬，妇女部长张炳珍。

当时我们在黎南县工作主要是扩大红军一百万，帮助红军筹备粮食，发展游击战争。当时我们在黎南县工作时，敌人是很猖狂，我们的政权机关差不多经常迁移。我记得有一次白军进攻宏村时，

---

① 原文缺少一个区，且这里的叙述与后文不同。

一日下午匪徒向我县政府进攻，听到枪声便追。当时我们只有 5 个人在县里，各部门都急着把自己的文件、行李带了转移，而财政部文件又特别多，人都走了，我们是非常着急。我只好把自己的被子、行李一起丢掉，挑了一担文件大约一百来斤。本来我挑不起，那时候不知道那〔哪〕里来的劲，我挑到就跑。正好天将黑夜，敌人不容易发现，这个时候我真是累的要命，但总算很好没有把文件弄丢，第二天找了主席。

我们那时革命真是艰苦，当然没有那时候的艰苦也不会有我们今天的幸福。

桂龙房整理

1959 年 11 月 17 日

（二）①

我在湖坊工作，是闽赣省成立的地方，后迁入黎川，敌人进占了黎川城，闽赣省苏搬德胜关，后来从德胜关又搬五里桥，从五里桥又迁建宁县城。黎川失守了，县苏也搬往横村去，在横村召开了工农兵代表大会。这次会议选出省代表二十多人，我被选为财政部长，出席省苏代表。在 1933 年 10 月到建宁城南门，参加闽赣省召开的省工农兵代表大会，这次会上口号是："动员当红军""扩大一百万铁的红军而奋斗""欢迎武装上前线，保卫中央苏区"。会上朱德、周恩来、邵式平都做了报告，朱德同志的爱人（康克清）也参加。会上还批判了黎川失守，是肖劲光犯了右倾机会主义罗明路线的错误。会议期间，进攻黎川打陈诚部队，得了胜利，也向大会

---

① 原件题为"回忆在建宁苏区、黎南县工作片段情况——黎川县商业局李木元同志口述"。

报了喜讯，代表们在会上高兴得拍手跳起来。

我初被选为财政部长，实在担心工农出身那〔哪〕能担此重任，要求辞职，方书记又不肯。后来邵主席也来横村，也向他辞过，邵主席也说"不行"。我说"不会做"，但是邵主席温和关心地说"不会做学习啊！"我只好当下，这时是秋收后，我把农业税也办好了，闽赣省还奖给一面奖旗。财政部里有文书、会计、出纳。不久搬到西城桥，一天枪声打得砰砰叫，机关已撤走了，我一个人负了重责。收款回来，只好把文件、行李共分四担，雇四个挑夫挑，往建宁撤，上邱家隘到南前时，四个挑夫跑光了。刚好方志纯书记来了，在这个山上看地形，我问他挑夫跑了东西怎么办，他也没时间顾不过来，只说你自己看着办吧！自己想行李丢掉又怕没衣服天气冷，后来把四担东西和文件整理作一担，有一百多斤。我摸了一个黑夜，挑到隘里。刚好碰到四个同志，我们研究一下，事务长帮我挑选重要文件，把它捎在一起，次要的烧掉。整理后只有三十多斤，装在油箱里，我负责带走，这时候方志纯也退下来了。我们到了建宁都团，方志纯到上坪联系群众，搞群众工作去了。

1934年古历一、二月间，在都团成立黎南县委和县苏维埃政府，县委书记名义上是方志纯（搞的是红军指挥工作），后来换周长廷。县苏主席朱兆祥（龙安堡人）、副主席徐开林（抚州人），财政部长是我，军事部长是邱部长（名记不起来），裁判部长邓和睦，后换过一人，肃反部长杨旺坤，还有国民经济部长（名不详），少共书记萧奕彬，妇女部长张炳珍。

黎南县管辖五个区，建宁的武调、溪口（现溪源）、陈岭，泰宁的大田、新桥。当时我在溪口区都团一带搞粮食，供给来往红军吃，由政府负责军队吃饭不要钱。

肃反工作，是有过"左"了，一次县（都团）杀了猪，国民经济部长和财政部的三个人，买了一斤猪肉关起门在一块吃。肃反部长说开小组会，第二天抓起来，现在财政部只有我一人，就问方书记，扣他们的原因是什么？他叫我不要管闲事。后来才知道是肃反问题，要解送省的时候，我要求把三人放出来结账。朱兆祥主席不肯，问我敢不敢保险，我应他账务敢保险算，肃反问题谁敢保险。过一段时期黎南县想撤过侧家斜，都团动身不远的路上碰到大刀会保卫团，去不得了。又翻转溪口，就驻在溪口上一点村里。肃反和打土豪〈这〉时我认为，他们也有不按政策办事的时候。我在湖坊时，早就见〈接〉到了中央指示，要废除肉刑。同时往闽赣省缴款，省财政部长毛泽民，经常给我说，打土豪筹款要按政策办事。在溪口住不了几天主席病了，副主席掌政，乱抓富农筹款，在下黄家抓了一户土豪，要派他二百块钱，拿不出来一直关。我调查一下是中农，我马上把他放了，伙食没有收他的。由于副主席不按政策办事，起了不好的影响，白军在群众中造谣后，部分群众也跟着讲，个别不是敌人也杀了，肃反杀了很多。我也陪审过，但我不了解内情，这里冤枉死了一些。

在做财政部长时往建宁省府缴了几次款，最后一次缴款，财政部人走了，是交给邵主席收。建宁在疏散人口，分兵把守山关，我和邵主席躲在防空洞里。邵主席在洞里写回信、写收条。飞机嗡嗡叫，他还在写，一面对我说走小路要小心，停了不久就离开建宁，一路平安到了黎南县。

建宁红军主力撤后，闽赣省也撤出城，我们失去了联络。情况紧张，身边还有一千六百块光洋，只好分开带，主席、军事部长、裁判部长、我各背四百元，到处打游击。就在建宁溪口一带打游击的时候，打了很多白军，缴了很多枪，没有人背，新的枪自己带走，旧的埋掉，在鲇坑附件也埋了一批枪。抓到白军俘虏，不愿当兵的发八元钱资助回家，送他出口，这一来很多白军自动缴枪。

在山背村一天敌人打来了，黎南县在双旻山被守望队包围了，地主武装路途熟悉，我们寡不敌众，冲散了，我也被捕，以后情况也不了解，完全失去了联络。

黄茂浩、曹嘉忠整理

1959 年 3 月 13 日

郭敬明同志口述记录稿 ①

　　闽赣省苏维埃政府在 1933 年成立〈的〉，起先设在江西黎川的湖坊，后来才搬到黎川县里。敌人进攻黎川的时候，闽赣省府又搬到德胜关（在黎川和福建泰宁县交界），军区司令部也设在德胜关。后来闽赣省府又从德胜关搬到建宁县，到建宁的时间已经忘记了。我记得闽赣省府搬到建宁不久，就召开闽赣省苏维埃代表大会。开会时候天气是很冷，有的同志都穿了棉衣。这个会议规模很大，听说【赣】东北都派人来参加，各地代表来参加的很多，大会上邵省长、朱德、周恩来等同志都做了报告。

　　闽赣省府刚成立的时候，省主席邵式平（现任江西省长）、省委书记顾作霖、土地部长钟光来（泰和县人），我也在土地部里工作。在建宁工作的还有饶家荣（现在兴国高兴圩供销社卖碗社工作），在客坊当少共书记的张起树（现在兴国龙光头茶岭）。

　　到建宁不久，就组织工作团分头下乡。当时建宁有好几个区，我只记得有里心、客坊、桂阳、黄泥铺等区。我在建宁溪口乡工作，发动老百姓打地主土豪、分田地等工作。我发动得好，上级还奖励我一顶帽子，但是打土豪不能私打，打土豪地主的东西都要分给老百姓。我们工作除土改以外，还有扩军（就是扩大红军），工作人员都要宣传工作，而且自动带头报名参加，来带动群众。

　　在建宁肃反的时候，杀了很多人，有的是错杀了，土地部长钟

---

① 原件题为"在建宁县苏区工作片段回忆——江西兴国县高兴圩栗光大队郭敬明口述"。

光来就是在建宁肃反时〔被〕杀掉的。

后来情况很紧张，建宁站不住，闽赣省才搬到宁化彭湃县去。我就在客坊当区委书记，那时候也没有进行建党，工作也没有固定地点。那里大刀会很多，我们办公都要站岗放哨。后来更紧张了，成立了机关游击队，有1000人搞了很久。最后一任闽赣省委书记是钟循仁，在宁化彭湃县被国民党打散没有下落。后来打游击我在机关游击队里当事务员，游击队员有一百多人，游击队长泰和人，没有什么枪，在广昌尖峰和建宁中畬一带被敌人包围。以后情况我就不了解了。

黄茂浩、曹嘉忠整理

1959 年 4 月 10 日

周金龙同志口述记录稿 ①

我姓名周金龙，现年46岁，住在城关镇第五居民委员会。

第二次红军来黎川是1932年9月24日，复来黎川县，我就11月参加地方少先队。当时由我乡主席邹迎仂动员我去参军，我就参加了七军团，军长姓肖，把我编为第二十师五十九团第二营第六连第六班，我就当了副班长。〈军长姓肖，〉团长徐炳文，连长刘少华。当时在本县三都乡受训，得了数月后又开往福建光泽作了一次大战，周志群是伪旅长，〈就被〉我红军把周旅长包围了，并将该旅官兵全部俘虏和投诚 ② 就解往我县黎川动员教育。

又于1933年8月间，反动派来军队十余个师进攻黎川，就为五次"围剿"。我当时有红军一、三、五、七军团。集中攻打进黎川，我军又开往资福桥，第一次作战后，复又开往小竺。我五十九团就被反动军队包围了三天以后，后又冲出去了，又开往南城和资溪县边境游击。在该段时间，我们性命危险，每天生活给养一角三分，实在各种困难。我天天无有眠，日夜还要对敌人作战多次。后又开往新口、三阆、茶亭等地，打了一次大仗，最后得到大大胜利，又缴枪一千余支，收来伪军俘虏一千多余人，解往后方去受教育。后我【军】又开往牛田和资溪、珀玕到黄狮渡打了五天大战，我军在此地失败。时1933年10月20日，我本人在此【被】俘虏，就被伪军一百四十四师围去。当时就把我解往南城师部，〈当时〉

---

① 原件题为"苏区革命历史经过情况"，正文没有标点，且错别字较多。
② 原文如此。

把我考〔拷〕打一次，他就说我当土匪，你好好来交代，如若你不交代就要杀你的头。再又把我解抚州，坐牢到本年12月间，叫我去找保释放你回家。我未得一月就被恶霸付迪先来捉我，又带了保安队到我家围屋捉我。当时没捉到我，就把我家被褥、衣服等〈就被他〉挑去了。我当时就逃往德胜关、福建边境，帮人卖力，待了3年。当时国民党对【苏】区那些东西封锁的，主要是食盐、煤油各种商品全部封锁，我们就要坚决向他做斗争。红军用什么方法来扩大自己队伍？用宣传动员来当少先队，又或参军，又天天把我们队伍扩大了，就成立了新七军团的队伍。红军在黎川进行过几次反"围剿"，红军来黎川时，正是第四次"围剿"退出黎川时，进行第五次"围剿"。又1933年8月间，就〈进行〉和国民党军队作战。在黎川资福桥、大竺、小竺、南城、资溪边境等打游击，我红军不分日夜和国民党作【战】了无数次。战场在本县茶亭、新口作了一次大胜仗，又在小竺失败了一次，又【在】黄狮渡失败了第二次。当时红军依靠群众报消息又带路。国民党"围剿"红军北上后，国民党组织了保长、甲长，又是铲共义勇军，专残害我们革命苏区干部。

我红军苏维埃政府如下：（1）闽赣省在本县湖坊，主席邵式平，闽赣军区驻在芦坡，总指挥肖。县苏维埃在下邓氏家庙，主席邹荣宗，又换了吴仲勋，最后换了胡长根为县苏维埃主席、肃反部主任杨，政治部、财政部。①

周金龙、官荣生二人同订
1958年6月23日

---

① 原文如此。结尾不完整，且没有后面的序号。

赖华盛同志口述记录稿 [①]

大革命时期，宏村人民就燃烧了革命的烈火。在 1926 年工人就组织了自己的工会，农民组织了农民协会。同年 5 月间宏村刨烟工人为了增加工资，改善工人生活，在工会芦忠和同志的领导下，组织了二百多工人，游行示威，每个工人手上都打着旗帜，高呼口号：打倒官僚资本家，工人增加工资，实行八小时工作制。在队伍游行到宏村伪政府门时，工人都要求把宏村伪分署长拿出来，这样一来，很多工人冲到伪政府把宏村伪分署长姓魏的捆起来了，并捉到〈在〉街上游行。许多资本家看到伪政府分署长也捉了去，都吓得要命，并派代表出来答应工人的要求，这次斗争是取得了很大的胜利。

1931 年红军第一次解放黎川

1931 年 5 月间，红军为了粉碎敌人三次围攻，扩大苏区根据地，5 月 3 日一、三、五军团解放黎川。红军一来宏村就召开了群众大会，向群众宣传红军政策。宏村人民早就知道了红军是为了穷苦人民闹翻身的队伍。早在彭湃领导广东革命的时候，赖华盛就接到他家中从广东三河坝寄来的一封信说：广东有了共产党，人民闹起革命来了。在三河坝的地主豪绅都打倒了，穷苦人民分得了田地，男女平等，大姓不再欺压小姓……〈等。〉赖华盛同志接到家中来信后，就经常在暗中和一些穷苦人民说明了红军的政策，所以

---

① 原题为"赖华盛口述"。

这次红军来宏村，广大人民对红军是非常热爱的，有的群众烧茶送水，有的送鸡蛋，有的请父亲〔红军〕吃饭，红军对群众也非常热爱。

4月5日宏村就成立了革命委员会，主席是宏村烟丝厂一位管账的老张同志，在革命委员会成立后就开始打土豪。因为这次红军只在宏村二十来天的时间，当时在宏村只打了13家比较大的土豪，如孔恒山、孔新美、孔樊仂、孔勉仂……〈等。〉这些土豪都是在宏村有钱有势力，总共没收了谷子一千多担，银洋八百多元，还有金子、衣服、生产资料等，都分给了穷苦人民。当时分东西是这样的，因为那个时候还没有具体划分阶级，所以采取由台上散的方式。

这次红军虽只有二十来天的时间，但〈在〉军群关系是很亲爱的，有的看到红军走流泪，有的送东西，吃的穿的都有。红军为了粉碎敌人四次围攻，不得不暂时离开宏村人民，走的时候群众说："多做鞋，少做衣，九冬十月又回归。"

在第一次红军来宏村时候，我们还组织了一支游击队。当时参加的人有三四十人，武器都是部队发给我们的，有十几支长枪、一支短枪。我记得〈在捉〉孔恒山〈，〉就是我们游击队去捉的。事情是这样：孔恒山是宏村一个最大的土豪，他家的土地、森林最多，高利贷最厉害。他家财产说不尽，光〈有〉母猪就有二百来头，耕牛几十头。在地方横行霸道，欺压剥削人民，人民都恨透了他。红军来宏村前他就跑掉了，有一日我游击队捉到了伪【保】卫团副团长孔祥之，从他的口述中知道了孔恒山的下落，是在白竹捉到了这个大土豪，为群众除掉一条害虫。

1933年5月7日时红军离开了宏村，国民党反动派回到宏村来，宏村又处于一个黑暗的世界。国民党配合当地保卫团组织清乡会，倒算三光政策。许多苏区干部都被国民党反动派杀害了，如孔春仂、陈大招他们都牺牲了。虽然国民党反动派如此恶毒，但广大群众始终没有忘记红军，仍然盼望红军早日回来。

1933 年红军第二次解放宏村

1932 年 8 月间红三军团在建、泰两县交界处消灭了敌人刘和鼎一个师后于 9 月 7 日解放了黎川。

红军这次来宏村时间是较长，在宏村建立了政权组织，经过土地改革运动，和敌人展开了激烈的斗争。

一、政权组织建立情况

9 月初在宏村就开始成立了区革命委员会和乡革命委员会，宏村区革命委员会主席吴仲簏，副主席钟保如，下管辖六个乡：1. 宏村区府附近，主席刘中如；2. 孙家洲，主席杨金福；3. 王家屋，主席邹三伢；4. 张家桥，主席孔富本；5. 岑芦，主席胡烟伢；6. 孔岩，主席[1]。

1933 年 3 月间由革命委员会改为苏维埃政府。

宏村区苏维埃政府设在宏村许家大屋，区主席余成孙，副主席钟保如，区委书记王珍，少共书记熊海如，团委书记余甲先，财政部长王德孙，裁判部长吴长优，军事部长刘忠如，交通部长姓叶，肃反部长芦中和，妇女部〔长〕吴德先，组织部长赖华盛。

二、扩军情况

1933 年 4 月间，肖劲光同志在宏村孔家洲溪边召开了一次群众大会，作了关于红军取得胜利的情况【报告】，总结了半年来宏村人民革命〈便〉取得的胜利。为了巩固根据地、扩大根据地，我们〈所〉需要扩大红军一百万。在这次会议后，宏村人民轰轰烈烈掀起扩军运动，广大人民都一致要求要参加到红军队伍中去。在很短的时间，仅仅宏村就有 80 多个青年要求参加部队，特别是许多还不够年龄的同志，他们都坚决要求参加了红军。许多妻子劝丈夫参军，如涂炳伢、叶孔富的爱人就劝自己〈的丈夫〉参军。就这样不到一个月的时间，就有二百多青年参加了工农红军。

---

① 原文如此。

三、分田情况

1933 年 12 月间，在宏村掀起了一个〔次〕土地革命，首先是召开干部会议，将宏村土豪的田，分为上中下三等，原则是穷人分好田，中农分中田，富农分下田，地主豪绅没有田分。根据各乡的人口、土地面积计算，各乡土地、人口多少，使分得的土地有所不同，宏村每人可以分到 20 多担谷田，有的乡可以分得 15 担，有的可以分到 40 担，总之说起来是按实际人口、土地面积计算。

四、发展党员问题

我们那时候发展党员是秘密工作，首先了解阶级成分，一般都是贫苦穷人，知识分子很少。每发展一个党员要一个正式党员介绍，经过组织批准。在宏村第一批发展的是吴仲篪、赖华盛，第二批刘忠和、孔备仍，还有两个姓叶的，名字忘记了。

男女平等：红军一来宏村就实行了男女平等，妇女放脚、剪发，女人同样和男人一样参加生产，参加游击队，到工农红军队伍中去。

五、慰劳红军情况

红军在横村时候，群众对红军是非常热爱，妇女组织了慰劳红军队，帮助红军洗衣服、做军鞋、打草鞋。在宏村的叶孔富的爱人就是一个很实际的例子，他〔她〕不单是白天帮助红军洗衣服，晚上帮助红军做鞋，还动员许多群众送鸡蛋、鸡给红军吃。他只在【这个只有】三十来户的村庄，就送了三百多个鸡蛋，鸡几十只，军鞋二十多双，像这类的事情很多。

1934 年红军离开了黎川北上抗日，国民党反动派这次回来更加猖狂，实行了他们的"三光政策"。这次〈被〉国民党反动派杀死很多苏区干部，如黄光仍、孔金生，很多干部被关起来了，有的关在九江，有的关在南昌，没有被关起来的都被打【得】半死，强迫苏区干部自首，清算倒算，搞得苏区干部人财两空。发疯的国民党反动派给吃水的井里都放〈是〉屎尿，把宏村四十多里丰富的森林烧得一干二净。总之说起来国民党反动派的罪恶滔天，但无论

〈是〉国民党反动派怎样凶恶，宏村人民始终没有停止过斗争。

六、打走伪区长林天明

宏村人民在抗战时期，因受帝、官、封建主义三重大山压迫和剥削，〈使〉广大人民过着十分悲惨的生活。许多人〈民〉被国民党拉兵抓伕，苛捐杂税搞得人财两空，特别是在春荒季节，广大人民〈生活〉更加难以活下去，讨饭人不知多少，而宏村的伪政府还在春荒季节时榨取人民的血汗钱。伪区长林天明和当地土豪劣绅开了一个米店，抬高市价。本来一元钱买到七斤米，而他们却卖六斤，引起人民极大的愤怒。有一日一百多贫苦人民要求他们按市场价卖，但伪区长都不答应。广大人民在这种怒不可遏的情况下，宁三仂同志从群众中冲出来说，他们不按市场价钱，我们不能饿死，我们要饭吃，把这些东西打掉。接着他就冲到伪区长林天明身边打起来，群众看到也都跟上去，捆的打的，有的到厕所里弄屎来灌在伪区长的口里。就这样把他的米都拿给群众吃，但当时我们没有很好地组织起来。后来有很多同志被国民党反动派抓去了，牺牲了七八人。但总之说起来我们这次斗争还是取得了胜利，把伪区长赶跑了，群众的斗争高涨起来了。

饶家荣同志口述记录稿 ①

（一）

我在闽赣省工作时候，就开始了打土豪分田地等工作，闽赣省管辖的主要县分〔份〕有建黎泰（建宁、黎川、泰宁）。在建黎泰三个县中，黎川是省苏维埃政府所在地，所以工作搞得比较好。当时在黎川成立的机构有贸易公司，进行买卖工作，性质也像现在的供销社。闽赣省还成立省粮食调剂处，解放后因为打土豪分地主的田地财产，所以群众生活都很好，市场也很活跃，有面条、米糕等食品卖。群众中大部分是愿意参加革命，还有部分群众因刚解放不久，觉悟不高，而且生活很好，有了田地，所以也有不愿意参加革命的。

1932 年我在瑞金工作，当时我和其他同志共五个人，组成中央工作团，由瑞金出发到建宁、泰宁检查工作，我们经广昌去建宁。建宁中畲岭很高（上岭七里，下岭八里），上下岭有十五华里路。那里也没有人家居住，那时建宁中畲至黄泥铺一带大刀会很多，起码要一个连队伍护送才敢过去。中畲大刀会白天在田里作田，看到我们人多他就在作田，看到我们人少他向我们进攻。有一次我们抓了一个大刀会，问他为什么要去当大刀会？他答复"被大刀会头子压迫去当的，不当大刀会，就会被没收财产，参加大刀会后，每人每月还要交给二元钱做会费。"

记得从瑞金到建泰宁检查工作，是在1932年四、五月间（月份有些出入），那时建宁、泰宁都成立了政权，建宁已经成立县委了，泰宁还没有成立。

我们到达建宁后，就进行检查工作，并帮助县苏维埃开办训练班，训练人员有40多个人。训练内容有二点：（1）怎样划分阶级成分；（2）怎样进行分配土地工作。在建宁开完训练班，我们又到泰宁检查政权组织和分配土地工作。这个工作泰宁搞得比建宁差，泰宁各地政权虽然都建立起来，但是有名无实，大刀会也很多。

第二次我去闽赣省检查工作是在1933年五六月间的事，这次去检查是直接到黎川。那时闽赣省设立在黎川，省主席邵式平同志也是住在黎川。首先从闽赣省组织8个人筹办两个训练班，一个是闽赣省训练班；另一个是黎川县训练班，都在黎川县召开。省训练班共训练80多人，那时3个县都有派代表去参加训练。训练内容同样是怎样划分阶级和怎样分配土地，训练班时间只开〔有〕3天。后来我就被留在闽赣省工作。

1933年10月国民党进攻黎川，闽赣省就退到建宁去，情况经过是这样的：

闽赣省本来不会这样快搬的，因为起初太麻痹了。1933年10月份，一天上午我们都住在黎川。还在开会，红军部队的侦察员来报告国民党来了。大家不相信这样快，仍然开会。不久有一个国民党兵士姓邓起义了，来向我们报告军情，【我们】还是不相信。等到第三次来报的时候，我们一个区委出去看，国民党军队到街上就打起来。在敌人来黎川，闽赣省才搬。

起初闽赣省从黎川撤出搬到营村，再退到德胜关。在德胜关我们打了大胜仗，后来从德胜关又搬无疗，在无疗和大刀会又打一仗，才搬到大元住一个晚上，和大刀会打，还打死一个大刀会头子。闽赣省搬的时候，我们都挑着东西走，我们有 16 担光洋挑着在队伍前面走，大刀会知道有光洋，以为在后头，所以截住后面队伍进攻，刚好我们光洋 16 担挑在前面。后头有部队在保卫，因此打起来一下子就打败大刀会，还消灭一个大刀会头子。

闽赣省搬到建宁，那时天气还是不冷不热的气候。我也跟闽赣省政府到建宁。肖劲光同志因为黎川失守犯了错误，所以在闽赣省搬到建宁不久，就在建宁召开公审大会，审判肖劲光同志，进行反右倾机会主义。开过公审大会后，我又调到瑞金去了。

当时闽赣省土地部长钟光来，粮食调剂处处长邱光珍（邱光珍现在兴国县高兴社上密大队龙下小队），中央工作队里有一名杨腾辉（兴国县长冈乡人）。总的情况大体是这样，有的情况我也忘记了。

黄茂浩、曹嘉忠整理
1959 年 4 月 11 日

（二）

1933 年八月间，我由中央工作团到闽赣省，这工作团有〔由〕6 人组成，即赖朝兴（瑞金人）、杨腾飞（兴国人）、杨衍泽（瑞金人）、张家明（于都人）和饶家荣（兴国人）〈等 6 人〉，由杨衍泽同志（当时是工作团主任）率领。当时闽赣省委省苏都在黎川街上，到省以后，被分配到樟、宏村搞重点。到了樟村以后，没有马上工作，休息了一下，我们新到一个地方，都习惯于耍一耍。在玩耍时候发现一间空房子，房子里堆了许多草皮，我们当时就怀疑，为什么草皮堆在这里不堆到外面？当时翻开一看，翻出布五尺、银子一斤和七百多斤稻谷。查出以后，没人承认，以后发动群众，群众告诉是某家富农的（姓名记不起来），经过我们分析这不是富农的，是地主家的，结果把这家扣起来了，搜出来的东西都分给群众。群众见我们很好，就告诉我们还有一家富农也藏了东西，主动地带我们去搜，果真搜到稻谷和两箱好衣服，皮袍、皮袄都有，也把这家定为地主。我们工作团在樟村住了两三天，查出两户地主。以后到宏村搞了8天多，在宏村没有查出什么东西，只在宏村成立了一个农民协会。成立农民协会经过是这样，首先找好了3个人，为农民协会干部，即主席、没收分配委员和组织委员，告诉他们吸收农民协会会员的条件：一要本人出身好；二要家庭成分好；三要斗争地主积极，由他们去吸收。当时曾召开农民协会成立大会，大会人员有七八十人，被发展为会员的有三十多名，其余的因成分不好或出身不明未吸收。宏村群众刚要发动起来，我们工作团就回省汇报工作情况和把樟村两名地主解送县裁判部。就在回省当天晚上敌人就进攻黎川，我们跟省苏退熊村住了一夜。第二天早晨敌人进攻熊村，我们就过德胜关，在德胜关住了几天，敌人又进攻德胜关，恰好我们的东方军来了，在德胜关和敌人打了一仗，把敌人打退了。不几天我们省委省苏机关搬往福建建宁，走到九坊百家畲山上面。其实二十多担现洋向前走了，大刀会认为我们东西在后面，等我们过了一大部分人，出来截击我们。谁知道当时我们后面还有三十多名武装人员，在后面保护机关的，结果和大刀会打，将大刀会打败，并捉到一名大刀会师傅，当场枪毙了。

闽赣省搬到建宁以后，我们工作是帮助建宁县苏开办了一个训练班，这训练班的名字是叫没收分配训练班。训练了一个星期，有三四十人，训练内容：主要是划阶级，划阶级看他的土地，劳不劳动、有无剥削和压迫等方面来决定阶级成分。办完训练班，我们就参加公审大会，公审肖劲光同志，因为失了黎川，公审时中央派了朱总司令、内务部副部长梁柏台和国家保卫局局长邓发等同志，约一天时间，当时决定解除〔肖〕司令员的职务，党内还留党察看，开完会以后我们工作团回瑞金来了。

当时我们工作团到闽赣省工作没有搞几天，前后不到一个月时间，工作也没有得到很好地开展就停下来了。本来我们工作团的目的，是要通过查阶级、查成分，美〔更〕好地打击地、富分子，这〔进〕一步发动群众积极参加斗争，把土豪打净，使土地分配得更合理。我们去的时候，黎川虽然名义上分了田（当时樟、宏村也分了一下田），实际上没有分下去，所以来一个查阶级、查成分，所以我们工作团的名字叫作土地分配工作团，可是这项工作没有很好地搞起来，敌人就进攻黎川，以后就停下来了。

方龙珠同志口述记录稿 ①

（一）

我在七区当干事，当时区委书记是姓张的，后来换黄金标，后又换陈长才（吉安人）。下面有吴文山（吉安人）任区委组织干事，陆天洒〔任〕区委团书记（广东人），过后区委书记是裴耀宗，县游击总队长陈大付和方政委（志纯）是一个县，还有几个女的，一个是丁求英（吉安人）。

早先黎川城关镇的文庙是县政府，县委会是在薛家大屋。周良昆是县委少共书记，黄相银是县少先队长，县妇联主任是方龙珠，方茶香是在黎川县洗衣队工作，后来在建宁溪口牺牲了。

闽赣省委书记顾作霖，后来换刘炳龙任书记（这是闽赣省搬到福建建宁去了以后），闽赣省妇联主任先是张荷凤，后来是李火凤，再后来是张子〔世〕英，后来李火凤与刘邦华（少共省委书记）结婚。

黎川完全失守后，黎川政府机关人员组织一个黎川游击大队，游击大队长刘海付。这时方政委调彭湃县委书记，我做妇联主任，黎川游击队还有一个指导员是姓黄的（麻子）。

---

① 一共有两份档案。分别以（一）（二）为标题，原件题目分别为"方龙珠同志的口述""方龙珠同志回忆（给黎川县委的回信）"。

（二）

黎川县委：

这次县委派人来，要我提供一些三十年代黎川县妇女工作情况的材料。因时隔五十来年，手中原有的资料全部散佚，加上自己年逾七十，脑子糊糊涂涂，已不能详细追记了。我作为一个当事人，只能说一个大概，好在家乡同辈人很多健在，如果能进行访问或召开座谈会，可以取得较为完善符合历史事实资料。现谨就个人记忆所及，提供点零星的东西，供参考。

1931 年至 1934 年，黎川县委是中华苏维埃闽赣省府的所在地。办公地点设在离县城约 40 华里的荣村。县苏维埃政权建立于 1930 年，不久由于敌人进犯撤离，1931 年又恢复了县的建制。县政府就设在县城的城隍庙内。县的名称，我记的有三个，开初叫兴省（新城？）①，后改黎川，之后又改过一个名称。

闽赣省的省委书记，起初是一名姓古〔顾〕的同志，后由刘秉〔炳〕龙（弋阳人）接替，少共省委书记刘邦华（宁都人），省主席一直是邵式平。这几年省的妇女部长先后由张荷红〔凤〕（横峰人）、李和凤（弋阳人）、张诗〔士〕英担任。当时黎川是中心县委，在龙安、下村、樟村一带土地革命工作搞得非常活跃，热火朝天。县委书记一直是方志纯，1932 年下半年至 1934 年初，由我任县委妇女部长。县游击队大队长陈海富（资溪人），大个子，1934 年腿部挂彩不知去向。

我家在龙安区下村方家牌，父亲方友盛，贫农，曾当村农会主席，哥哥方文龙是赤卫军，当时县里一些负责同志到下村，差不多都在我家吃住。红军北上，父亲因我被土豪打驼了背，哥哥外逃数

---

① 原文如此。

年，家多次被抄。

1932 年春，我因反抗包办婚姻和姐姐方茶香一道离家参加革命工作。姐姐 1934 年牺牲。一参加工作，我就剪头放脚，坚决革命。起初我在乡里工作，由于工作积极，斗争勇敢，不久便加入了中国共产党，随即调龙安区和县任妇女部长。当时做妇女工作，主要是宣传、动员、发动妇女参加土地革命斗争，打土豪分田地，提倡男女平等，反对买卖婚姻，帮红军洗衣服、做鞋子。那几年生活条件之艰苦，是笔下难形容的。天天要打仗，天天要跑路，春夏秋冬一身衣，两三年不知盐味，满身长虱生疮。尽管条件之差，当时仅下村乡参加革命工作的妇女同志就有七八人，除我姐妹外，有张、朱、周及叫细女的，年代这【么】久，已不能记起她们的名字了。1934 年我随红军进入福建，在宁化、建宁一带，先后任彭湃、全上县的县妇女部长，彭湃县也是中心县委。

当时苏区妇女流行唱《妇女解放歌》和《剪发歌》。

《妇女解放歌》的歌词大意是：

"一早起来多多米那西（11367），封建社会穷人真正受人欺，真正痛苦我，真正可怜你，看我们妇女们，读书不可以，地主豪绅剥削我穷人，挑拨离间破坏我团结，我们要热心，加进工农兵，打破旧封建实行新社会，共产党领导，妇女翻身当家做主人，妇女的工作我们来唱妇女解放歌。"

《剪发歌》，我只能记起前一段，大意是：

"革命高涨妇女来剪发，我劝你青年妹莫骄傲，剪了发样样好，随脚出外跑，省的梳妆来打扮，剪了头装省的金省的银，我们是贫苦人，跌掉了寻不到心里就乱糟糟，若被大人晓得了，那就不得了……"

至于我个人，没有值得写的。当时我就横下一条心，跟着党闹革命。我舅舅家是地主，我参加革命后，我带头造了他的反。打土豪，在下村、横村，我总是首先走在前头。为此，这一带土豪劣绅对我恨之入骨，我方龙珠的名字他们一听也为之胆颤〔战〕。县区领导干部多系外来人，像我一个没有一点文化的本地人，能由乡区干部一下担任县妇女部长，主要是战斗勇敢，革命坚决，吃苦耐劳，积极工作。

1935 年我双脚溃烂不能行走，在福建打游击被捕，失去组织联系。解放后找到组织，在八一革大老关委人员学习班学习结业，曾分配去黎川县一区做过半年多妇女工作。1959 年 9 月重新入党（无后〔候〕补期），曾任省二、三、四届省政协常务委员。现退休和儿子在一起生活。今年因年老体弱没有安排参加省五届政协。

以上这些情况，零零碎碎不成材料。我尽了很大努力回忆，特别是组织的一些大的活动和妇女组织的情况，但无法做到。有负县委之托，实感抱歉。

此致

敬礼！

方龙珠

1983 年 11 月 4 日

黄国山同志口述记录稿 [①]

你们搞党史，希望好好的把黎川对革命的贡献写进去。当时，黎川对革命的贡献是很大的。至于写党史，建议县委牵头，找些了解情况的老同志谈谈，开几个座谈会。

我是1931年上半年参加红军的，有上千人参加，成立了红三军团第六师，多是黎川、建宁的。我参加红军的前后情况是这样的：

第一次红军没有进黎川县城前，国民党的民团在乩坛庙出动作反动宣传，把朱、毛说成是一个人，画了好多画，说共产党共产共妻，杀人放火，还有一幅把一个小孩踩在脚下的画。由于国民党的反动宣传，城里的人都跑光了。当时，我在烟栈当学徒，周延孙当师傅。烟栈里不仅是老板走了，连工人都走了。我是小孩，估计我是没有什么，还有二个老头也留下来了。红军是夜上进城的，第二天就下着雨，可是红军进城后不叫门，都在街上的屋檐下露宿，拿稻草在街上住。那时，三军团的司、政、供、卫四个部都住在城隍庙内。我的父母亲是很穷的，我的二哥黄必香过继给了人家，我也在小时候就卖给资福桥下麻坑一个姓陈的叫陈取宝家里，给他家放牛、砍柴。10岁我跑了回来，可父母亲〈就〉都死了，只有一个

---

① 原件题为"黄国山同志在沈阳接见黎川县党史办同志的两次谈话（记录稿，未经本人审阅）"。原件分为两部分，分别为"一九八二年九月二十七日晚上的谈话"及"一九八二年九月二十八日晚上的谈话"。因为第二部分和闽赣苏区革命历史无关，故此处略去。

姐姐。我只好讨饭，住就住在城隍庙里。1973 年我到黎川问城隍庙在不在，我想去看看，就是因为我对这段历史记忆深刻。我在城隍庙住了几个月。是我的姐姐搭救了我，姐姐缝缝补补、洗洗浆浆供养我。我觉得这样下去不行，就托姐姐找人帮我找事做。先是想央人去裁缝店学徒，我姐不愿意，后来就请人去说学做烟打捆了。那个烟栈在城外，靠菖蒲桥那边的一个铺子，我是 11 岁进去的，学到 13 岁多一点。那时学徒生活艰苦，3 年只能得到一双鞋。所以红军离开黎川时，我 14 岁便跟部队走了。当时由于反动宣传有些害怕，后来看见红军纪律严明，对孩子们也挺亲热，红军又宣传打富救贫，我见到红军的行动深有感受。那时，城里没有人，红军就到处喊话，逐渐有一些人回来。红军打土豪，分东西。我是小孩子，尽往里面钻，谁也不说什么。那时，黎川是富裕的，打土豪的光洋很多。我也分了一份东西，有长褂、马褂、绑腿。我选了几件分得的东西送给姐姐，姐姐当时害怕，不敢要。我就晚上悄悄地送去，姐姐才收下来。几天以后，三军团宣传队张良同志，宣传共产党，讲革命道理，进行教育，城里找吴起兴，城外找我，启发我们两〔俩〕：为什么会穷？为什么会苦？使我们两〔俩〕懂得最基本的革命道理。之后，成立儿童团，吴是团长，我是副团长，有 30 至 40 人左右，发了梭标〔镖〕。任务是站岗放哨，破除迷信。小脚女人要放脚，铰头发，把家庙的牌位烧了，黎川的土地庙多，也把它扒掉了。当时成立县委，妇女委员会，好像是邓梅村担任县苏维埃主席。红军要离开黎川时，张良告诉我们，说你们（指我与吴起兴）是儿童团的骨干，跟我们走。参军后我与吴起兴都在宣传队，搞些刷贴标语、涂写、□等工作。当时有一些儿童团的队员也参加了。在黎川时，我与吴起兴一起加入共青团。后来我调到军团部工作。我记得打完了三次反"围剿"后，打会昌，1932 年六师基本是打完了。打完了会昌打赣州，后来到湖南的茶陵，到宁冈、永新、莲花等地。回来，在大河坪整编，部队又扩大了。后来又经过资福桥（没进城）到黎川后转南丰去了。后来又到黎川打团村战役，那时我主要是搞宣传工作。后来还到福建的将乐、连城、仙游、洋口等地，在洋口我第一次看到了电灯。我 1932 年下半年入党（转为党），是团兼党，（打完会昌赣州，调为宣传干部，□西元是师部干事，我是政治处青年干事，因此是团兼党。）介绍人是袁国平同志的爱人邱一函同志，她是政治部协理员。三次反"围剿"战斗中，我在兴国的梁村，头部负伤了，那时没有药，用牛粪一烧，用布一包，敷着走。后来缴了国民党一批药品，敷上了。后调军团政治部当宣传员。打赣州是春季，做工事【时】用生姜拌糖吃。赣州没有打开，主要是对敌人估计不足，陈诚的部队在赣州，又有增援。后来当了宣传干事。五次反"围剿"后，1934 年打广昌后不久，就开始了长征。

解放后，黎川我去过二次，1952 年去了一次，1973 年去了一次。争取明年再去一次。你们回县后，代我向县委的领导同志问好。

编写《闽赣苏区革命斗争史》，我赞成，要把许多老红军的事迹都写进去。我们黎川虽然不如瑞金、兴国，但对革命事业也做出了很大的贡献。

涂逢康、金光显、江舢记录整理

陈茂辉同志口述记录稿 ①

简要经过

我是红十二军【的】，属于一军团，第一次打建宁时，我带领一连红军（是前哨），南门有条河，沿河下插入东门大桥一个山顶上（山前面是大桥，过来是大石路，靠背边有河东街），敌人没发觉红军会来得这样快，红军一个连的人，一口气抢占山头，歼击刘和鼎部驻在山上的一个营，一、三军团解放建宁城，战斗中刘和鼎部匪兵冲出东门桥，丢在河里淹死很多，我们随后乘胜追击敌人，泰宁没有打，直追到邵武打了一仗，解放了邵武城，后就打光泽城，还追至洋口。1932 年 11 月、12 月在邵武过去山里与闽北红军会师了，当时还发生了小误会。闽北红军山口出来，中央红军进去，一碰到看不清楚，互相喝问"那〔哪〕一个"，双方抢登两边山头，调了号没听出来，这一带没有大股敌人，连叫喊不要误会了。经过喊话，真的是闽北红军，这一会师高兴得很，回到邵武县城，召开了联欢大会，闽北红军戴的是八角帽，自己缝的，生活较艰苦，战士们互相交换帽子，还有一个特点是红旗很多，每班都有，也送了红旗给中央红军。

建宁战斗未发生前夕，我们住在离城有十多华里的地方，几个贫雇农给我们带路，村子里住有很多闽西人（这个村有条溪通往城的大河），主动与我们联系搞革命，后指示他【们】与当地农民一同团结起来，打开城里后分了东西给他【们】，回去下午又带来

---

① 原件题为"忆建黎太苏区部分战斗 少将陈茂辉口述"。

很多人挑东西，我们帮助他〔们〕组织了秘密农会，交代他们有红军来要主动联系给他们带路，并说是红军十二军组织的秘密农会。1932年冬去该地已有苏维埃政权及各种群众组织。1933年春工作就做得很好了。

第二次是由宁化、清流、归化至将乐县，住了两个晚上，这次主要是联系十九路军。因为十九路军有抗日反蒋进步的一面，蒋介石派兵讨伐，十九路军【因】内部叛变很快失败了。那时将乐县已是闽赣苏区，建立了苏维埃政权和群众组织，我住了两天印象不大，记得有条河，出城就得爬山，我们由将乐赶回泰宁之间，即去打邵武未遂，敌人已开始五次"围剿"，又经泰宁到达建宁，这是闽赣省的巩固苏区，队伍转来转去很疲倦了，还好建宁工作做得很好，一到城里就有很多群众热烈来慰劳红军，送来东西还给战士补洗衣服，随即奉命去增援黎川，部队还没有赶到，黎川已经失守，我们退守横村。当地就在肃反杀AB团，群众情绪有些紧张。不久又回头保卫广昌，广昌失守后又开回福建，先是保卫泰宁，顶不住了就退，死守隘口保卫建宁苏区。建宁各地的地方组织还有，但群众情绪开始很乱，有发生逃难现象，因为，战争发生了，另方面开展肃反杀AB团，搞得过"左"也有错杀的。五次反"围剿"是"左"倾机会主义错误路线，要我们要死守每个城市，抗击强大的敌人，打硬拼战。在建宁县驻马寨打了一仗，我们六团三营在20多架敌机轮番轰炸下，击退了敌人6个团的6次攻击，干部几乎全部伤亡。尽管部队打得这样顽强，在错误的战略方针指挥之下，还是不免于失败，打了这仗就退出了建宁。

歼击大刀会

地主武装大刀会童子军很多，建、泰之间有个村子，地方不小，老百姓受大刀会骗，年轻人都逃上山，留下的都是老弱，问他只是摇头，闭起眼睛不说话。我们一连人在后，收容几十个掉队伤病员，搞不到吃的怎么办呢？停了一会找到土豪房子里，人都跑光了，只有大刀会准备的粮食、猪【肉】等东西，还有很多腊肉。

这下我们发财了，煮猪肉搞饭吃，叫老百姓吃，【他们】不来，就一家一家的送，还是闭住眼睛不吃。后我们假装退开，看他们吃不吃，走了就在吃肉饭。一回来又不吃，又把土豪的衣服分给他【们】，不敢要就往每家丢。晚上满山火把，放起纸炮，喊杀连天，大刀会来了。漆黑夜晚，人地两生，战士们有点惊慌，不知道大刀会有多少。有几个贫雇农可能吃了饭，拿了分给的东西，看见红军纪律就是好，叫我们走，从那一条路好走，又告诉我们说："不要怕，大刀会人数不多，没几根枪，他们是来吓吓你们的。"这一下我们不走了，要给大刀会一个狠狠的教训，一打就把他包围，活捉几十个，还抓到二个大刀会头子，第二天在河边沙坝上召集建宁、泰宁村子群众大会，大刀会欺骗群众说"枪刀打不进"，枪毙了两个大刀会头子（一男一女），证明枪刀打得进，破了欺骗群众的鬼话，其余俘虏放了，第二次去那个村子就好些。五次反"围剿"保卫黎川战斗，红军退的时候，我们部队少，大刀会更多，吃了雄黄酒，呼呀呼的后面追来，这样战士每人预先都准备了一包石灰，埋伏在溪口（有小溪，一条木桥还有亭子）大山上，等大刀会追至包围圈内，战士把石灰掷出去，突然袭击，大刀会乱作一团的叫喊，结果我们来个反冲锋，打死几十个大刀会，俘虏了一百多人，召开一个群众大会，枪毙了头子，后群众觉悟更加提高，在溪口时我还〈找〉到过都团、上坪、黄家坊等地。

驻马寨战役

驻马寨山头不大，有些是石头山，离建宁城十多华里。敌人想进攻建宁，搞掉闽赣苏区。当时上级交待〔代〕意图，让敌人进来，红军埋伏好，准备在溪口消灭蒋军陈诚的两个师，在驻马寨做了些简单工事。部队的情绪高涨，大家知道这一仗，消灭敌人很有把握，由于兵力分散，三军团还没赶到泰宁。当时建宁部队是一军团第二师三个团，第四团后卫作为预备队；第五团（先是工人师模范团）为前哨；第六团守驻马寨。这是保卫建宁、消灭陈诚两个师关键性的战斗。战斗没开始前，第五团派出去侦察连，有一个班被敌人全部抓去，侦察连急忙打出去想抢回来，敌人知道我们的埋伏，第五团一个团就打起来了（刘忠同志是政委兼团长），电话线被炸弹炸断了，没给〔跟〕师部联络上，第五团就被敌人九个团包围住了，敌人采取各个击破，打了一个再来一个，集中兵力就打第六团阵地——驻马寨山头。我军具体在驻马寨守的是第三营三个连（三营长杨尚儒，政委黄至诚），我是第七连指导员，第七连在高虎脑、万年亭打过了一仗后，大部是才补充的新兵。第八连全是新兵，战斗力差，只能抬伤兵。第九连是主力连，敌人先攻九连为主，这下碰到钉子，碰得狼狈不堪，死伤很大。红军参战的实际上只有第七、九两连。敌人是六个团一次又一次冲锋，早晨雾很大，等到太阳出来，敌人才全面总攻，24架飞机轮番轰炸，战场上的炸弹、手榴弹、枪声响成一片，第七、九连阵地前，敌人付出很大的代价，伤亡尸体躺下成堆。上半天我们两个连没集中，下半天集中了，虽有伤亡，战士们战斗情绪还很高昂，当时也号召共产党员、青年团员，特别起骨干作用。第七连虽是新兵多，但打起来还不错，我前前后后的来回作政治鼓动，看见我们连里一个老头副班长（广西人，十九路军来的是老兵）打得最出色，口里咬住烟斗，边抽烟（那时是没烟丝抽，是吃〔抽〕山上树叶子烟），边向敌人群中扔手榴弹，打得真准，敌人随着响声倒下。还有个青年干事叫桃百子，飞机离他不远丢下炸弹，爆炸起尘土把他埋住，连忙爬起来，拍拍泥土，大声向我【说】"报告指导员！我还在"，一转身又向敌人丢手榴弹了。第七连在阵地上连续牺牲二个连长，第一个应子瑞牺牲了，由团部派来作战参谋（名不熟，刚来的）担任连长，后提三排长雷福廿为连长。我也负伤了，战斗一直坚持一天，到夜上师部派增援部队，掩护撤出驻马寨阵地。我受伤本来不知道第七连也打得好，后受到师部的表扬。红军退出驻马寨，建宁城守不住，党政部队撤出城，建宁城失守了。

曹嘉忠整理

1959 年 8 月 5 日

曾炳贤同志口述记录稿 [①]

　　我是在建宁城内〈帮〉一家京果杂货店学徒，赚些饭吃。1932年中国工农红军二次进入建宁城，当时建宁分了田，是按人丁平均分配，城市工人和做生意的没有分田，又组织了工会。我青年人成分好，参加了工会，就被选为乡工会委员长。工会里还有二个委员，一个宣传委员，一个组织委员。记得参加工会有三四百人（包括造船、撑船、做木匠、水泥、做篾、打铁、理发、店员以及其他手工业），都在一个工会，没有分开。在乡工作了四个月，就调到区工会来，后又被选为城市区苏维埃主席，做了三四个月，就调到县工会，县工会有十多个人，我担任劳动检察部长。

　　1933年我加入了共产党，入党手续也是要介绍，填表秘密进行，不敢公开，夜晚才秘密开会研究工作，有一段分配每个党员要〈为〉扩大几个红军的动员等。

　　1933年十月间，闽赣省由黎川搬来建宁（设在北门过来一点小街上，在江西会馆对面），我不久又由县工会调到闽赣省里，担任内务部长。邵式平的〔是〕主席，他老婆（胡德兰）担任文化部长。同年十一二月建宁县苏主席姓余（名忘记）调瑞金学习，我就代理县苏主席（县苏地址在西门一个祠堂内，县委在衙前街衙门里）。县苏维埃政府组织有：内务部、劳动部、文化部、土地部、财政部、裁判部、粮食部，另外还有政治保卫局（局长李××）。

---

① 　原件题为"回忆在建宁县苏区工作片段情况——江西省广昌县长桥曾炳贤（党员）口述"。

这时还出席了闽赣省苏在建宁南门大坪文庙召开〔的〕代表大会，规模很大，有二千多人，到会的有广昌、资溪、泰宁、建宁、黎川、宁化、将乐、贵溪等都有人参军，庆祝红军打洋口、打资溪胜利，还缴来很多布、盐和海味，会议开了三四天。

1934年古历正月间，建宁县苏又召开了代表会议，宣传扩红，武装保卫苏区，优待红军家属。过去都实行苏维埃礼拜六，帮助红军家属种田、砍柴。一直到了4月间，国民党白军来进攻建宁，离城50里左右。这时南广独立团有四五十人，四五十条枪，退到建宁，县委和县苏有四十多人，只有八九支枪，主要依靠独立团。在南广独立团掩护下，我们撤出建宁城，转到黄埠、客坊、罗元、中畲一带打游击，独立团长（姓名忘记），还有建宁县委饶书记（兴国人，脚有点跛）经常给我们动员说："毛主席说'红军主力暂时离开中央苏区，北上抗日，我们一定打回来的。'要我们坚决斗争，转入山上，克服一切困难进行游击战争。"这样我们就过着打游击的生活，就是晚上出动，白天隐蔽在山上。在（古历）四至七月间，建宁县委、县苏同志和南广独立团，同保卫团匪刘汉基这批敌人〈，〉到处周旋。在罗元一天晚上，我正好洗澡，突然听到保卫团包围来了，我走时把公文皮包和几块光洋都丢掉了，在草坪过了一夜。第二天侦察结果是没有来，又返回罗元住了一天，找到一个老百姓带路去找皮包，就在这个时候被刘汉基保卫团匪抓到了，解到县城白军八十八师师部，以后情况不了解了。

曹嘉忠、黄茂浩整理

1959年3月18日

杨良生同志口述记录稿及回忆录

（一）杨良生口述（1963 年 4 月 13 日于南平专属农垦处畜牧场）

（按：我们访问杨良生期间，他写了一份材料给我们，这里记载的是几个补充问题）

一、闽赣省是在湖坊宣布成立的，时间是 1933 年 4 月 9 日或 10 日，那时全称是中华苏维埃闽赣省革命委员会，到建宁召开了第一次工农兵代表大会，以后再改称闽赣省苏维埃政府。

二、黎南县首先在硝石成立，敌人进攻硝石时迁来黎川县城，在省委的河对面。1933 年 9 月左右，敌人进攻到了硝石以上时，则迁往熊村。此时黎川县委、黎南县委都集中在上岗、下岗，这时干部都分到赤卫大队（又叫独立营、游击队）中领导工作去了。方志纯同志这时调在〔到〕均口特区去了。

三、敌人进到离建宁 30 华里的 × × 桥的时候，东方县便撤销。徐大牙这个名字听过，但可能不是正主席。东方县的游击队和群众 20 余人于 1933 年 12 月左右抓到敌旅长郭东山，并把他解到建宁戴高帽子游街。

四、在黎川阅兵是在七军团正式成立的时候，我记得是

"五一"，要不就是七月一日。

五、黎川当时是中心县委。

六、福建龙岩专区连城县的江翠英，曾任省解放委员会主任，她到黎南县待很久时间，不知现在还在否，黎川樟村的杨赛金当时也是妇女工作中的积极分子。

七、樟村、宏村有地下党组织，时间应在 1930 年或 1931 年，是从资溪、金溪一带发展过来的，是通过亲戚关系的方式发展起来的。

八、〈毛主席〉没有听说【毛主席】到过黎川。

九、邵省长到过东方县做坚壁清野工作。

李家怡、龚遐青记录整理

1963 年 4 月 25 日

（二）杨良生对闽赣省变迁情况回忆（本人书写的回忆录）[①]

新闽赣省成立组织情况

1933 年 1 月中央工农红军粉碎了反动蒋介石的四次"围剿"，我中央苏区、邵武、光泽、金溪、资溪、黎川、建宁、泰宁等广大地区解放了。1934 年[②]12 月将乐也解放了，中央红军和闽北红军在邵武、光泽胜利会师，中央苏区与闽北苏区连成一大片。在伟大胜利的时刻，蔡廷锴将军通电到我红军总司令部，并派人员来红军总

---

① 该份档案资料，正文前面有如下记载：书写时间：1974 年 12 月 1 日。杨良生，原任闽赣省保卫局长、裁判部长（法院院长）、土地部长，后叛变。解放后在福建南平市乳牛场工作。1980 年病逝！解放后曾任南平地区副专员。

② 原文如此，疑为 1933 年。

部联系。他和中央红军签订了条约后，组织成福建省人民政府归我们领导，所以我们顺利地解放了沙县全境。

1933 年 2 月，中共中央毛主席和前方总司令部组织了 30 多人【的】慰问团来闽北和赣东北两个苏区进行了访问，并送来 20 瓦的无线电台一架……（注：此件篇幅很大，有许多无关章节，以下内容均给予省略，并用……符号表示）①

1933 年 3 月中旬伟大领袖毛主席和〈前方〉总司令朱德、总政委周恩来等首长，打电报〔给〕红军赣东北省和闽北分区区委（特委会）通知说：马上选派得力的干部组织新的闽赣省机关；赣东北省委（以前 1932 年 12 月为闽、浙、赣省）决定派邵式平、方志纯、刘炳龙、胡德兰、吴炳焕、彭高〔皋〕等组成，这是方志敏主席告诉我选派以上的人员，同时还决定闽北党委书记黄道，闽北苏维埃政府主席杨良生二人调新省委工作。当时我是闽浙赣省苏维埃副主席兼闽北政府主席和闽北国家政治保卫局长等职务。

我们两个地区选派好人员以后互相通电，出发到江西省资溪县，当时到资溪县的人员有邵式平、黄道、杨良生，中共中央选派的人员有顾作霖、刘邦华、毛泽民、曾镜冰，红军总司令部派肖劲光、余泽鸿，当时到资溪县集合的主要负责人就这几位（内有余泽鸿未到）。当晚在资溪县城，由顾作霖召集这些主要负责人开会，各位同志都做了自我介绍、自己的工作职务等情况。第二天开了一天会议，具体讨论布置闽赣省各机关工作，同时各人也分了工〔省委书记顾作霖、省委组织部长彭高〔皋〕（未到会）、宣传部长黄道、省政府主席邵式平兼省军委主席、省财政部长毛泽民、省国家政治保卫局长杨良生兼裁判部长（即法院院长）、省军区司令员肖劲光、省政治部主任余泽鸿、团省委书记刘邦华（1933 年 12 月叛变了）、团省委宣传部长曾镜冰〕。闽北苏区还是 1928 年 9 月由福建省委划归赣东北省委领导的。

---

① 括号内的注解系原文。

第三天（即 1933 年四月下旬）省委机关由资溪县城移到离黎川 30 余里的余〔湖〕坊街驻扎下来，这时各地区派来的干部也陆续来到了，成立了省总工会，当时省总工会主席是姓钟的，不久又调闽北总工会主席徐良善来担任。省妇女解放委员会主任是张四〔士〕英。当时黎川县委书记由方志纯担任，并成立了闽赣省国家政治保卫局的保卫队，队员从中央红军抽调出来，指战员中大多数是党团员，约有 60 多人，这支保卫队的任务是保卫省委机关。我爱人翁玉兰（烈士）她担任省保卫局预审科长。黄道的爱人是吴品秀，担任省政府招待所所长，最后成了省劳动部，由江翠英任副部长（正部长未调回来）。土地部、文化部、经济部、内务部到黎川县城才成立起来。

1933 年的五一国际劳动节纪念日那天，由杨良生和省政府秘书长吴炳焕二人负责召开了军民大会，到会的有 2000 多人，在会上宣布了闽赣省委机关的成立。

在余〔湖〕坊街驻扎两个多月，〔在〕中国共产党生日的"七一"，又分别召开了党员及群众大会进行宣传扩大红军，分配土地和查田运动，组织赤卫军，加强阶级教育巩固苏区，特别是发动广大群众捕捉恶霸、反动地主、土豪劣绅、筹款以充足苏区经费。"七一"纪念日过后四天，省级机关又由余〔湖〕坊移驻到黎川县城〈的〉。

省级机关移到黎川县城后，各机关的人员也比较充实起来，内务部长曾昭铭负责、卫生部长由付喜珠（女）负责，土地部长由杨良生兼任，不过那时工作非常紧张，一个部只有两三个干部负责工作，财政部和保卫局的干部较多些。因为捉来的经济犯人比较多，全部由保卫局审问处理筹款数目。

八一建军节来了，这时浙赣（赣东北）红十军大部分开来黎川县城，闽北红军独立师（后改为"五八"师）也开到黎川县，还有中央红军在黎川县边境驻守，朱德总司令也亲自到黎川布置军事行动，并在黎川县城成立了红七军团，军团司令员由罗炳辉担任，乐少华任军团政委，另有一个左手残废，只有右手，有人叫他"猴子"，他也是军团司令部主要负责人之一。当时军团成立的兵源由赣东北（闽、浙、赣省）红十军和闽北红军五八师抽调一部分，其余的由中央红军调来的战斗员组织成立，约七千多人马。

"八一"红军生日这天，在黎川县西门外召开军民大会，纪念建军节约三万多人参加。在会上由朱德总司令和省军区司令员肖劲光宣布了红七军团的建立，这就更有力地粉碎了反对蒋介石"四次围剿"，使苏区红军取得了伟大的胜利，有力地保卫了苏区、扩大苏区和红军主力部队。

反动蒋介石又开始布置第五次"围剿"中央苏区。

……敌军已进攻到黎川县城来了，省级机关全部转移到黎川的三都地方。……

在三都的紧急会议和省级机关的迁移布置

当时我在三都参加了这个会议，到会的有顾作霖书记、省军区主席兼省政府主席邵式平、省军区司令员肖劲光和我等四位负责人，会议决定：①坚决抵抗敌军，不让敌人再推进，②把省委机关移到县城，③省后方机关一切由杨良生负责领导。我离开三都机关随省机关移到建宁县城，中央红军总司令部也在建宁县的溪口，在溪口我第一会见了周恩来政委。

（下略）

最后将原闽赣省主要干部和干部情况公布于下页：

闽赣省主要干部和干部情况

顾作霖：第一任省委书记，因病逝世。

邵式平：省主席兼任省军委会主席和第二任省委书记，病逝。

赖昌作〔祚〕：第三任省委书记，任两个月省委书记，后叛变投敌（已枪决）。

钟循仁：第四任省委书记，参加过叛变活动，右倾分子，还活着。

肖劲光：省军区司令员。

杨良生：省保卫局局长，裁判部长（法院院长）、土地部长，现在南平市乳牛场。

毛泽民：省财政部长。

曾昭铭：省副主席，调到闽北工作后叛变。

黄道：省委宣传部长，1940 年国民党医院将他毒死，烈士。

黄毓全：省第二任财政部长，福建连城县人，解放后还活着。

胡德兰：省教育部长，邵式平爱人。

徐良善：省总工会主席，开了小差。

江翠英（女）：省劳动部副部长，已死了。

张四〔士〕英（女）：省妇女解放委员会主任（即现妇联主任），现在江西、贵溪工作。

吴品秀（女）：省招待所所长（黄道的爱人），现在南昌，【和】省委秘书长黄知真母亲一块生活，没有工作。

刘炳龙：省委组织部部长，彭湃县（安远市）县委书记，回江西贵溪家里时，被地主杀害。

李火凤（女）：泰宁县团县委书记，在宁化县被误为改组派而被杀害。

张荷凤（女）：泰宁县委书记和彭湃县组织部部长。

肖韶：泰宁县委书记，闽北、赣东北省委组织【部】部长。后误为改组派被杀害。

彭高〔皋〕：省委组织部部长。还活着，在江西工作。

付喜珠：省委卫生部部长，彭湃县内务部长，1972 年病死。

翁玉兰（女）：省政治保卫局预审科科长，杨良生爱人，被误为改组派而被杀害，烈士。

刘邦华：团省委书记，1934 年 3 月 12 日叛变投敌。

曾镜冰：省委宣传部部长，后调闽北工作，还活着。

余泽鸿：省军区政治部主任，下落不明。

魏振和：省团委秘书长，被误为改组派而杀害。

杨赛金：省工农剧团演员，1974 年病逝。

〈关于〉闽赣省从 1933 年 4 月成立到 1935 年 4 月止，整整两年时间，干部流动性很大，干部都在农村做群众工作。……

至于我写的以上闽赣省成立前后情况是真真实实，另列的主要干部姓名及情况表没有错。

…………

国营南平市乳牛场

杨良生

1974 年 12 月 1 日

（戴新安 1982 年 3 月 15 日摘抄于建宁纪念馆资料第 87 号，〈中〉标题"杨良生对闽赣省变迁情况回忆"。）

（三）杨良生回忆

1932 年下半年中央红军、闽浙赣红军、闽北红军消灭〔打破〕反动国民党军队四次"围剿"，苏区得到伟大的胜利，在江西许〔浒〕湾消灭反动军两个师。是年 12 月中央红军、闽北、闽浙赣红军，胜利在邵武、光泽、资溪、黎川、硝石、金溪等县会师，闽北与中央苏区打成一片。

1933 年 1 月，中央红军朱总司令、周恩来总政委组织了一个 30 余人的访问团到闽北和闽浙赣省苏区访问，并带来 24 瓦无线电一台，送到闽浙赣省，这样各个苏区消息更灵通，红军和各苏区日益扩大。

1933 年 3 月中央中华苏维埃政府毛主席打电报到闽浙赣和闽北，说成立闽赣省政府、江西（闽赣省委）派定邵式平、刘炳龙、方志纯、彭高〔皋〕、妇女张何〔荷〕凤、张四〔士〕英等，闽北分区委即特委，指【派】黄道、杨良生等2人，中央派定顾作霖、刘邦华、曾镜冰、毛泽民，中央红军总司令部派定肖劲光等，于1933年4月2日各方面指定派出的人物就在江西省的资溪这个县城集中。闽赣省委在这里召开第一次会议，成立省委员会。4日由资溪县出发，数天就到黎川县的余〔湖〕坊街驻扎，事先通知建宁、泰宁、黎川、资溪、邵武、光泽等县委书记和县苏维埃政府主席，到余〔湖〕坊开会。在这〔次〕会议上，宣布闽赣省革命委员会成立，即闽赣省政府，并具体分工，主席邵式平，副主席杨良生、曾昭铭、财政部长毛泽民、省国家政府保卫局局长杨良生，省妇女会主任江翠英、副主任张四〔土〕英、省裁判部长曾昭铭、土地部和内务部长杨良生兼任，其他部尚未建立。会议后第二天召开了一个军民大会，约【有】4000余人，宣布政府成立的意义。

党省委、团省委也正式在这里成立起来，当时党的省委书记由顾作霖担任、省委宣传部长黄道、组织部是黎南县委书记彭高〔皋〕调回来担任。以后，派刘炳龙去黎南任书记。

团省委刘邦华任书记、宣传部曾镜冰，组织部长姓钟的名不记得。

闽赣省军区司令部也【是】在湖坊成立的，司令员肖劲光。

闽赣省军委会主席是邵式平主席兼任，司令部归军委会领导的，指挥各方红军、游击队行动。

黎南县成立于1933年七八月〈比较早些〉，地点在硝石附近。

东方县在熊村过去一个地方，地名不记得，于1933年10月成立的。这个县是我负责成立的，当时县委书记派肖韶担任，妇女解放委员会主任付喜珠担任，县苏主席是姓王的，名字记不得，黎川城里人。黎南有八个区，东方六个区，区驻的地方以地方名字为原则，比如说湖坊，即叫湖坊区委会或湖坊区政府、熊村区等等，一个区以大的地方村为名。

每个区有赤卫队或赤卫连、少先队等，人数不一定，少的几十个，多的有几百个人。

1933年5月1日即五一国际工人劳动节日，有中央工农红军第一方面军和二十五兵团（第三方面军）、闽浙赣红军第十军、闽北红军独立师。红十军军长周建屏、闽北红军独立师师长黄立贵。阅兵大会在黎川县城后边小平山上召开，红军约有 5 万余人，群众约 2 万余人，小平山上有 4 个演讲台。当时到会的有中央红军朱总司令，周恩来总政委、周军长、黄师长、中央军委会主席项英、军团长名字不记得，还有其他中央首长不记得。这个阅兵会议非常热烈，开得好。朱总司令说，号召广大工农群众踊跃的参加红军，扩大红军，争取抚州南昌等中心城市，制造 100 万铁的工农红军，争取一省和数省首先胜利，消灭蒋介石反动军，阅兵大会以后正式成立工农红军第七军团。当时军团长是罗炳辉〈领导的〉。这个兵〔军〕团的军队【是】由闽北红军和闽浙赣红十军及中央红军调来扩充的。当时黎川县也有数千群众报名参加红军，所以我们红军发展很快。黎川县领导的一个独立营，当时叫自卫大队，保卫黎川的队伍，负责人名叫王火仔，是黎川县城里的人。他犯错误后，换一个也是姓王的，名叫王瑞生，黎川县人。1933 年 10 月中华苏维埃工农兵代表大会，党派他去出席，被选为中央苏维埃政府执行委员会委员，后来不知他到那〔哪〕里去了。

同时 1932 年 12 月由中央红军成立一个邵光独立团，这个团的团长是杨长生，江西吉安县人，他的活动范围，去邵光以后在金溪、资溪、黎川等县消灭残余零星散匪等任务。

1933 年 6 月闽赣省一级机关全部从湖坊移到黎川县城里驻扎，省委在黎川县城过河，当时用木头架了临时木头桥，省政府等机关都驻在黎川城外大街上，那房子很大。省保卫局在黎川以上 2 华里路的一个木桥头庙里，其他机关都在大街上，各机关的人员继续不断的增加起来。

黎川县委书记是方志纯同志担任，县苏维埃主席是本县人，名字不记得，打卢兴邦【的】是闽北邵光独立团，不是方志纯。

当时黎川县苏维埃组织有劳动部、内务部、卫生部、招待所、保卫局、妇女会、赤卫军队部、少先队部、儿童团部，人员不记得。

1933 年 8 月 1 日即八一纪念大会，在黎川召开，会议由我负责，到会有驻军部队、群众、各机关人员，约2万余人。邵式平主席参加这个大会，由省苏秘书长吴炳焕主持大会，会议地点是县城过河一个有树木的平〔村〕子里开，搭一个讲台，晚上演了戏，非常热闹。八一红军纪念节以后情况：

1933年10月初，〈反对〉蒋介石布置五次"围剿"中央苏区，准备100万来"围剿"我中央红军，但我中央毛主席、朱总司令早有了〈准备〉粉碎敌人"围剿"计划。朱总司令首先命令第七军团长罗炳辉，把蒋介石的先头部队一个师敌军消灭，但他不听命令，结果敌人进到硝石来，我们省一级机关开始移动在三都等地办公。罗炳辉犯了军事上的错误，撤销他的职务，另换乐少华任军团长，继续抵抗敌人前进。在10月间敌人30余万人，从邵光、黎川等进攻，因为我们中央红军在福建的将乐、顺昌、沙县、建、泰宁等处一时调军团难，要抵抗邵光进攻的敌人，所以黎川于10月间失守。

黎川独立营改为游击队，配合红军打击敌人，他就在东方县一带活动，牵制敌人的进攻，游击队约200余人，枪支是总司令部发给的，领导人就是王瑞生。我工农红军大部队二、五军团及其他红军一部分在三都德胜关阻止敌人，打击敌人，在将军庙打死敌人好几千，使敌人不敢再动了。各方面的战斗打得急〔激〕烈，白军始终不敢动一下，但是东方县和黎川县的游击队配合行动，有许多群众参加到游击队里面来。到12月敌人进到东方县的时候，该地群众配合东方县游击队行动，不断打击牵制敌人，我们一个小队游击队和20余名群众活捉到一个旅长，名叫郭东山，送到后方建宁城里游行示威，群众很勇敢。

闽赣省机关于10月移到建宁县城里，邵主席、顾作霖书记在前线指挥工作，后方由我负责。于12月闽赣省召开第一次工农兵代表大会，到会代表100余人，朱总司令、周总政委和总政治部主任杨尚昆，中央也派了项英、张闻天、毛泽棠[①]来指导工作，大会选出120多名执行委员，省主席仍然是邵式平，我【任】副主席兼

---

① 原文如此。疑误。

保卫局长、裁判部长（法院【院】长）。

1933 年 12 月省委决定组织抚东分区委会，并派黄道、曾镜冰、肖华等去领导，同时组织一个突击保卫队通过封锁线去，安全到达抚东打击敌人后方。12 月省委和朱总司令决定派我带几百个保卫队和省保卫局开去泰宁协助工作，并兼任建太将城皇〔隍〕警备司令员，严格肃清反动分子，这里阻止了敌人好几个月不敢动。

〈至〉到 1934 年 4 月，敌人用 20 几万兵力向将乐、泰宁大举进攻，敌人死亡好几千人。4 月 17 日敌进到泰宁，那时有第一方面军彭德怀司令员指挥作战，朱总司令也在县委会召开军事干部紧急会议，敌人进到泰宁县时，敌人又死了不少，满山都是死尸。我又调回到省办理训练班，整理省工农剧团。当时黎川县樟村东红街有一名好演员，名叫杨赛金，受过邵省长的表扬，他是否活着，我不知道。

反动军队在五次"围剿"苏区时，我们在各个战线上打死打伤敌人好几十万人，使敌人无法进攻，他们反动军从〔重〕新整编于 1934 年 8 月，又开始由泰宁进逼建宁，省委和总司令部决定成立闽赣军分区，即第二军分区，我任司令员，把东方、黎南、建泰宁等县游击队改编军分区一二三个团，仍然分配在黎川、南平、建、泰、将等敌人后方打击敌人。这时候方志纯同志调在建宁县均口担任组织部长，我也调回去均口任特区委书记。10 月敌人进到建宁城了，我们军分区解散了，部队一律由省军区司令部统编〔为〕15、16、17、18、19 五个团，分散打游击，牵制敌人。

我们中央红军是于 1934 年 10 月开始长征的，这时我因病在省医院。

但是黎川的情况，过去有了一些地下活动和地下党的组织，在樟村、横村都有我党组织工作，不过时间过长姓名记不了。湖坊以上 20 华里的地方有红军医院和省的医院，敌人进攻的时候，地下党的组织还保持一部分。全县约有党员 1600 余名，团员约 1200 名，赤卫队有 6000 余人，少年先锋队 400 余人（1933 年 7 月左右统计的）。因为我是保卫局长，比较〈要〉了解里面的情况，当时有统计表，后来都不知省委如何处理。

曾梅芳简历和老革命新参加工作情况

我是江西省黎川县中田村人，现年 47 岁，于 1913 年出生。我父亲〈时〉靠做成衣，维持一家生活。我自幼小，3 岁时，被母亲发脾气，把我的左脚弄成残疾。我 9 岁时，是 1921 年，发蒙读书。至 1922 年，因失怙停学一年。至 1923 年，仍在私学读书。岁月蹉跎，度过 5 年春光。至 1928 年，转学做裁缝，学徒 3 年。至 1930 年，学徒满师。至 1931 年，帮人家做傭〔佣〕工。在这年 4 月 20 日，中国工农红军【第】一次到来，我正是帮人家做佣工。红军进来宣传标语口号：穷人不打穷人，士兵不打士兵，打倒土豪劣绅，农民组织农会，打土豪分田地。当地组织农会、游击队，区政府主席邓保珊，设立各委员。这时因兵力薄弱，待了 3 个星期。后至 1932 年 10 月间，中国工农红军【第】二次到来。我这时是一个青年人，参加各种会议活动，看录标语口号，共产党十大政纲，组织农会、工会，建立区乡政权，没收豪绅地主资产阶级的财产，开群众大会，散衣、散肉、散谷，散给极贫苦工农。工人组织工会，农民组织农会，各手工业组织职工联合会。工会委员（黄佛仍已牺牲），我这时任工会书记，设立各委员：宣传委员、调查委员、监察委员、财务委员、青工部长。工会地点【在】中田王家桥，有房小厅，并起伙食。大门首竖有一面红旗，旗面上斧头镰刀和书字"黎川县中田区职工联合会"。工会行动取消剥削制度，没有老板伙气〔计〕，每日排工做事。各工人抽一些钱，工会开支。至 1933 年 2 月间，由工会委员黄佛仍介绍我到一二乡政府，担任秘书工作。

张生才是河东人，后换邓佃妆，一乡二乡政府并在一起，设在咸亨书店。把各店所有撺火鸟枪、梭标〔镖〕集中放在一起。赤卫军班长黎长孙、炊事员余仁珊，是河东乡人，并【且】上级派有工作组。主要组织方面：8—16岁【入】儿童团，16—24岁【入】少年先锋队，25—40岁【入】赤卫军。每夜都要让赤卫军放哨、守哨，防止敌人。后来乡政府搬到中寨第旁边小厅，主席（黄大五，已牺牲）是河东乡人。这时区政府设在河东潘家大家。主席首先是黄长福，后换廖接兴和（邓保珊已牺牲）财务委员黄发孙、肃反委员刘火生、游击队长尧印孙、少先队长吴检仍、妇女队长（黄才英已牺牲），秘书处鲁今右、鲁洪康、鲁木相，事务员李大远、炊事员老黄。上级派有军需部长，设有区委，进行政治工作方面，肃清反革命和劣绅，防止敌人。经济方面打土豪、出封条、捐富农和资产阶级的款，一律上缴。有中华苏维埃共和国两家银行，钞票面积有五分、壹角、壹元，钞票及时充换现洋。这时往来军〔第〕三、五、七、十一军团，到过这里。在1933年1月15日，在圩上会见袁国平同志和黄元吉同志，督促军队开往前线打敌人，粉碎敌人四次"围剿"大举进攻。这时期革命生活米菜全由上级发给，每五天分一次伙食金，每次分铜圆100多枚。我在苏区工作，自1932年10月在工会，至1933年6月1日被南丰反动第八师拿来此放哨、游击。我因脚不方便，吓得要命逃避一下。后往乡下走，帮人做裁缝，因而脱离工作。至8月间反动政府回来就责骂我，嫌疑很重。我只吓得不敢作声，哑口无言，吓得面颊发红发烧，只得逃避远去乡下，帮人家做裁缝。就听反动政府把苏区干部负责同志，一个一个捉起来，区主席邓保珊、乡主席△扒仍、刘新年等，一个一个考〔拷〕问，先伤财后伤命。这几位同志，结果牺牲了。我自1933年6月1日脱离工作以来，都是帮人做裁缝的傭〔佣〕工，积累7年的工资，至1940年才娶室。立家以后，做缝业【兼】种一些菜。至1945-1946年，在家教了几位蒙学生，并自己补习一些文化，做

一些泊〔零〕工、种菜、养猪维持生活。……①

　　此致

敬礼

　　　　　　　　　　　　　　　　　　申诉人：曾梅方

　　　　　　　　　　　　　　　　于 1959 年 4 月 15 日

---

① 　后面的资料，属于 1949 年以后的生活状况。此处略。

无　题^①

　　我自 1933 年 3 月间参加枧源本乡文书，经一军团工作组李、孙二同志介绍我入中国共产党。那时候没有凭证，只只^②暗口号，我参加工作之时，乡里组织〔有〕主席、财政文书、赤卫军事委员、粮食委员、通讯员、少先队、儿童队。【每】天夜【里】由赤卫军编排班轮流守哨，防止敌人大刀会经常四处捣乱，有时来打乡政府，还组织土地委员分田地，土地分三等，上、中、下。地主分坏田，富农分下中田，贫农分上田。到 5 月闽赣省在湖中心^③区成立后，调我到湖坊区任区财政部长，我当时不愿去湖坊工作，又怕管理财政错，数月这样那样顾虑，经邵主席爱人曾某某到我枧源乡指示工作，我问他〔她〕可以不去吗？我在这里文书做熟一点去，区里工作怕吃不消。他〔她〕解释【给】我听：学习就会熟悉，要服从上级指示，不得违反，我只得去湖坊区接收任财政工作。经中央派来毛泽民任省财政部长统一工作，在他领导教育【下】，我的工作【是】分清敌我界限，分得【清】阶级，管辖福建李家坊、上观、飞鸢、石碳四个分区，闽赣省在湖坊未成立以前，各区乡工作团，是由军队放下的负责，在区为科长，在乡工作组，没有按政策办事，在四乡的大地主、土豪闻红军到了，就由小山路逃往白匪区去了，也不调查事实，应当没收财产的则没有没收他不管，连中农

---

① 原件无题目、作者、落款及时间等信息，根据内容分析，作者应为李杭。
② 后一个"只"字疑为"是"字。
③ "中心"应为"坊"。

打倒及受〔收〕东西，使贪污分子出现起来。自闽赣省成立后，奉中央毛主席指示、方针、政策，将一切混入【的】阶级异己分子清查出去，把违犯纪律【的】坏分子镇压起来，为了肃清反革命，保护中农利益，毛泽民部长叫我去调查，要实在真正土豪地主，如是富农只向他【要】捐款，中农不得侵犯，如若弄错了要负责。我头次到李家坊，未到之前，由李坊区把中农划了几十户作富农，我到区后将政策宣传，遵照方针政策划清，把中农作富农除去了。他原先作法，见了你家多有谷，多供猪和母猪一年二帮散卖猪子〔仔〕一百多元，就作〈起〉富农人家，多生几个儿子大了，多作高排田，多落有谷，也就是富农。我又到上观、飞鸢、际源、规源、石坡（陂）①各处我都到过，我那几个月，只有石陂没有到过，我还兼动员伕子挑架队。到7月间，闽赣省迁移黎川县驻杨家大屋几只大厅，县也一起在此，我【这】几个月工作【是】收到款随收随解，速应前方战线，需用田时动员伕子各村宣传，得此成绩，蒙上级发过奖旗，一幅给我部。到8月间被匪霸侵犯黎川城市，当心〔时〕我英勇红军配合游击队在附近乡猛烈攻击。到古历八月中秋，被反动恶霸带白匪冲到湖坊。当日下午仍然退下黎川城市去，我区区委胡书记不懂军事纪律，盲目带领全区模范营少先队、妇女各机关部一直由枧沆过中站、极高、坊坪过上水，跑到德胜关邵主席跟前。当时邵主席责令区委书记违犯军事纪律，要受严重处理，〈比〉经同志和他爱人求情才一宽大释放，再令各部漏夜回去原地工作，吃了晚饭只得回到上水。人家在禾坊睡起来睡到半夜，忽然惊惶〔慌〕起来没守哨，竟是红军便衣队才安心，如果【是】白军便衣队，那么头就去了。到天亮过小茶窠，过上观进隘进福建，金坑住一夜，是日才出桃上，下中站，过规源回湖坊水口山外。我【当】时恰碰着五军团政治部人员说他白军队打洋口，星夜由邵光进隘攻出杉关、飞鸢、院山包围来，在洵口白沙打了胜仗，打死和

---

① 原文如此。

打伤白军约千余人，俘虏活匪军人七十人，军器枪械叫我找挑架队和伕子，身不停留，马上就跑到小坑，郎中窠胡坪过规源，动员百余人去抬伪兵（伤兵），挑军器，过上观后方医院去，并见每月伕发食盐壹斤做工钱，该食盐是我们红军由洋口辛辛苦苦带来的，是以他们都欢喜我红军果然好，若是白军莫说有钱，反来扣留做长夫〔伕〕，不得回来。据群众说，洵口祠堂还有在白匪数10个，后被匪机掩护下【逃走】。黎城去以后，我区机关配合组织游击队兼宣传建设公债。到10月我区开代表会，选我县代表时，县驻宏村街上，闽赣省驻建宁，经县代表会上选我任县财政部长，又选我到建宁闽赣省代表会上报告，有朱德总司令、周恩来，省委某某，省主席邵主席，其他人都作了报告，是国际形势和发展扩大百万铁的红军，我在会上报了名，自愿装〔当〕红军，□□席欢迎到省开会回宏村、黎川县时，我思〔是〕想向邵主席推辞〈对〉工作重，不愿担任县财政工作，怕吃不穿〔消〕，文化低，怕犯错误，经过邵主席和方书记教育，我才懂得革命意义。总而言之，须当忠实下决心干，何愁做不成，从此以后担负起来，初到地方生疏，我部原有金库、税务科、管理科、出纳科，那时因为四处都是敌人，虽然组织各种工作都是留〔流〕于形势〔式〕，未能推动，还是多做宣传工作，后又【随】县迁移五里桥。不久时间下午忽然白匪四处包围进攻炮声紧急，挪〔就〕在边近雇了四个伕子担文件，各机关和我部同志都往前退进邱家隘去后，只我同四个伕子冒炮声冲进邱家隘脚下，伕子就跑了，只见方志纯书记在此观形势，我问他伕子跑了，他说谁〔随〕你想办法。我没奈何，只得把自己挑的行李丢了，拣重要的文件担起来，大约是有一百数十斤上岭，左竭〔歇〕又竭〔歇〕埃〔挨〕到二更时才赶到大部驻扎地方，吃了夜饭后，经县总务处长刘启伦同志〈经过〉检查重要文件，留不要的烧掉去，只有30斤，把洋油箱装我担起，在附近20里地方待几天，俟方书记去省开会研究回来省指示，必须择根据〔地〕，前方后方军援助军粮需要地方驻扎，方书记熟悉军事，登堡垒看形势，深入群众，走群众路线。首先驻都团过驻北方百家畲，该地是大刀会巢穴，我机关到时他人就跑了，房屋里还有死人未及埋了。又待几天由那条路一带人家又住一天，才驻溪口。在溪口成立黎南县，建设五个区，陈岭、大田市、新桥、会岭、溪口共五个区，组织四个连游击。成立区后，方书记调彭湃县去了，调来的书记，军事谋【略】更差，我到溪口和正书记（主席）朱兆祥同去各自然村开会，宣传毛主席政策，使广大群众了解为着工人农民谋利益的。朱主席到溪口不久时间就病了。去建宁闽赣省后方医院医治，去后〈来〉由副主席徐开林执行，对工作对群众联系更差，县驻地不一，这里驻几天，那里驻几天，庙头殿宇各处轮流驻扎。在那几个月游击战斗，工作都是夜上走，每人带米带包袱。后调过周长庭县书记到里，我在溪口工作到大田市、新桥、陈岭、大源都到，只有会岭没到。在那时工作做过清乡检查，宣传教育工作。我们游击队天天大半夜出发，待几次俘来白军，缴来枪，宽大问愿意装〔当〕红军，不愿向家人还发盘缠大洋 8 元给他回家。我自收到款除付开支外，帮二都是我亲送去建宁闽赣省财政部去，最后一次送款到省时，省财政部及各机关都盘〔上〕前方去，只邵主席兼管闽赣军区还在此镇守，我将款交邵主席亲收。那时建宁四处炮声紧急，我等邵主席写信给我县首脑，他写信时，敌机警人空时，我和主席硬心不移等〔他〕写完信交与我，叫小路去要小心。我那时很【有】勇气，毫无疑问，一直跑回到黎南县来，大约待半月。被匪军四处包围打来，我各连出发被打散，那时县机关驻山背早饭还没吃，敌全面进攻炮声冲天，由山背登山，乱跑到高山，柴多，无路可通，在这山待二天二夜，幸亏袋子带了米盐充饥，不知什么地方高山石壁，被匪军俘去，解到队部问我，假说红军部下买菜人。（完）

三、

歌谣民谣

红军歌谣

1. 工农革命歌（杨求女唱）

工农革命歌 / 一个人两个心 / 就是反革命 / 齐努力，齐用心 / 团结得紧紧。

齐努力，齐用心 / 红军士兵打胜仗 / 打胜仗杀敌人 / 那是好主张 / 打土豪分田地 / 不交租税粮。

帝国主义资本家 / 生产刀和枪 / 出兵打我们 / 侵占我土地 / 一切利益特殊权 / 压迫剥削仇恨深。

无产阶级都是众兄弟 / 资本家、恶地主 / 死在我们手里 / 小资产、小商人 / 都来参加革命 / 打到国民党、实现共产制。

2. 暴动歌（陈冬生唱）

我们大家来暴动 / 消灭恶地主 / 农民大革命 / 打土豪、斩劣绅 / 一个不留情 / 建立苏维埃 / 工农来专政 / 实现共产制 / 劳工创大同 / 无产阶级革命最后成功。

中国国民党 / 反动大本营 / 新军阀反革命 / 屠杀我工农 / 贪官和污吏 / 捐税更加重 / 勾结英日美 / 卖国又卖民 / 大家起来暴动 / 打倒这班死敌人。

3. 同志们快快拿起枪（黄三俚唱）

同志们：快快拿起枪 / 我们是工农武装 / 消灭帝国主义国民党 / 要建立苏维埃共和邦 / 我们向前冲、我们向前杀 / 杀得敌人头破血

流 / 革命真正才到手 / 刀和枪，在我手 / 向前杀，解仇恨。

4. 我为谁人来打仗（罗福孙唱）

我为谁人来打仗 / 为谁人来打仗 / 我为谁人扛起枪 / 为谁人扛起枪。

为了爹，为了娘 / 为了自己来打仗 / 为了你，为了他 / 为了人民啊！/ 嘿，扛起我的枪。

我为了人民 / 人民为我 / 人民解放 / 我也解放 / 我为人民扛起枪 / 扛呀扛起枪。

鱼和水呀不能分 / 我与人民呀 / 共存亡 / 血肉相连 / 同心协力 / 喂，打老蒋。

我为了人民 / 人民为我 / 人民解放 / 我也解放 / 我为人民扛起枪。

5. 到战场上去（李木元唱）

看！我们工人们 / 战争开始了 / 拿起我们的斧头 / 到战场上去 / 勇敢向前作战 / 拥护苏维埃 / 万众一心去杀敌人 / 奋不顾身。

看！我们农民们 / 战争开始了 / 拿起我们的镰刀 / 到战场上去 / 勇敢向前作战 / 拥护苏维埃 / 万众一心去杀敌人 / 奋不顾身。

6. 上前线歌（罗福孙唱）

炮火连天响 / 战火在紧张 / 我们是少年先锋队 / 用我们的刀枪 / 坚决与敌人决死战。

开展胜利的进攻 / 消灭万恶的敌人 / 夺取那抚州、吉安与南昌等中心城 / 苏维埃的先锋旗帜插遍全国 / 嗨！苏维埃的先锋旗帜插遍全国。

7. 战争歌（罗国海唱）

前方炮火响连天，最后决战在眼前。咿嗬嗨，呀嗬嗨！最后决战在眼前，呀嗬嗨，咿呀嗨！

工农群众都武装，一次动员到前方。咿嗬嗨，呀嗬嗨！一次动员到前方，呀嗬嗨，咿呀嗨！

为了自由和土地，无论如何要胜利。咿嗬嗨，呀嗬嗨！无论如何要胜利，呀嗬嗨，咿呀嗨！

武装保卫苏维埃，不消灭敌人不回家。咿嗬嗨，呀嗬嗨！不消灭敌人不回家，呀嗬嗨，咿呀嗨！

拼了最后一滴血，争取苏维埃新中国。咿嗬嗨，呀嗬嗨！争取苏维埃新中国，呀嗬嗨，咿呀嗨！

8. 当红军（裴耀宗唱）

当兵就要当红军，处处工农来欢迎。官长士兵都一样，没有人来压迫人。

当兵就要当红军，敌我阶级要认清。资产阶级国民党，无产阶级工农兵。

当兵就要当红军，帮助工农打敌人。资产阶级和地主，杀他一个不留情。

当兵就要当红军，当了红军真高兴。打倒土豪斩劣绅，工人农民大翻身。

9. 十送郎（饶桂俚唱）

一送情郎歌，去当兵哟哎！老妹送郎到村口呀！家里爷（读yá）娘莫思想哟哎！郎要自己保重身呀！哥呀，妹呀！郎要自己保重身呀！

二送情郎歌，去当兵哟哎！老妹送郎到樟村呀！家里工夫莫思想哟哎！郎去一路都平安呀！哥呀，妹呀！郎去一路都平安呀！

三送情郎歌，去当兵哟哎！老妹送郎到宏村呀！二人牵手来进店哟哎！买包果品送情郎呀！哥呀，妹呀！买包果品送情郎呀！

四送情郎歌，去当兵哟哎！老妹送郎到东坑呀！郎哥一心去革命哟哎！老妹面前莫思想呀！哥呀，妹呀！老妹面前莫思想呀！

五送情郎歌，去当兵哟哎！老妹送郎到横店呀！实心话语说郎听哟哎！老妹心里更宽心呀！哥呀，妹呀！老妹心里更宽心呀！

六送情郎歌，去当兵哟哎！老妹送郎到黎川呀！黎川街上真好看哟哎！还要买瓶花露精呀！哥呀，妹呀！还要买瓶花露精呀！

七送情郎歌，去当兵哟哎！老妹送郎到资溪呀！谁是朋友谁是敌人哟哎！情哥一定要认清呀！哥呀，妹呀！情哥一定要认清呀！

八送情郎歌，去当兵哟哎！老妹送郎到芦溪呀！只要工农团结紧哟哎！处处白匪无处逃呀！哥呀，妹呀！处处白匪无处逃呀！

九送情郎歌，去当兵哟哎！老妹送郎到金溪呀！郎去作战要勇敢哟哎！消灭敌人不留情呀！哥呀，妹呀！消灭敌人不留情呀！

十送情郎歌，去当兵哟哎！老妹送郎到战场呀！战场兵马乱纷纷哟哎！保护我郎打胜仗呀！哥呀，妹呀！保护我郎打胜仗呀！

10. 送郎当红军（桂海水唱，与流行的《送郎当红军》不同）

送郎当红军，红军最文明。公买公卖，一定要留心。
送郎当红军，红军最文明。分田分地，政府派人耕。
送郎当红军，红军最文明。地主豪绅，我们的敌人。
送郎当红军，红军最文明。资产阶级，不要你革命。
送郎当红军，红军最文明。无产阶级，快快来革命。

11. 四季劝郎歌（张炳珍唱）

春季百花开，春季百花开。叫声情郎哥，请到这里来呀！小妹有话说哟喂！请哥记在心怀。劝郎当红军，劝郎当红军，郎当个红军，妹妹也光荣呀！丈夫好勇敢哟哎，光荣遍乡村。

夏季日真长，夏季日真长。欢送我的郎，安心去前方呀！家中一切事哟哎！小妹自担当。勇敢向前方，勇敢向前方。消灭敌人，保国为家乡呀！打下抚州哟哎！马上打南昌。

秋季秋收忙，秋季秋收忙。小妹在家会作田呀！劳动的妇女哟哎！政府也嘉奖。米谷一满仓，米谷一满仓。多做草鞋，慰劳我情郎呀！还要武装起哟哎！帮助你打仗。

冬季雪花飞，冬季雪花飞。郎在前方要为我争气呀！切莫开小差哟哎！我的亲爱的，最后的胜利，最后的胜利。中华全国，插遍红旗呀！那是回家转哟哎！革命好夫妻。

12. 前进歌（卢金仔唱）

红军战士，残酷战争开始了，死亡和胜利的关头。站在最前线，粉碎敌人五次"围剿"，誓死保卫革命苏区，争取中国苏维埃胜利。胜利归我们！赶快前进／赶快前进！

13. 奋勇向前进（卢金仔唱）

我们是无敌的红军，爬高山，越平地。不怕他，坑深路又小，漫步地向前进。勇敢杀敌人，奋勇向前进！奋勇向前进！

14. 欢送舞（张炳珍唱）

锣鼓咚咚，红旗飘飘，真是个好英雄。我们在此立正敬礼，欢送你们前方去。消灭敌人大家围攻。瞄准枪，轰轰轰！勇敢地，冲冲冲！杀敌人，杀杀杀！革命胜利闹哄哄！

15. 杀敌歌（罗国海唱）

帝国主义和军阀，他是工农死对头。压迫剥削我们，痛苦真难受。

刀和枪，在我手，向前杀敌莫停留。杀得蒋匪头破血流，革命胜利在我手。我们要把红旗，插遍全球！

16. 红军纪律歌（罗国海唱）

红军纪律最严明，处处要留心。打土豪要归公，买卖要公平。说话要和气，开口不骂人。无产阶级劳苦群众，大家来欢迎。出发要扫地，样样要记清。捆禾草，上门板，房子扫干净。借物要归还，损坏要赔人。大便找厕所，洗澡便离人。三大纪律八项注意，大家要执行。

17. 新做布鞋双双新（黄凤全唱）

新做布鞋双双新，新做布鞋红军穿。红军穿鞋好打仗，红军打仗为人民。消灭敌人享太平，打倒蒋贼才太平。

18. 兴国山歌（罗国海唱）

哎呀啰！红军飘飘到前方。打到南昌再九江。枪支缴到千百万，驳壳子弹用船装。

哎呀啰！消灭敌人最紧张，切莫思想转家乡。家庭政府有优待，共同杀敌莫停枪。

哎呀啰！你们光荣得胜利，许多同志在这里；一夜冲锋几百里，消灭十九路军不留情。

哎呀啰！国民狗党活不成，我们工农做主人。红军插遍全世界，最后胜利是我们！

19. 攻打沙县城（卢全仔唱）

红军向前进，围攻沙县城。坚决进攻敌人。沙县有个芦兴邦，两团残匪受苦辛，工农红军真英勇，坚决夺取沙县城。芦敌两团兵，消灭干干净，没有跑走一个。

蒋介石派一师兵，两次增援沙县城。我们一定打胜仗，大家努力一天成，把他们都粉碎。敌人五次围剿，已被红军打破。坚决进攻敌人，我们一定打胜仗，我们的红旗插到南昌城。

20. 消灭保卫团（罗国海唱）

反对地主和豪绅，压迫工农当团丁；抽收苛捐和杂税，要租要债逼死人。

贫苦工农最痛心，解除痛苦去革命；参加红军游击队，坚决消灭保卫团。

21. 噼噼啪（鄢玉珠唱）

噼噼啪！噼噼啪！手牵手，向前杀。我们工农兵，大家团结起，让我们的枪口瞄准敌人，让全世界建立苏维埃，嘿，我们的红旗插遍天下。

22. 步哨歌（罗福孙唱）

步哨注意看敌方，有敌莫慌张。发现敌军士，口令不对刺起枪。

23. 开小差歌（罗福孙唱）

开小差的士兵，无缘无故回家庭。我们是工农兵，永不做逃兵。快快回来，快快回来当红军。父母妻子有优待，一切田地有人耕。快快回来，快快回来当红军。大家希望你，大家欢迎你粉碎敌人，打击进攻。

24. 北上抗日歌

我们工农红军，北上抗日先遣队。领导全国人民，团结广大群众，打倒日本帝国主义！我们工农兵，我们工农兵，我们工农兵。

25. 共产党领导（罗国海唱）

共产党领导真正好，工农群众拥护真正多。红军打仗真不错，粉碎敌人四次围攻。我们真快乐，我们真快乐。

亲爱的英勇战士们，我们胜利有把握。向前杀敌莫错过，要把红旗插遍全中国。我们真快乐，我们真快乐。

26. 共产青年团歌（邱运昌唱）

共产青年团，发起礼拜六；帮助红军家属，又耕田，又种禾。革命战争时，艰苦奋斗呀，一枪一犁，土地革命胜利，快快来工作，莫要落人后。

27. 胜利歌（黎甫圆唱）

世界工人的祖国，赞成苏联五年建国。四年战斗伟大胜利。帝国主义反对苏联，我们反对帝国主义。武装保护苏联，保护苏联。

28. 对话歌（梁怡俚唱）

共产党宣言什么人起草？十月革命什么人来领导？什么人是中国工人阶级的首领？什么人在中国做农运最早？

共产党宣言马克思起草，十月革命列宁来领导，苏兆征同志是工人阶级的首领，彭湃同志做农运最早。

29. 妇女解放歌（张炳珍唱）

早起做到日落西，雨打风吹受人欺。真正痛苦啊，真正可怜呀！劝我妇女们，快快要站起。

字又不会写，书又没有读；拿起算盘手又不会算。一生受人欺，真是不自由；瞧我妇女们，读书不可慢。

地主豪绅，剥削我穷人；挑拨离间，破坏我团体。我们要热心，加入工农兵。打破旧封建，实现新社会。

共产党领导，妇女得解放，我们来唱妇女解放歌。振起我精神，巩固我力量，努力齐奋斗，胜利归我们！

30. 结婚歌（程冬生唱）

军阀混战抓壮丁，许多青年没娶亲。真正好伤心，哎哟！哎哟！真正好伤心。

先前娶亲真正难，礼物花边要几担，穷人真难办，哎哟！哎哟！穷人真难办。

土豪劣绅来定亲，说话都是讲面情，哪个有证明？哎哟！哎哟！哪个有证明？

无产阶级来定亲，只要你是革命人，就可来定亲哎哟！哎哟！

就可来定亲。

开眼都是解放人，农民结婚真文明。都是工农兵，哎哟！哎哟！都是工农兵。

一切封建要打破，舅舅外公和我们，是工农出身，哎哟！哎哟！是工农出身。

如今反对童养媳，童养媳过去受压迫。如今讲自由，哎哟！哎哟！如今讲自由。

31. 剪发歌（程冬生唱）

革命高潮妇女来剪发，我劝你青年们时时要记着。剪了发样样好，随脚出外跑。省得梳妆来打扮，前照后照。剪了发许多好事情，省得金来省得银。我们贫苦人，跌着了寻不到，心里乱燥燥。倘若大人晓得了，就是不好了。

封建女子真不好，差不多，梳个脑，要个天光早。曾记得，散了发，头发打结头，越梳越结越焦躁。打破界限男女平等，新社会真光明，真正公平。妇女们记在心，剪发真革命。不剪发的妇女们，认她是仇人。

32. 思想我的郎（刘茂珍唱）

思想我的郎，两眼泪汪汪。蒋介石抓壮丁，抓走我的郎。心想去报仇，脚下路难走。

横心去跳河，但念两公婆。蒋介石抓壮丁，抓走我的郎。家中三岁儿，啼哭不知事。

33. 十二月长工（饶桂俚唱）

正月长工正月天，我打长工真可怜。东家拜年有酒吃，长工拜年吃旱烟。

二月长工二月天，东家引我去看田，东边看到西边转，祠堂脚下好秧田。

三月长工三月天，背起梨〔犁〕耙去耕田。一天耕了七八亩，东家说我耕得浅。

四月长工四月天，东家给我一把扇。两个铜钱买把扇，夜里蚊虫仍咬脸。

五月长工五月天，划船锣鼓闹喧天。东家大小有船看，长工没见龙船面。

六月长工六月天，割了早禾栽晚禾。苍天不下甘露鱼，磨得长工眼翻天。

七月长工七月天，蚊虫跳蚤咬半年。东家睡觉有蚊帐，可怜长工睡露天。

八月长工八月天，鞭炮锣鼓响震天。东家大小有戏看，长工没见兄弟面。

九月长工九月天，酒肉头牲面桌面。东家吃酒又猜拳，长工酸菜摆眼前。

十月长工十月天，东家向我定明年。一年受尽冤枉气，再打长工不值钱。

十一月长工十一月天，北风刺骨雪满园。东家大小穿鞋袜，长工赤脚走雪原。

十二月长工十二月天，我打长工满一年。挑起被子回家转，爹娘看见问长短。

妻儿问得多少钱，身上没有一分钱。一家老少抱头哭，穷人翻身在哪年？

34.骂鸦片烟鬼（公略县水南担架队）

骂声鸦片烟鬼真讨厌，哆哆嗦嗦吞呀吞。吞得骨头根拉根，人没死就先点灯。手拿洋烟来过瘾，老婆儿女卖断根。

35.十骂反革命（公略县水南担架队）

一骂反革命国民党，军阀豪绅并流氓。压迫穷人受苦楚，屠杀工农真恶毒。

二骂反革命在南京，打下南京反革命。组织南京伪政府，逮捕群众下命令。

三骂反革命下广东，欺骗士兵打先锋。打了湘鄂下武汉，蒋逆介石大捣乱。

四骂反革命汪精卫，勾结黄唐张发奎。反对真吗共产党，养了朱培德倒了霉。

五骂反革命在南京，三、六、九军被缴枪。贺龙叶挺上广东，行到会昌打一仗。

六骂反革命打贺叶，贺叶用兵智如神。彭湃领导海陆丰，发动工农大暴动。

七骂反革命围井冈，江西两场打败仗。大炮枪支都被缴，杨贼如轩带了伤。

八骂反革命蒋中正，统带人马打北京。打下北京要裁兵，个个士兵泪淋淋。

九骂反革命士兵们，敌人朋友要认清。无产阶级大团结，莫要穷人打穷人。

十骂反革命自破裂，桂冯联合打蒋贼。打得蒋贼没办法，鹬蚌相争自消灭。

36. 骂蒋贼（饶桂俚唱）

开言就把蒋贼骂，骂声蒋贼死良心。军阀年年相斗争，压迫我郎去当兵。

我郎当兵十几载，杳无音信回家门。我在家中受苦难，家婆说我不是人。

地主豪绅来逼债，要把奴家改嫁人。把奴全身还老债，等我丈夫有天明。

37. 骂国民党（程冬生唱）

国民党是反动派，保护土豪与劣绅；受痛苦工农士兵。

哎哟！哎哟！受痛苦工农士兵。

升官发财不要脸，三民主义做本钱；新军阀罪恶滔天。

哎哟！哎哟！新军阀罪恶滔天。

五星红旗共产军，青天白日方面军；大家是工农出身。

哎哟！哎哟！大家是工农出身。

国民革命四十年，天天打仗争地盘；不共产怎得安全？

哎哟！哎哟！不共产怎得安全？

工人农民团结起，土豪劣绅是敌人；打土豪呀分田地。

哎哟！哎哟！打土豪呀分田地。

劝告地方士兵们，莫要穷人大情人；大家都是穷苦人。

哎哟！哎哟！大家都是穷苦人。

38. 士兵山歌（陈冬生唱）

六月里来三伏天，日头似火热如煎。白军长官享尽福，白军士兵苦无边。

白军士兵苦难言，好比哑巴吃黄连。黄连虽苦犹似可，士兵痛苦实难言。

牛耕田来马吃谷，士兵拼命官享福。官长有钱去嫖赌，士兵无钱洗衣服。

为人切莫当白军，当了白军无出息。挨打受骂无饷发，军阀把你不当人。

画眉笼里画眉啼，画眉有翼不能飞。士兵还比画眉苦，受人压迫受人欺。

南征北剿苦无边，百战图生总是空。一朝变为无依靠，流浪他乡困苦中。

月光暗淡照沙场，沙场白骨最凄凉。士兵枯骨堆成山，军阀逍遥快乐场。

一世当兵一世穷，家中无米过寒冬。妻儿父母无人养，一家老少哭贫穷。

白军士兵没下场，一生辛苦为人忙。提起军阀心头恨，越思越想越心伤。

越思越想越心伤，思思想想气断肠。杀条血路谋解放，消灭军阀心也畅。

亲爱白军士兵们，敌我阶级要认清，剥削阶级国民党，穷人阶级工农兵。

39. 劝白军士兵歌（李荣寿唱）

白军士兵你来听，你们都是穷苦人，无职业才来当兵。

哎哟！哎哟！无职业才来当兵。

打魂打鬼打阎王，压迫士兵去冲锋，打死了性命枉送。

哎哟！哎哟！打死了性命枉送。

士兵不要打士兵，穷人不要打穷人，同阶级莫去斗争。

哎哟！哎哟！同阶级莫去斗争。

龙岗活捉张辉瓒，富田活捉公秉藩我红军挺进水南。

哎哟！哎哟！我红军挺进水南。

水南全部都缴枪，赶到永丰打敌人，多缴枪发把（给）穷人。

哎哟！哎哟！多缴枪发把穷人

你们当兵有几年，身上一年无文钱，生活上苦不堪言。

哎哟！哎哟！生活上苦不堪言。

工农革命新高涨，工农红军有力量，共产党最好主张。

哎哟！哎哟！共产党最好主张。

40. 告白军士兵（红先政宣）

白军士兵，都是工农；因受剥削，所以贫穷。

为谋生存，忍痛从戎；抛弃家庭，行走西东。

那些长官，讹诈你们；欺骗你们，打仗冲锋。

打了回来，异常不公；你们出力，他们得功。

一做长官，财运亨通；到差几月，变成富翁。

出入坐轿，大摆威风；讨姨太太，快乐无穷；

反看你们，真是痛苦；一年到头，没有钱用。

打仗牺牲，性命白送；一切自由，被人操纵。
希望你们，莫再做梦；快快觉悟，实行暴动。
拖枪过来，帮助工农；解放自己，解放工农。
红军里头，待遇极公；穿吃发饷，官兵相同。
自由平等，有始有终；欢迎你们，反水来投。

41. 四季情歌

春季里来百花香，妹妹真心劝情郎，
为了穷人不爱苦，哥哥快把红军当。
哎呀嘞，我的情郎哥，
你上前线去杀敌，妹在后方保家乡。

夏季里来热难当，妹夸哥哥好情郎。
你在部队安心干，家务担子我挑上。
哎呀嘞，我的情郎哥，
立功喜报传回来，妹妹心里喜洋洋。

秋季里来稻子黄，妹在家中秋收忙，
分来田地自己种，汗水换来谷满仓。
哎呀嘞，我的情郎哥，
我送军粮支前线，红军吃饱打胜仗。

冬季里来雪茫茫，我做新鞋送情郎，
高山大河你能走，枪林弹雨你敢闯。
哎呀嘞，我的情郎哥，
革命胜利你回家，恩爱夫妻日子长。

42. 纪律歌

红军纪律最严明，听从命令，不敢乱胡行。打土豪，要归公，买卖要公平。工农的东西不敢拿半元，说话要和平，开口不骂人。

无产阶级劳苦群众个个详情。

出发要守约，样样要记性。上门板，捆禾草，房子要扫干净。……

43. 暴动歌

我们大家来暴动，消灭恶霸地主，农村大革命。杀土豪，斩劣绅，一个不留情。建设苏维埃，工农来专政，实行共产制，人类庆大同，无产阶级劳苦群众最后的成功。

中国国民党，反动大本营，新军阀反革命，屠杀我工农。贪官污吏，一切苛税又加重，勾结英日美，卖国国民党。大家起来努力吧，打倒这个死敌人。

44. 当红军歌

当兵就要当红军，处处工农来欢迎。官长士兵都一样，没有人来压迫人。

当兵就要当红军，退伍下来不愁贫。会做工来有工做，会耕田来有田耕。

当兵就要当红军，帮助工农打敌人。资产阶级和地主，杀他一个不留情。①

---

① 以上第1—44号歌谣，出自黎川档案馆馆藏资料，江建华收集整理。其中，第42—44号歌谣原本与红军标语一同写在墙壁上。在解放初期，黎川县第五区（辖区包括现在的宏村镇、樟溪乡、西城乡、社苹以及宏源等地，区治设于宏村）政府人员连同标语一起抄录下来，寄送县里保存至今。在1951年的一卷档案中，有两页是当时抄录的苏区歌谣。从落款判断，这两页记录来源于当时黎川县第五区，档案形成时间为1951年8月29日。两页资料共录入了12首苏区歌曲歌谣。其中，2曲抄有简谱，8首仅录歌词，还有2支注明因"不全，没来抄下"。12支歌谣均有歌名，依次为：《可恶的国民党歌调》（有简谱）、《纪律歌词》《当红军歌》（有简谱）《奋斗歌》《最高胜利歌》《送郎当兵歌》《剪发歌》《暴动歌》《妇女解放歌》《骂蒋介石歌》《纪念八一歌》（不全，没抄）、《十送郎》（不全，没抄）。兹录其三，以飨读者。江建华注。

苏区民谣

45. 工农革命歌

工农革命，万众一心，一个人两条心，就是反革命。

齐努力，齐用心，大家团结紧，胜利属于我红军，属于我人民。

打土豪，分田地，真是好主张，有田大家种，不交地主租税粮。

凡是世界无产者，联合起来力量强，剥削制度一扫光。

46. 决战歌

前方炮火响连天，最后决战在眼前，咿嗬嗨，呀嗬嗨，最后决战在眼前，呀嗬嗨，咿呀嗨！工农群众都武装，一齐动员到前方，咿嗬嗨，呀嗬嗨！一齐动员到前方，呀嗬嗨，咿呀嗨！为了自由和土地，无论如何要胜利。咿嗬嗨，呀嗬嗨！无论如何要胜利，呀嗬嗨，咿呀嗨！武装保护苏维埃，不消灭敌人不回来，咿嗬嗨，呀嗬嗨！不消灭敌人不回来，呀嗬嗨，咿呀嗨！拼了最后一滴血，争取苏维埃新中国，咿嗬嗨，咿嗬嗨！争取苏维埃共和国，呀嗬嗨，咿呀嗨！

47. 红军纪律歌

红军纪律最严明，爱护群众到处受欢迎。公买公卖不相欺，说话和气像亲人。群众利益最为重，帮助群众真热心。人人夸赞红军好，不愧工农子弟兵。

48. 跟党革命革到底

生也干来死也干，只要有命就得干。跟党革命革到底，带锅带米我也干。

49. 高举红旗当红军

高举红旗当红军，一个红字红了心。刀山火海我不怕，抛头洒血往前行。

50. 斧头专劈硬节柴

斧头专劈硬节柴，红军专打反动派。磨好梭标擦好铳，杀尽白匪真痛快。

51. 穷人骨头硬如铁

穷人骨头硬如铁，钢刀架颈不变色。老子死了儿子在，儿子牺牲孙子接。

52. 红军砸开千年锁

胸中憋着千团火，喉咙一喷歌成河。满天乌云谁抹去，红军砸开千年锁。

53. 白旗倒了红旗飘

白花谢了红花开，白云散了红云在。白旗倒了红旗飘，白军走了红军来。

54. 总有一天会天光

东方不亮西方亮，黑了南方有北方。只要红旗永不倒，总有一天会天光。

55. 红军越打人越多

天上星星颗打颗，没有人间穷人多。白军越打人越少，红军越打人越多。

56. 当了红军人人亲

别说好铁不打钉，别说好男不当兵。当了白军人人骂，当了红军人人亲。

57. 端起碗来想红军

新米煮饭香喷喷，端起碗来想红军。不是红军来得快，穷人灶前冷冰冰。

58. 只要红军吃得饱

一颗粮食一颗心，颗颗送给子弟兵。只要红军吃得饱，勒紧裤带我甘心。

59. 鸟铳胜过洋枪炮

枪对枪来刀对刀，红军杀敌逞英豪。为了翻身不怕死，鸟铳胜过洋枪炮。

60. 等着白匪上门来

钢枪擦亮刀磨快，手榴弹儿揭开盖。咬牙切齿满腔恨，等着白匪上门来。

61. "青天白日"哪见天

"青天白日"哪见天？乌云密布阴森森。财主吃鱼又吃肉，穷人灶头不冒烟。

62. 天下乌鸦一般黑

天下乌鸦一般黑，穷人日子过不得。土豪劣绅刮民党，都是一伙害人贼。

63. 高高山上一树槐

高高山上一树槐，日夜盼望红军来，红军好比亲父母，父母来了幸福来。

64. 铁打梭标两面光

铁打梭标两面光，我爱我的红缨枪。财主一见就打抖，土豪见了像筛糠。

65. 华盖高高罩山寨

华盖高高罩山寨，不降福来降祸灾。自从来了共产党，救命神仙下凡来。

66. 撮斗寨 ①

大撮斗，把山寨，撮斗大口总朝外，撮我穷人身上肉，倒进财主白皮袋 ②。

彭老总，来山寨，手把撮斗调过来，撮掉白匪百万兵，撮掉土豪坏老财。

67. 妇女解放歌

早起做到日落西，风吹雨打受人欺。真正痛苦啊，真正可怜

---

① 1933 年，在黎川境内进行的第五次反"围剿"团村战斗中，华盖峰、撮斗寨为主阵地，彭德怀同志曾亲临指挥，取得了胜利。
② 白皮袋，指财主的大肚子。

呀！劝我们妇女快快觉悟起。地主豪绅剥削我穷人，挑拨离间破坏我团体。我们要齐心，加入工农兵。共产党领导我们妇女翻身求解放，我们要齐心合力团结在一起。振起我精神，增强我力量，努力去奋斗，一定能胜利！

68. 苏区童谣（八首）

我给叔叔去放风
红军开会在家中，要防白匪狗样凶。
姐姐村口来放哨，我给叔叔去放风。

拿块红布给她瞧
听说井冈天亮了，爸爸乐来妈妈笑。
奶奶问是什么军，拿块红布给她瞧。

打把钢刀送姐姐
我打铁来你打铁，打把钢刀送姐姐。
姐姐当上赤卫队，杀敌就象〔像〕割大麦。

赶走白匪保太平
白匪都是害人精，劫财放火又杀人。
红军叔叔快去打，赶走白匪保太平。

月光爷爷
月光爷爷，保护娃娃。
娃娃长大，不做买卖。
当个红军，去打反动派！

大花公鸡莫乱啼
大花公鸡莫乱啼，红军叔叔昨夜睡得迟。

让他好好睡一觉，明天有劲打白匪。

爸爸牺牲还有我

穷人心头一团火，钢刀架颈怕什么？

杀了爷爷有爸爸，爸爸牺牲还有我。

萤火虫打灯笼

萤火虫，打灯笼。

飞到西，飞到东。

照着红军去摸哨，叔叔半夜都出动。

红军叔叔一声吼，白匪还在睡梦中。[①]

---

① 上述第 45—68 号歌谣，系武一平搜集整理。